Heike Jochims

Erfolgsfaktoren von Online-Marketing-Kooperationen

**Betriebswirtschaftliche Aspekte
lose gekoppelter Systeme und Electronic Business**

Herausgegeben von
Prof. Dr. Dr. h.c. Sönke Albers,
Prof. Dr. Birgit Friedl,
Prof. Dr. Daniel Klapper,
Prof. Dr. Achim Walter,
Prof. Dr. Joachim Wolf,
Institut für Betriebswirtschaftslehre,
Christian-Albrechts-Universität zu Kiel

Prof. Dr. Udo Konradt,
Institut für Psychologie,
Christian-Albrechts-Universität zu Kiel

In der Schriftenreihe werden Ergebnisse von Forschungsarbeiten veröffentlicht, die sich in herausragender Weise mit Fragen des Managements lose gekoppelter Systeme, virtueller Unternehmen und elektronischer Geschäftsprozesse beschäftigen. Die Reihe richtet sich an Leser in Wissenschaft und Praxis, die Anregungen für die eigene Arbeit und Problemlösungen suchen. Sie ist nicht auf Veröffentlichungen aus den Instituten der Herausgeber beschränkt.

Heike Jochims

Erfolgsfaktoren von Online-Marketing-Kooperationen

Mit einem Geleitwort von Prof. Dr. Dr. h. c. Sönke Albers

Deutscher Universitäts-Verlag

Bibliografische Information Der Deutschen Bibliothek
Die Deutsche Bibliothek verzeichnet diese Publikation in der Deutschen Nationalbibliografie;
detaillierte bibliografische Daten sind im Internet über <http://dnb.ddb.de> abrufbar.

Dissertation Universität zu Kiel, 2006

1. Auflage Juni 2006

Alle Rechte vorbehalten
© Deutscher Universitäts-Verlag | GWV Fachverlage GmbH, Wiesbaden 2006

Lektorat: Ute Wrasmann / Britta Göhrisch-Radmacher

Der Deutsche Universitäts-Verlag ist ein Unternehmen von Springer Science+Business Media.
www.duv.de

Das Werk einschließlich aller seiner Teile ist urheberrechtlich geschützt.
Jede Verwertung außerhalb der engen Grenzen des Urheberrechtsgesetzes
ist ohne Zustimmung des Verlags unzulässig und strafbar. Das gilt insbesondere für Vervielfältigungen, Übersetzungen, Mikroverfilmungen und die
Einspeicherung und Verarbeitung in elektronischen Systemen.

Die Wiedergabe von Gebrauchsnamen, Handelsnamen, Warenbezeichnungen usw. in diesem Werk berechtigt auch ohne besondere Kennzeichnung nicht zu der Annahme, dass solche Namen im Sinne der Warenzeichen- und Markenschutz-Gesetzgebung als frei zu betrachten wären und daher von jedermann benutzt werden dürften.

Umschlaggestaltung: Regine Zimmer, Dipl.-Designerin, Frankfurt/Main
Druck und Buchbinder: Rosch-Buch, Scheßlitz
Gedruckt auf säurefreiem und chlorfrei gebleichtem Papier
Printed in Germany

ISBN-10 3-8350-0427-1
ISBN-13 978-3-8350-0427-6

Geleitwort

Der Bekanntheitsgrad eines E-Commerce-Anbieters stellt einen entscheidenden Erfolgsfaktor für die Distribution seiner Leistungen dar. Viele E-Commerce-Anbieter stehen jedoch vor dem Problem, dass ihnen die finanziellen Mittel für den Aufbau eines hohen Bekanntheitsgrads fehlen. In diesen Fällen wurden bereits frühzeitig Kooperationen als geeignetes Mittel vorgeschlagen und bald darauf auch realisiert. Diese Online-Marketing-Kooperationen, in deren Rahmen ein E-Commerce-Anbieter die Zusammenarbeit mit einem themen-affinen Partner nutzt, um seine Produkte und Dienstleistungen zielgruppengenau neuen Nutzern anzubieten, haben den Erfolg von E-Commerce-Anbietern erkennbar positiv beeinflusst. Aus der Sicht der Wissenschaft stellt sich das Problem, wie solche Kooperationen genau ausgestaltet sein sollen, damit sie besonders erfolgreich werden. Eine frühe Fragestellung war beispielsweise, ob man solche Kooperationen durch möglicherweise starre Vertragsbedingungen einengen oder lose Kopplungen eingehen soll. Ein anderer Punkt bestand darin herauszufinden, inwieweit die Machtverteilung zwischen E-Commerce-Anbieter und Kooperationspartner die Gewinnverteilung einer Kooperation beeinflusst.

Heike Jochims widmet sich in dieser Dissertation der Untersuchung der Einflussfaktoren auf die Gestaltung und den Erfolg von Online-Marketing-Kooperationen. Ihre Arbeit gliedert sich im Wesentlichen in drei Teile. Im ersten Teil beschreibt sie zunächst den Forschungsgegenstand. Nach einer Diskussion des Begriffsverständnisses und der Darstellung der Typen von Online-Marketing-Kooperationen wendet sie sich insbesondere ihrer Ausgestaltung zu und diskutiert dabei vor allem Vergütungsmodelle und vertragliche Regelungen. Dabei unterscheidet sie strategische Kooperationen von zahlreichen kleinen Kooperationen, die im Rahmen von Affiliate-Programmen betreut werden. Im zweiten Teil leitet sie mögliche Erfolgsfaktoren von Online-Marketing-Kooperationen ab. Aufgrund des weitgehenden Fehlens wissenschaftlicher Literatur zu diesem innovativen Kooperationsphänomen führt sie zunächst einen qualitativen Forschungsschritt durch, um Grundlagenwissen über die wesentlichen Einflussfaktoren auf die Gestaltung und den Erfolg von Online-Marketing-Kooperationen zu gewinnen. Auf dieser Basis zieht sie unterschiedliche Theorien heran, um Hypothesen für die Wirkung der einzelnen Erfolgsfaktoren getrennt für strategische Vertriebskooperationen und Affiliate-Programme abzuleiten und Erklärungsmodelle für den Erfolg der beiden Kooperationstypen aufzustellen. Im dritten Teil der Arbeit erfolgt die empirische Überprüfung der abgeleiteten Erklärungsmodelle. Dazu hat Heike Jochims eine Untersuchung durchgeführt, bei der sie verantwortliche Manager von E-

Commerce-Anbietern nach dem Erfolg von Kooperationen und ihren möglichen Ursachen befragt hat. Da ein wesentliches Ziel der Arbeit in der Ableitung von Handlungsempfehlungen für das Management von Online-Marketing-Kooperationen liegt, analysiert sie nicht nur, ob eine Wirkung der abgeleiteten Erfolgsfaktoren feststellbar ist, sondern fokussiert auf die Einflussstärke der Variablen. Mit der Verwendung des Partial-Least-Squares-Ansatzes wird der Schwerpunkt der Analyse auf die Prognosekraft des Modells sowie die Beurteilung der Einflussstärke der unterstellten Erfolgsfaktoren gelegt. Die Ergebnisse geben Aufschluss über die erfolgreiche Gestaltung der verschiedenen Typen von Online-Marketing-Kooperationen. Heike Jochims findet heraus, dass für die Gestaltung strategischer Vertriebskooperationen insbesondere die Indikatoren der Machtverteilung, nämlich ob die beiden Partner Alternativen zu Kooperationen besitzen, inwiefern sie Ressourceneinsatz einbringen und ob sie dabei lose gekoppelt vorgehen, von starker Bedeutung sind. Der Erfolg wird wesentlich durch die Wahl des Vergütungsmodells, die Kompatibilität zwischen den Partnern und die Verteilung des Kooperationsaufwands beeinflusst. Bei den Affiliate-Programmen stellt sich im Wesentlichen das Commitment und die Kommunikation zwischen den Partnern als wesentlicher Erfolgsfaktor heraus.

Mit dieser Arbeit liegt ein innovatives Forschungsprojekt vor, bei dem ein bedeutender Untersuchungsgegenstand aus dem Electronic Business gewählt wurde und methodisch eine Erfolgsfaktorenforschung nach dem neuen Paradigma des Auffindens differenzierter Treiberwirkungen vorgenommen wurde. Heike Jochims zeigt in kompetenter Weise, wie mit Untersuchungsobjekten bisher kaum erforschter Bereiche zu verfahren ist, und gibt einen sachverständigen Überblick über die unterschiedlichen Facetten von Online-Marketing-Kooperationen. Die Arbeit berücksichtigt in sehr schöner Weise die Forderung nach Berechnung der Treiberwirkung einzelner Einflussfaktoren und liefert somit einen wichtigen methodischen Baustein für die betriebswirtschaftliche Erfolgfaktorenforschung. Zusätzlich gibt Heike Jochims Praktikern wertvolle Empfehlungen für die erfolgreiche Gestaltung von Online-Marketing-Kooperationen. Die Arbeit ist somit für Wissenschaftler als auch Praktiker aus dem Electronic Business von Interesse. Ich würde mich daher sehr freuen, wenn diese Arbeit eine weite Verbreitung finden würde.

Prof. Dr. Dr. h.c. Sönke Albers

Vorwort

Nahezu jeder Internet-Nutzer ist bereits einmal einer Online-Marketing-Kooperation begegnet. Und wer empfindet es nicht als praktisch, wenn er bei der Buchung einer Reise auf derselben Website auch einen Mietwagen buchen und den passenden Reiseführer erwerben kann? Die vorliegende Arbeit hat zum Ziel, die Erfolgsfaktoren von Online-Marketing-Kooperationen zu ermitteln und damit auf der einen Seite E-Commerce-Anbietern Handlungsempfehlungen für die erfolgreiche Gestaltung dieser Kooperationen geben zu können und auf der anderen Seite einen methodischen Beitrag zur betriebswirtschaftlichen Erfolgsfaktorenforschung zu leisten.

Einen besonderen Einfluss auf die Arbeit hat mein Doktorvater und akademischer Lehrer Prof. Dr. Dr. h.c. Sönke Albers durch viele kostruktive Gespräche und hilfreiche Anregungen genommen. Außerdem hat er als Sprecher des Graduiertenkollegs ein sehr angenehmes und herzliches Arbeitsumfeld geschaffen. Dafür möchte ich mich herzlich bedanken. In diesem Rahmen möchte ich auch Prof. Dr. Joachim Wolf für viele anregende Kommentare im Rahmen der Veranstaltungen des Graduiertenkollegs und die Übernahme des Koreferates danken.

Die Arbeit ist im Graduiertenkolleg „Betriebswirtschaftliche Aspekte lose gekoppelter Systeme und Electronic Business" an der Christian-Albrechts-Universität zu Kiel entstanden. Sie wurde durch ein Stipendium der Deutschen Forschungsgemeinschaft (DFG) gefördert, der ich sehr verbunden bin.

Dank möchte ich auch meinen Kollegen vom Graduiertenkolleg sowie vom Lehrstuhl für Innovation, Neue Medien und Marketing aussprechen. Der fachliche und persönliche Austausch hat viel zum Gelingen der Arbeit beigetragen und lässt mich mit Vergnügen an meine Zeit in der Universität zurückdenken. Besonders verbunden bin ich „der guten Seele des Lehrstuhls", Frau Annette Hinz, die mich in vielen organisatorischen Dingen unterstützt hat und darüber hinaus immer ein offenes Ohr für die alltäglichen Sorgen hatte.

Da die Arbeit einen hohen Praxisbezug aufweist, war die Interaktion mit E-Commerce-Anbietern von besonderer Bedeutung. In diesem Zusammenhang möchte ich mich besonders bei Christoph Schäfer, Florian Heinemann und Fridjof Lücke bedanken, die immer wieder Zeit für inhaltliche Anregungen und die Beurteilung der Praxisrelevanz meiner Arbeit gefunden haben.

Ein ganz besonderer Dank gilt natürlich meiner Familie. Mein Ehemann Marc war mir nicht nur durch seine liebevolle Zuwendung eine große Stütze, sondern hat auch durch seine fachlichen Anregungen einen erheblichen Beitrag zum Gelingen der Arbeit geleistet. Einen besonderen Einfluss haben schließlich meine Eltern auf die Arbeit genommen. Sie haben mich durch viele kleine und große Hilfeleistungen unterstützt und somit die Fertigstellung der Arbeit insbesondere nach der Geburt unserer Tochter Johanna erst ermöglicht. Dabei war während meiner gesamten Promotionszeit die einzig halbwegs kritische Bemerkung, dass sie sich noch mehr als über eine Tochter mit einem Doktortitel über ein Enkelkind freuen würden. Die Tatsache, dass mittlerweile beides gelungen ist, stellt für mich einen bescheidenen Ausgleich für die lebenslang erfahrene Unterstützung dar. In diesem Sinne möchte ich Euch, liebe Eltern, diese Arbeit widmen.

Heike Jochims

Inhaltsverzeichnis

1 Einleitung 1

2 Zum Forschungsgegenstand: Online-Marketing-Kooperationen 7
   2.1 Begriffsverständnis 7
   2.2 Typen von Online-Marketing-Kooperationen 18
   2.3 Ausgestaltung von Online-Marketing-Kooperationen 25
      2.3.1 Vergütungsmodelle 25
      2.3.2 Realisierung der Kooperationslösung 29
      2.3.3 Vertragliche Regelung 38

3 Erfolgsfaktoren von Online-Marketing-Kooperationen 41
   3.1 Forschungsvorgehen 41
   3.2 Stand der Forschung 44
   3.3 Qualitativer Forschungsschritt 48
      3.3.1 Zielsetzung und allgemeines Vorgehen 48
      3.3.2 Ergebnisse 50
         3.3.2.1 Strategische Vertriebskooperationen 52
         3.3.2.2 Affiliate-Programme 56
   3.4 Theoretische Grundlagen 59
      3.4.1 Ressourcenorientierter Ansatz 60
      3.4.2 Spieltheorie 66
      3.4.3 Transaktionskostenansatz 75
      3.4.4 Netzwerkansatz 80
   3.5 Ableitung von Hypothesen 84
      3.5.1 Strategische Vertriebskooperationen 85
      3.5.2 Affiliate-Programme 94

4 Empirische Untersuchung 103
   4.1 Datenerhebung 103
   4.2 Beschreibung der Stichprobe 111

4.3 Operationalisierung und Messung der Variablen 120
    4.3.1 Strategische Vertriebskooperationen 122
    4.3.2 Affiliate-Programme 143
    4.3.3 Maßnahmen zur Vermeidung eines Common Method Bias 158
4.4 Auswertungsmethode 163
    4.4.1 Mehrgleichungsstrukturmodelle 163
    4.4.2 Der Partial-Least-Squares-Ansatz (PLS) 167
    4.4.3 Gütekriterien zur Beurteilung des PLS-Modells 171
4.5 Ergebnisse der empirischen Analyse 178
    4.5.1 Strategische Vertriebskooperationen 178
        4.5.1.1 Güte des Messmodells für strategische Vertriebskooperationen 179
        4.5.1.2 Güte des Strukturmodells für strategische Vertriebskooperationen 185
    4.5.2 Affiliate-Programme 203
        4.5.2.1 Güte des Messmodells für Affiliate-Programme 203
        4.5.2.2 Güte des Strukturmodells für Affiliate-Programme 206

5 Implikationen 217
5.1 Implikationen für die unternehmerische Praxis 217
5.2 Implikationen für die Forschung 220

6 Zusammenfassung 225

7 Anhang 229

8 Literaturverzeichnis 245

Abbildungsverzeichnis

Abbildung 1-1:	Online-Marketing-Kooperation zwischen Lufthansa und Europcar	2
Abbildung 1-2:	Aufbau der Arbeit	4
Abbildung 2-1:	Kooperation zwischen Markt und Hierarchie	8
Abbildung 2-2:	Aufbau einer Online-Marketing-Kooperation	11
Abbildung 2-3:	Kooperation zwischen Autoscout 24 und T-Online	12
Abbildung 2-4:	Ziele von Online-Marketing-Kooperationen	15
Abbildung 2-5:	Online-Marketing-Kooperationen im Kontext anderer Kundengewinnungsmaßnahmen	16
Abbildung 2-6:	Kosten der Kundengewinnung für verschiedene Werbemittel	16
Abbildung 2-7:	Unterscheidung der Kooperationstypen	19
Abbildung 2-8:	Überblick über die Typen von Online-Marketing-Kooperationen	20
Abbildung 2-9:	Kooperation zwischen AOL und Eventim	21
Abbildung 2-10:	Affiliate-Programme in Eigenlösung und Fremdlösung	23
Abbildung 2-11:	Partnerprogramm von Amazon.de	23
Abbildung 2-12:	Plattform des Affiliate-Netzwerk-Betreibers Affilinet	24
Abbildung 2-13:	Vergütungsmodelle von Online-Marketing-Kooperationen	26
Abbildung 2-14:	Risiko der Vergütungsmodelle aus Sicht der Kooperationspartner	29
Abbildung 2-15:	Integrative Kooperationslösung zwischen travelocity und Yahoo Reisen	30
Abbildung 2-16:	Linkbasierte Einbindungsformen von Amazon auf der Website Gartenprobleme	33
Abbildung 2-17:	Kooperation ohne Branding zwischen Laut.de und Kartenhaus	35
Abbildung 2-18:	Co-Branding-Kooperation zwischen GMX und Creditplus	36
Abbildung 2-19:	Hosting des Jobangebots von Jobpilot bei Onvista auf dem Server von Jobpilot	37
Abbildung 3-1:	Forschungsvorgehen	43
Abbildung 3-2:	Einflussfaktoren auf Gestaltung und Erfolg strategischer Vertriebskooperationen	53
Abbildung 3-3:	Einflussfaktoren auf Gestaltung und Erfolg von Affiliate-Programmen	57

Abbildung 3-4:	Ressourceneinsatz der Kooperationspartner von Online-Marketing-Kooperationen	63
Abbildung 3-5:	Graphische Ermittlung der Nash-Lösung	69
Abbildung 3-6:	Nutzen der Kooperation bei unterschiedlichen Nutzenverläufen	71
Abbildung 3-7:	Verteilung des Kooperationsgewinns bei unterschiedlichen Nutzenverläufen der Kooperationspartner	72
Abbildung 3-8:	Verteilung des Kooperationsgewinns bei unterschiedlich hohem Nutzen der Nicht-Einigung	74
Abbildung 3-9:	Erfolgsfaktoren und ihre Wirkungsbeziehungen für strategische Vertriebskooperationen	93
Abbildung 3-10:	Erfolgsfaktoren und ihre Wirkungsbeziehungen für Affiliate-Programme	102
Abbildung 4-1:	Gründungsjahr der beteiligten Unternehmen	112
Abbildung 4-2:	Jahresumsatz der befragten Unternehmen	113
Abbildung 4-3:	Position der Befragten im Unternehmen	113
Abbildung 4-4:	Anzahl der verschiedenen Kooperationstypen	115
Abbildung 4-5:	Durch Online-Marketing-Kooperationen generierte Umsatzanteile	116
Abbildung 4-6:	Umsatzanteile strategischer Vertriebskooperationen und Affiliate-Programme	117
Abbildung 4-7:	Einschätzung der strategischen Bedeutung von Online-Marketing-Kooperationen	118
Abbildung 4-8:	Zielsetzung von Online-Marketing-Kooperationen	119
Abbildung 4-9:	Bevorzugte Kooperationspartner der E-Commerce-Anbieter	119
Abbildung 4-10:	Reflektive und formative Operationalisierung am Beispiel „Zufriedenheit mit dem Hotel"	121
Abbildung 4-11:	Erfolgsbeurteilung der strategisch wichtigsten Kooperation	125
Abbildung 4-12:	Beurteilung der Machtverteilung sowie der Alternativen des E-Commerce-Anbieters des Kooperationspartners	126
Abbildung 4-13:	Beurteilung der Bedeutung der Ressourcen des E-Commerce-Anbieters und des Kooperationspartners	129
Abbildung 4-14:	Vergütungsmodell der strategisch wichtigsten Kooperation	130
Abbildung 4-15:	Verteilung des Hostings und der Anpassungskosten	132
Abbildung 4-16:	Beurteilung der Kompatibilität der Partner	133
Abbildung 4-17:	Einbindung der Kooperationslösung	135
Abbildung 4-18:	Anpassung der Kooperationslösung an das Look and Feel des Kooperationspartners	136

Abbildung 4-19:	Art der Kommunikation zwischen den Kooperationspartnern	137
Abbildung 4-20:	Vertragliche Regelung der strategisch wichtigsten Kooperation.	139
Abbildung 4-21:	Beurteilung des Vertrauens und der externen Unsicherheit	140
Abbildung 4-22:	Anzahl der direkten Wettbewerber der Anbieter strategischer Vertriebskooperationen	141
Abbildung 4-23:	Operationalisierung des Erklärungsmodells für strategische Vertriebskooperationen	143
Abbildung 4-24:	Beurteilung des Erfolgs der Affiliate-Programme	145
Abbildung 4-25:	Organisationsform der Affiliate-Programme	146
Abbildung 4-26:	Vertragliche Regelung der Affiliate-Programme	148
Abbildung 4-27:	Einbindungsmöglichkeiten der Kooperationslösung	149
Abbildung 4-28:	Unterstützung der Affiliate-Partnerschaften	150
Abbildung 4-29:	Vergütungsmodelle der Affiliate-Programme	151
Abbildung 4-30:	Häufigkeit der Kommunikation mit den Affiliates	152
Abbildung 4-31:	Art der Kommunikation zwischen E-Commerce-Anbieter und Affiliates	153
Abbildung 4-32:	Anbahnung der Partnerschaften	154
Abbildung 4-33:	Kriterien der Partnerwahl	155
Abbildung 4-34:	Beschäftigung von Mitarbeitern für die Organisation erfolgsabhängiger Kooperationen	156
Abbildung 4-35:	Operationalisierung des Erklärungsmodells für Affiliate-Programme	158
Abbildung 4-36:	PLS-Grundmodell	167
Abbildung 4-37:	Ablauf des Schätzalgorithmus	169
Abbildung 4-38:	Ergebnisse des Strukturmodells für strategische Vertriebskooperationen	190
Abbildung 4-39:	Priority-Matrix für die Einflussfaktoren auf den wirtschaftlichen Erfolg strategischer Vertriebskooperationen	198
Abbildung 4-40:	Ergebnisse des Strukturmodells für Affiliate-Programme	209
Abbildung 4-41:	Priority-Matrix für die Einflussfaktoren auf den wirtschaftlichen Erfolg von Affiliate-Programmen	213
Abbildung 4-42:	Priority-Matrix für die Einflussfaktoren auf den qualitativen Erfolg von Affiliate-Programmen	215

Tabellenverzeichnis

Tabelle 2-1:	Systematisierung und Beispiele für Marketing-Kooperationen	10
Tabelle 2-2:	Formen linkbasierter Einbindungen am Beispiel Amazon	32
Tabelle 3-1:	Studien mit Kooperationsbereitschaft als Erfolgsfaktor im E-Commerce	46
Tabelle 3-2:	Empirische Studien zu Erfolgsfaktoren von Kooperationen	47
Tabelle 3-3:	Hypothesen über die Gestaltung und den Erfolg strategischer Vertriebskooperationen	91
Tabelle 3-4:	Hypothesen zu der Gestaltung und dem Erfolg von Affiliate-Programmen	101
Tabelle 4-1:	Rücklauf der Erhebungen	110
Tabelle 4-2	Operationalisierung der Konstrukte für strategische Vertriebskooperationen	141
Tabelle 4-3:	Operationalisierung der Konstrukte für Affiliate-Programme	157
Tabelle 4-4:	Vergleich zwischen PLS und LISREL	166
Tabelle 4-5:	Ergebnisse des Messmodells für strategische Vertriebskooperationen	179
Tabelle 4-6:	Faktorladungen der reflektiven Indikatoren des Messmodells für strategische Vertriebskooperationen	181
Tabelle 4-7:	IC-Wert und AVE-Wert der reflektiven Konstrukte des Erklärungsmodells für strategische Vertriebskooperationen	181
Tabelle 4-8:	Test auf Multikollinearität des formativen Messmodells für strategische Vertriebskooperationen	184
Tabelle 4-9:	Bestimmtheitsmaß und korrigiertes Bestimmtheitsmaß der endogenen Konstrukte des Erklärungsmodells für strategische Vertriebskooperationen	186
Tabelle 4-10:	Ergebnisse des Strukturmodells für strategische Vertriebskooperationen	187
Tabelle 4-11:	Bestätigung der Hypothesen für strategische Vertriebskooperationen durch die Analyse	188
Tabelle 4-12:	Effektstärken des Modells für strategische Vertriebskooperationen	191
Tabelle 4-13:	Gesamteffekte im Modell strategischer Vertriebskooperationen	192
Tabelle 4-14:	Test auf Multikollinearität des Strukturmodells für strategische Vertriebskooperationen	194
Tabelle 4-15:	Kreuzvalidierung der endogenen Konstrukte strategischer Vertriebskooperationen	195

Tabelle 4-16:	Ergebnisse des Messmodells für Affiliate-Programme	203
Tabelle 4-17:	Faktorladungen der reflektiven Indikatoren des Messmodells für Affiliate-Programme	204
Tabelle 4-18:	IC-Wert und AVE-Wert der reflektiven Konstrukte des Erklärungsmodells für Affiliate-Programme	204
Tabelle 4-19:	Test auf Multikollinearität des formativen Messmodells für Affiliate-Programme	206
Tabelle 4-20:	Bestimmtheitsmaß und korrigiertes Bestimmtheitsmaß der endogenen Konstrukte des Erklärungsmodells für Affiliate-Programme	206
Tabelle 4-21:	Ergebnisse des Strukturmodells für Affiliate-Programme	207
Tabelle 4-22:	Überblick über die Bestätigung beziehungsweise Nicht-Bestätigung der Hypothesen für Affiliate-Programme	208
Tabelle 4-23:	Effektstärken des Modells für Affiliate-Programme	210
Tabelle 4-24:	Gesamteffekte im Modell für Affiliate-Programme	211
Tabelle 4-25:	Test auf Multikollinearität des Strukturmodells für Affiliate-Programme	212
Tabelle 4-26:	Kreuzvalidierung der endogenen Konstrukte von Affiliate-Programmen	212

Symbolverzeichnis

Kooperative Nash-Lösung:

u_i	Auszahlungsvektor des Spiels
$\bar{u}_i$	Nutzen für Spieler i bei Nicht-Kooperation
$\hat{u}_i$	Nutzen für Spieler i bei Optimierung des Nash-Produkts
K	Auszahlungsdiagramm des Spiels
NP^*	optimiertes Nash-Produkt

Partial-Least-Squares-Ansatz:

η_j, η_i	Konstrukte/latente Variablen
β_{ij}	Pfadkoeffizienten des Strukturmodells
$\upsilon_j, \varepsilon_{k_j}$	Residualvariablen des Modells
y_{k_j}	Indikatoren/manifeste Variablen
π_{k_j}	Ladung/Gewicht im Messmodell
ω_{k_j}	Schätzer der Pfadkoeffizienten π_{k_j}
λ_i	Faktorladung des Indikators i
f^2	Effektstärke
R^2	Bestimmtheitsmaß
R^2_{korr}	Korrigiertes Bestimmtheitsmaß
ξ_j	Konditionsindex

Abkürzungsverzeichnis

AVE	Average Variance Extracted
DMMV	Deutscher Multimediaverband
EC	Electronic Commerce
H	Hypothese
HKA	Hauptkomponentenanalyse
HTML	Hypertext Markup Language
IC	Internal Consistency
IVW	Informationsgesellschaft zur Verbreitung von Werbeträgern
KP	Kooperationspartner
KQ	Kleinstquadrate
LISREL	Linear Structural Reations
NP	Nash-Produkt
PIMS	Profit Impact of Market Strategies
PLS	Partial Least Squares
SEM	Structural Equation Modeling
VIF	Variance Inflation Factor
WWW	World Wide Web

1 Einleitung

E-Commerce-Anbieter haben in den letzten Jahren einen grundlegenden Strategiewechsel vollzogen:[1] In der Phase des Aufbaus der E-Commerce-Angebote standen Wachstums- und nicht Renditeziele im Mittelpunkt der Unternehmensstrategie. Diese Strategiewahl ist auf die besondere Bedeutung eines schnellen Marktzugangs zurückzuführen:[2] Pionierunternehmen konnten innerhalb kurzer Zeit eine hohe Bekanntheit und einen hohen Marktanteil aufbauen und damit nachhaltige Wettbewerbsvorteile etablieren.[3] Aus diesem Grund wurden erhebliche Finanzmittel für Werbemaßnahmen mit dem Ziel der Erreichung eines hohen Bekanntheitsgrades verwendet.[4] Bannerwerbung sowie Werbemaßnahmen in klassischen Medien (Print, Fernsehen, Radio) nahmen dabei einen besonders hohen Stellenwert ein.[5]

Aufgrund der enormen Höhe des allein für die Kundengewinnung benötigten Kapitals erwirtschafteten in den Jahren 1995 bis 1999 lediglich fünf Prozent der E-Commerce-Anbieter einen Gewinn.[6] Das Interesse der Kapitalgeber am Endkundengeschäft ist seit Ende 1999 stetig zurückgegangen.[7] Mit der im Zeitablauf stark begrenzten Möglichkeit, neues Kapital über die Kapitalmärkte zu beschaffen,[8] gewannen Gewinnziele

---

[1] Der Begriff des E-Commerce wird in der betriebswirtschaftlichen Forschung unterschiedlich definiert: Im weiten Sinn bezeichnet E-Commerce „jede Art wirtschaftlicher Tätigkeit auf der Basis elektronischer Verbindungen", vgl. Picot et al. (2003), S. 331. Im engen Sinn wird darunter die „digitale Anbahnung, Aushandlung und / oder Abwicklung von Transaktionen zwischen Wirtschaftssubjekten" verstanden, vgl. Clement et al. (1999), S. 57. Diese Arbeit folgt dem engen Begriffsverständnis.
[2] Da häufig mehrere Start-ups mit gleichem Geschäftsmodell gefördert wurden, gewann der Faktor Zeit an besonderer Bedeutung, vgl. Albers et al. (2002a), S. 31.
[3] Eine bekannte Maxime unter E-Commerce-Anbietern lautete dementsprechend: "Time is evil, and speed is God." Dies wird auch mit der typischen Kostenstruktur im Internet mit einer Dominanz der fixen gegenüber variablen Kosten begründet, siehe etwa Meffert (2000), S. 931.
[4] Vgl. Bailey et al. (1999), S. 12, Albers et al. (2002c), S. 623.
[5] Vgl. Büttgen (2003), S. 199.
[6] Vgl. Meffert (1999), S. 19. Selbst gut etablierte Unternehmen wie der E-Commerce-Vorreiter Amazon.com konnten lange Zeit ihre hohen Marketinginvestitionen nicht erwirtschaften, vgl. o.V. (2001b).
[7] Vgl. Albers et al. (2002b), S. 14.
[8] Zahlreiche Internetunternehmen hatten 1999 / 2000 einen Großteil des zur Verfügung gestellten Kapitals aufgezehrt. Diese „Cash-Burn-Rate" junger E-Commerce-Anbieter wurde daraufhin wesentlicher Indikator für die (skeptische) Beurteilung durch den Kapitalmarkt.

aber zunehmend an Bedeutung.[9] Wesentliche Stoßrichtungen dieser strategischen Neuausrichtung bildeten die Erschließung neuer Erlösquellen und die Senkung der Marketingausgaben über die Entwicklung günstigerer, umsatzorientierter Kundengewinnungsmaßnahmen.[10]

Besondere Bedeutung kommt **Online-Marketing-Kooperationen** zu:[11] Bei dieser Form der Kooperation bietet ein E-Commerce-Anbieter seine Produkte oder Dienstleistungen über die Website eines Kooperationspartners an, der dafür in der Regel erfolgsabhängig vergütet wird. Online-Marketing-Kooperationen bieten damit die Chance, über fremde Websites neue Kunden zielgruppengenau anzusprechen und dafür nur im Erfolgsfall zu bezahlen. Der Kooperationspartner erhält im Gegenzug neben der finanziellen Vergütung eine Erweiterung seines Leistungsangebots und damit eine Aufwertung seiner Website.

In Abbildung 1-1 ist beispielhaft die Online-Marketing-Kooperation zwischen der Fluggesellschaft Lufthansa und dem Autovermieter Europcar dargestellt.

Abbildung 1-1: Online-Marketing-Kooperation zwischen Lufthansa und Europcar

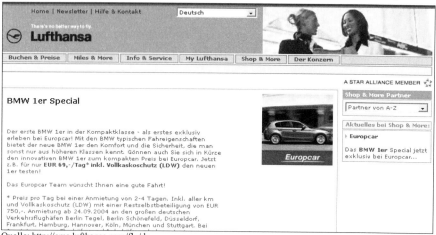

Quelle: http://cms.lufthansa.com/fly/de

---

[9] Bereits im Mai 2001 betrug der Anteil profitabler Unternehmen an den 150 größten europäischen Internetunternehmen 38 Prozent, http://www.pwc.com/extweb/indissue.nsf/ DocID/ DE6ABD07F4F4208280256C150055 B301.
[10] Vgl. Hanson (2000), S. 362, Büttgen (2003), S. 199.
[11] Vgl. Büttgen (2003), S. 200.

In dieser Online-Marketing-Kooperation bietet Lufthansa auf seiner Website die Reservierung von Mietwagen von Europcar an, erweitert damit sein Serviceangebot und erhält für vermittelte Mietwagenumsätze eine Vergütung. Europcar wiederum erhält durch die Kooperation Zugang zu einer attraktiven Zielgruppe.

Damit sind Online-Marketing-Kooperationen eine kostengünstige und risikoarme Kundengewinnungsmaßnahme, die insbesondere für Unternehmen mit beschränkten finanziellen Ressourcen interessant ist. Die 1999 gegründete Scout24-Gruppe beispielsweise erklärt ihre heutige Marktstellung wesentlich mit dem Erfolg ihrer Online-Marketing-Kooperationen, die etwa fünfzig Prozent des Online-Werbebudgets ausmachen.[12] In diesem Sinne stuft Schwartz Online-Marketing-Kooperationen als eine von sieben „*Breakthrough Business Strategies for Surviving in the Cutthroat Web Economy*" ein.[13]

Ungeachtet der großen Vorteile ist das Management dieser Kooperationsform nicht trivial. Zum einen erfordern Online-Marketing-Kooperationen knappe Ressourcen für den Aufbau und die Organisation der Partnerschaften. Der wirtschaftliche Erfolg aus diesen Marketinginvestitionen ist aufgrund der hohen Wettbewerbsintensität auf den elektronischen Märkten und der hohen internetspezifischen Anforderungen[14] an das Management unsicher.[15] Weiterhin herrscht Unklarheit über die erfolgreiche Gestaltung von Online-Marketing-Kooperationen. Die Konzentration auf unwesentliche Gestaltungsmerkmale oder die Vernachlässigung wichtiger Gestaltungskriterien kann zum Misserfolg der Kooperationen führen. Zusätzlich zu diesen Problemen bestehen erhebliche markenpolitische Risiken wie beispielsweise ein negativer Imagetransfer durch die mangelnde Kompatibilität der Partner oder eine schlechte Umsetzung der Kooperation.

Erschwerend kommt hinzu, dass aus der wissenschaftlichen Forschung bislang keine abgesicherten Ergebnisse zu den Erfolgsfaktoren von Online-Marketing-Kooperationen vorgelegt wurden.[16] Die Kenntnis über die erfolgreiche Ausgestaltung

---

[12] Vgl. Mangstl und Dörje (2003), S. 75 ff.
[13] Vgl. Schwartz (1999).
[14] Vgl. Monse (2000), S. 2 f., siehe auch Staudt et al. (1992), S. 32 f.
[15] Vgl. Bakos und Brynjolfsson (2000), S. 2.
[16] Zu den wenigen, vor allem auf Praxisbeispiele abzielenden Arbeiten vgl. beispielsweise Winkler und Tamblé (2001), Tamblé (2002), S. 14 ff., Fantapié Altobelli (2003), S. 355 ff., Mangstl und Dörje (2003), S. 91 ff.

der Kooperationen ist jedoch für das Management von hoher Relevanz. Das **Ziel dieser Arbeit** besteht daher darin, theoretisch fundierte und empirisch überprüfte Erkenntnisse über die erfolgreiche Ausgestaltung von Online-Marketing-Kooperationen abzuleiten.

Anknüpfend an die Zielsetzung werden in dieser Arbeit die Einflussfaktoren auf die Gestaltung und den Erfolg von Online-Marketing-Kooperationen untersucht. Abbildung 1-2 gibt einen Überblick über den Aufbau der Arbeit.

Abbildung 1-2: Aufbau der Arbeit

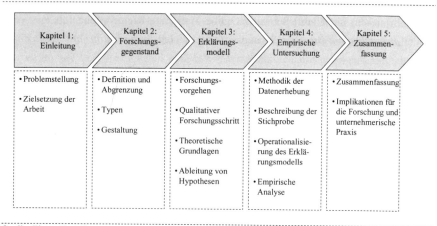

Quelle: Eigene Erstellung

Im Anschluss an diese Einleitung wird im *zweiten Kapitel* der Arbeit ein Grundverständnis zum geschilderten Forschungsproblem geschaffen. Dazu ist die Definition und Abgrenzung der zentralen Begriffe notwendig. Weiterhin werden unterschiedliche Typen von Online-Marketing-Kooperationen behandelt und die Möglichkeiten der Ausgestaltung der Kooperationen beschrieben.

Gegenstand des *dritten Kapitels* ist die Erklärung des Erfolgs von Online-Marketing-Kooperationen. Da im Bereich von Online-Marketing-Kooperationen bisher keine Forschungsergebnisse vorliegen, wird zunächst ein qualitativer Forschungsschritt durchgeführt mit der Zielsetzung, grundlegende Erkenntnisse über die Erfolgsfaktoren von Online-Marketing-Kooperationen zu erwerben. Dazu werden Experteninterviews sowie eine Fallstudie bei einem E-Commerce-Anbieter mit Schwerpunkt auf Online-Marketing-Kooperationen durchgeführt. Ergebnis ist ein Überblick über die wesentlichen Einflussvariablen auf die Gestaltung und den Erfolg von Online-Marketing-Marketing-Kooperationen. In einem konfirmatorischen Forschungsschritt werden darauf aufbauend zunächst die theoretischen Grundlagen für die Erklärung des Erfolgs von Online-Marketing-Kooperationen geschaffen. Besondere Aussagekraft besitzen dabei der Ressourcenorientierte Ansatz, die Spieltheorie, der Transaktionskostenansatz und der Netzwerkansatz. Auf dieser Basis werden unter Einbeziehung empirischer Erkenntnisse Hypothesen über die Wirkungsbeziehungen zwischen den Erfolgsfaktoren von Online-Marketing-Kooperationen abgeleitet und Erklärungsmodelle für die Gestaltung und den Erfolg aufgestellt.

Im *vierten Kapitel* wird die empirische Überprüfung der Modelle dargestellt. Dazu wird zunächst die Erhebungsmethodik beschrieben. Im Rahmen einer schriftlichen und webgestützten Befragung von E-Commerce-Anbietern werden Daten für die Analyse der Modelle erhoben. An die Beschreibung der Stichprobe schließt sich die Operationalisierung der Erklärungsmodelle an. Weiterhin wird der Partial-Least-Squares-Ansatz als Methode für die Analyse der Daten in seinen Grundzügen diskutiert und beschrieben, um auf dieser Basis die Ergebnisse der empirischen Analyse darzustellen und die wesentlichen Einflussfaktoren auf die Gestaltung und den Erfolg von Online-Marketing-Kooperationen herauszustellen.

Die Arbeit schließt mit der Zusammenfassung und der Ableitung von Schlussfolgerungen für die wissenschaftliche Forschung und unternehmerische Praxis im *fünften Kapitel*.

2 Zum Forschungsgegenstand: Online-Marketing-Kooperationen

2.1 Begriffsverständnis

Der Begriff „Kooperation" stammt aus dem Lateinischen und kann mit „Zusammenarbeit" oder „gemeinschaftliche Erfüllung von Aufgaben" übersetzt werden.[17] Er bezeichnet grundsätzlich die Zusammenarbeit zwischen Personen, Gruppen und Institutionen.[18]

Gegenüber einer Koordination dieser Zusammenarbeit über den Markt oder eine Hierarchie weisen Kooperationen zwei spezifische Merkmale auf (Abbildung 2-1):[19]

- *Gegenseitige Abhängigkeit* (Interdependenz) der Kooperationspartner: Im Rahmen einer Kooperation nehmen die beteiligten Unternehmen eine bewusste Funktionsabstimmung oder Funktionsausgliederung und -übertragung vor.[20] Dazu müssen die Ziele der Zusammenarbeit in Übereinstimmung festgelegt werden, anschließend müssen Teilaufgaben zur Zielerreichung abgeleitet und zeitlich aufeinander abgestimmt werden. Diese Koordination führt zu einer Abhängigkeit in einzelnen Teilbereichen der Unternehmen. Dieses Merkmal unterscheidet die Kooperation von einer marktgeregelten Koordination.[21]

- *Selbständigkeit* (Autonomie) der Kooperationspartner: Die kooperierenden Unternehmen verbleiben rechtlich und wirtschaftlich selbständig, die Kooperation kann jederzeit einseitig aufgekündigt werden. Damit ist die Kooperation klar abgegrenzt gegenüber einer hierarchischen Koordination.

---

[17] Vgl. Rotering (1993), S. 6.
[18] Vgl. Justus (1999), S. 22. In der wirtschaftswissenschaftlichen Diskussion werden parallel zum Kooperationsbegriff auch Begriffe wie „strategische Allianz", „Joint Venture" und „strategische Partnerschaft" verwandt. Teilweise werden diese Begriffe synonym zum Kooperationsbegriff benutzt, teilweise liegt ihnen aber auch ein engeres bzw. weiteres Begriffsverständnis zugrunde. Siehe dazu etwa Kraege (1997), S. 49 ff., Friese (1998), S. 58 ff., Mellewigt (2003), S. 8 f.
[19] Vgl. Rotering (1993), S. 7 ff., Justus (1999), S. 23 ff.
[20] Vgl. Rotering (1990), S. 41.
[21] Vgl. Tröndle (1987), S. 16 ff.

Abbildung 2-1: *Kooperation zwischen Markt und Hierarchie*

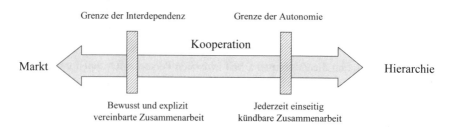

Quelle: In Anlehnung an Rotering (1993), S. 14.

Eine Kooperation kann alle unternehmerischen Funktionsbereiche umfassen, verbreitet ist die Zusammenarbeit in den Bereichen Forschung und Entwicklung, Beschaffung, Produktion und Marketing/Vertrieb.[22]

Online-Marketing-Kooperationen sind in den Bereich der **Marketing-Kooperationen** einzuordnen. Marketing-Kooperationen sind durch eine gemeinsame Nutzung und Entwicklung der Ressourcen des Marketing oder die Zusammenlegung und Koordination von Marketingprogrammen der Partner gekennzeichnet.[23] Sie umfassen alle Elemente des Marketing-Mix: Produktpolitik, Preispolitik, Kommunikationspolitik und Distributionspolitik:[24]

- *Produktpolitik:* In der Produktpolitik liegt der Fokus der Kooperation auf einem verbesserten Leistungsangebot an den Kunden. Die gemeinsame Gestaltung von Leistungsprogrammen zielt darauf ab, auf dem Absatzmarkt eine möglichst hohe akquisitorische Wirkung zu erreichen. Beispiele für Kooperationen in der Produktpolitik sind gemeinsame Produktentwicklungen oder das Angebot eines gemeinsamen Kundendienstes.[25]

- *Preispolitik:* Im Bereich der Preispolitik werden Kooperationen vor allem in Form von Preisabsprachen und Bonusprogrammen gebildet. Preisabsprachen dienen der

---

[22] Vgl. Gahl (1991), S. 18 ff.
[23] Vgl. Baur (1975), S. 15 f., Bruhn und Homburg (2001), S. 12.
[24] Vgl. Mengele (1993), S. 27 ff., Bolten (2000) S. 154 ff., Picot et al. (2001), S. 306.
[25] Vgl. beispielsweise Priemer (2000), S. 56 ff.

Neutralisierung des Preises als Aktionsparameter, sind aber in Deutschland aufgrund ihres Wettbewerb beschränkenden Charakters nach §1 GWB generell verboten.[26] Bonusprogramme wie beispielsweise Vielfliegerprogramme zielen auf die Bindung von Kunden ab. Durch die Zusammenarbeit vieler Partner bieten sie einen tatsächlichen Nutzenzuwachs beim Partner und besitzen daher hohe Akzeptanz beim Kunden.[27]

- *Kommunikationspolitik:* Die Kommunikationspolitik eröffnet zahlreiche Kooperationsmöglichkeiten im Bereich gemeinsamer Werbekonzepte. Ein Beispiel markiert die Gemeinschaftswerbung, bei der mehrere Unternehmen einer Branche eine gemeinsame Werbestrategie zur Ausdehnung des Gesamtmarktes verfolgen. Ähnliche Ziele verfolgt die Gütesiegelwerbung, die eine Positionierung der beteiligten Hersteller gegenüber dem Wettbewerb anstrebt. Weitere Beispiele sind Co-Marketing-Konzepte und Co-Branding-Konzepte zwischen Hersteller und Handel oder Herstellern komplementärer Produkte mit dem Ziel der Steigerung der Bekanntheit und des Imagetransfers.[28]

- *Distributionspolitik:* Im Bereich der Distributionspolitik bestehen zahlreiche Möglichkeiten der Nutzung gemeinsamer Vertriebssysteme. Insbesondere gewinnt das Kooperationskonzept des Efficient Consumer Response, das eine Optimierung der Zusammenarbeit zwischen Hersteller und Handel entlang der Wertschöpfungskette anstrebt und die Verbesserung des Kundennutzens verfolgt, an Bedeutung.[29] Typische Kooperationen im Bereich der Distributionspolitik sind aber auch die Nutzung gemeinsamer Vertriebswege oder Cross-Selling-Kooperationen, bei denen das Angebot der Produkte und Dienstleistungen eines Anbieters über den Absatzkanal eines Kooperationspartners erfolgt.[30]

---

[26] Vgl. beispielsweise Balling (1998), S. 182. Nicht vertraglich geregelte Preisabstimmungen wie beispielsweise im Mineralölbereich werden geduldet.
[27] Vgl. Bernecker und Hüttl (2002), S. 158 f.
[28] Vgl. beispielsweise Bucklin und Sengupta (1993), S. 32 ff, Clark (2000), S. 68 ff.
[29] Da diese Kooperationskonzepte nicht Schwerpunkt der Arbeit sind, wird an dieser Stelle nicht weiter darauf eingegangen. Weiterführende Literatur findet sich beispielsweise bei Seifert (2001), Busch und Langemann (2001), Hippner und Wilde (2004), Bruhn und Homburg (2005).
[30] Vgl. Bolten (2000), S. 157.

Online-Marketing-Kooperationen stellen eine spezifische Form von Marketing-Kooperationen dar, die darauf ausgerichtet sind, die Website des Partners je nach Schwerpunkt der Zielsetzung als Kommunikations- oder Distributionskanal zu nutzen und damit die Erreichung der Marketing-Ziele zu verbessern. Tabelle 2-1 gibt eine Übersicht und Beispiele für die Systematisierung von Marketing-Kooperationen mit der Einordnung von Online-Marketing-Kooperationen.

Tabelle 2-1: Systematisierung und Beispiele für Marketing-Kooperationen

Marketing-Instrument	Zielsetzung	Beispiele
Produktpolitik	- Verbesserung des Leistungsangebots an den Kunden	- Gemeinsame Produktentwicklungen - Gemeinsamer Kundenservice
Preispolitik	-Vereinfachung der Preissetzung -Kundenbindung durch Treueanreize	- Preisabsprachen - Bonusprogramme
Kommunikationspolitik	-Kostensenkung durch gemeinsame Werbeaktionen -Effizienzsteigerung durch Markenplatzierung	- Kollektivwerbung - Co-Marketing-Kooperationen - Co-Branding-Kooperationen - **Online-Marketing-Kooperationen**
Distributionspolitik	- Kostensenkung durch Nutzung gemeinsamer oder gegenseitiger Vertriebssysteme - Verbesserung der Zusammenarbeit zwischen Hersteller und Handel	- Efficient Consumer Response - Gemeinsame Nutzung von Vertriebssystemen - Cross-Selling-Kooperationen - **Online-Marketing-Kooperationen**

Quelle: in Anlehnung an Benkenstein & Beyer (2003), S. 723.

Online-Marketing-Kooperationen nutzen die spezifischen Vorteile des Internet, das durch seine flächendeckende, offene und kostengünstige Infrastruktur die unternehmensübergreifende Zusammenarbeit auch über weite Entfernungen ermöglicht.[31] Sie

---

[31] Vgl. Lücke und Webering (2003), S. 5.

bestehen in der Zusammenarbeit zwischen einem E-Commerce-Anbieter, der auch als Merchant bezeichnet wird, und einem Kooperationspartner, auch Affiliate genannt, der das Angebot des E-Commerce-Anbieters in seine Website integriert und seinen Usern anbietet. Der E-Commerce-Anbieter spricht auf diese Weise die Kunden des Kooperationspartners an und vergütet den Partner dafür in der Regel auf erfolgsabhängiger Basis.[32] Abbildung 2-2 veranschaulicht die Zusammenarbeit zwischen den Kooperationspartnern:

Abbildung 2-2: Aufbau einer Online-Marketing-Kooperation

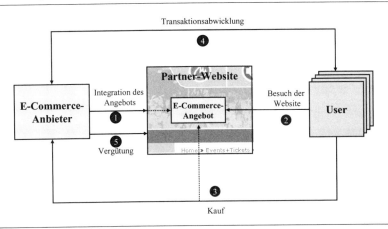

Quelle: Eigene Erstellung

Der Betreiber der Partner-Website integriert das Angebot des E-Commerce-Anbieters in seine Website: (1) Der User besucht die Website des Kooperationspartners und stößt dort auf das Angebot des E-Commerce-Anbieters (2). Im Falle eines Kaufs (3) tätigt er den Kauf über die Website des Kooperationspartners direkt beim E-Commerce-Anbieter. Die Abwicklung der Transaktion, die in der Lieferung und Zahlungsabwicklung besteht, erfolgt direkt zwischen E-Commerce-Anbieter und Kunde (4). Der Kooperationspartner erhält für die Vermittlung des Kunden an den E-Commerce-Anbieter eine Vergütung, die in der Regel erfolgsabhängig ist (5).

---

[32] Die erfolgsabhängige Vergütung ist die Grundidee von Online-Marketing-Kooperationen. Allerdings kommen insbesondere bei der Zusammenarbeit mit großen Portalen teilweise kombinierte Vergütungsmodelle aus erfolgsabhängiger und fixer Vergütung vor. Siehe dazu die Ausführungen in Kapitel 2.3.1.

Ein Beispiel für eine Online-Marketing-Kooperation ist die Zusammenarbeit zwischen dem Gebrauchtwagenanbieter Autoscout 24 und dem Internet-Service-Provider T-Online.[33] Autoscout 24 hat auf dem Autokanal der T-Online-Website sein Gebrauchtwagenangebot platziert. So kann der User, der den Autokanal von T-Online besucht, direkt auf das Angebot von Autoscout 24 zugreifen. Autoscout 24 erreicht damit bereits auf der stark frequentierten Website von T-Online eine große Zahl an Usern, die sich für das Thema Auto interessieren. T-Online bietet mit dem Gebrauchtwagenangebot von Autoscout 24 seinen Usern ein attraktives zusätzliches Leistungsangebot an und erhält für jede getätigte Transaktion eine Vergütung von Autoscout 24. In Abbildung 2-3 ist die beschriebene Einbindung des Angebots von Autoscout 24 in den Autokanal von T-Online dargestellt.

Abbildung 2-3: *Kooperation zwischen Autoscout 24 und T-Online*

Quelle: http://t-online-autoscout24.de/strat.asp

---

[33] Die Kooperation zwischen T-Online und Autoscout 24 wurde im Juni 2003 gebildet. Im Dezember 2003 wurde die Scout-Gruppe von T-Online übernommen, vgl. o.V. (2005b). Scout24 wird im T-Online Konzern als eigenständiges Unternehmen fortgeführt, die übernommenen Geschäftskonzepte, die Organisation, das Marken- und Marketingkonzept sowie das Scout24-Partnernetzwerk blieb erhalten, vgl. o.V. (2003). Aus diesem Grund bleiben auch die spezifischen Vorteile der Kooperation bestehen, die Zusammenarbeit kann somit weiterhin als Beispiel für eine Online-Marketing-Kooperation betrachtet werden.

Die **Ziele** von Online-Marketing-Kooperationen korrespondieren mit den übergeordneten Unternehmens- und Marketing-Zielen. Um eine für beide Seiten erfolgreiche Partnerschaft sicherzustellen, sollten die Ziele der Kooperationspartner in komplementärer Beziehung stehen.

Aus Sicht des E-Commerce-Anbieters sind Online-Marketing-Kooperationen vor allem ein kostengünstiges und risikoarmes Marketing-Instrument zur Kundengewinnung und dienen drei Zielen:

- *Umsatzsteigerung*: Durch Erweiterung des eigenen Leistungsangebots und Zugang zu neuen Kunden soll der Umsatz gesteigert werden. Umsatzsteigerungen werden durch die Ansprache der Nutzer der Partnerseite erzielt. Durch die Integration in die Partner-Website kann der E-Commerce-Anbieter sein Angebot neuen und größeren Zielgruppen unterbreiten, die Ansprache kann durch die Auswahl spezifischer Themenkanäle zudem genau auf die Zielgruppen zugeschnitten werden.[34]

- *Kostensenkung in der Kundenakquisition:* Da der Umsatz, der über die Partner-Website erzielt wird, in der Regel erfolgsabhängig vergütet wird, ist die Bildung von Online-Marketing-Kooperationen gleichbedeutend mit einer Einsparung an Kundengewinnungskosten. Sie haben gegenüber pauschal vergüteten Kundengewinnungsmaßnahmen den Vorteil, dass nur im Erfolgsfall eine Zahlung erfolgt. Durch die Umstellung auf Affiliate-Marketing konnte beispielsweise das Handelshaus Novodrom.com seine Marketingkosten um 40% senken bei einer gleichzeitigen Umsatzsteigerung um 30%.[35] Zugleich sind Online-Marketing-Kooperationen auch ein risikoarmes Instrument der Kundenbindung, da überwiegend die Vergütung der Kooperation einer tatsächlichen Transaktion gegenübersteht.[36] Somit wird durch die erfolgsabhängige Vergütung eine transparente Darstellung der Kundengewinnungskosten möglich, die dem gewonnenen Kunden exakt zugeordnet werden können.[37]

---

[34] T-Mobile beispielsweise erreicht seine Kunden – analog zum dezentralen Konzept der T-Punkte - direkt über „Vertriebsfilialen" auf großen Portalen oder anderen E-Commerce-Anbietern, vgl. Lücke und Webering (2003), S. 7.
[35] Vgl. Schmidt (2001), S. 95.
[36] Vgl. Büttgen (2003), S. 204.
[37] Vgl. Lücke und Webering (2003), S. 9.

- Psychographische Ziele wie der *Steigerung der Bekanntheit und des Images:*[38] Für den E-Commerce-Anbieter besteht die Möglichkeit, über die Website des Kooperationspartners beispielsweise einen höheren Bekanntheitsgrad zu erreichen oder durch den Imagetransfer eines attraktiven Kooperationspartners eine Imageverbesserung zu erzielen.

Die Zielsetzungen des **Affiliate** stehen in komplementärer Beziehung zu den Zielen des E-Commerce-Anbieters:[39]

- *Umsatzsteigerung durch die Vergütung des E-Commerce-Anbieters:* Die Umsatzsteigerung ergibt sich für den Affiliate aus der Vergütung der durch ihn vermittelten Transaktionen.[40]

- *Kundenbindung durch die Erweiterung des Leistungsangebots:* Mit dem zusätzlichen Angebot werden die eigenen Inhalte um ein zusätzliches Leistungsangebot erweitert. Damit erhält der Nutzer einen zusätzlichen Service, so dass er für die Inanspruchnahme der Leistung nicht gezwungen ist, die Website zu wechseln.[41] Im Internet, in dem ein Nutzer per Mausklick binnen kurzer Zeit die Website wechseln kann, ist dies eine wichtige Maßnahme zur Bindung des Kunden.[42]

- *Auslastung von Werbeplätzen:* Die Platzierung von Bannern im Rahmen von Online-Kooperationen dient insbesondere bei großen Kooperationspartnern häufig der Auslastung von Werbeplätzen. Die Vergütung für die Überlassung von Werbeplätzen erfolgt größtenteils erfolgsabhängig.[43]

Abbildung 2-4 gibt eine Übersicht über die Zielsetzungen von Online-Marketing-Kooperationen aus Sicht beider Kooperationspartner.

---

[38] Vgl. Meffert (2000), S. 78.
[39] Vgl. Lücke und Webering (2003), S. 7 ff.
[40] Selbst für stark frequentierte Portale wie MSN, Web.de und Yahoo bedeuten Online-Marketing-Kooperationen wichtige Umsatzquellen.
[41] Vgl. Büttgen (2002).
[42] Vgl. Garczorz und Krafft (2001), S. 138.
[43] Vgl. Lücke und Webering (2003), S. 8.

Abbildung 2-4: Ziele von Online-Marketing-Kooperationen

	Zielsetzungen		
	Ertragssteigerung	**Kostensenkung**	**Psychographische Ziele**
E-Commerce-Anbieter ("Merchant")	• Ansprache neuer Kunden über den Kooperationspartner	• Kostenreduktion bei der Neukundengewinnung • Risikominderung durch erfolgsabhängige Vergütung	• Imageverbesserung durch den Kooperationspartner • Steigerung des Bekanntheitsgrads • Zielgruppengenaue Ansprache der Kunden
Kooperationspartner ("Affiliate")	• Erweiterung des Leistungsangebots	• Senkung der Kosten für Inhalte • Bessere Auslastung von Werbeplätzen	• Imageverbesserung durch den Kooperationspartner • Erhöhung der Attraktivität der Angebots

Quelle: Eigene Erstellung in Anlehnung an Bolten (2000), S. 140 ff. und Büttgen (2003), S. 204 f.

Stellt man Online-Marketing-Kooperationen anderen Kundengewinnungsmaßnahmen gegenüber, so erweisen sie sich als ein Marketinginstrument mit geringen Kosten, die abhängig von der Zielsetzung und Gestaltung sowohl hohe Reichweiten als auch Nischenpositionen erreichen können. Neben den Vorteilen erfolgsabhängiger und direkt zurechenbarer Kosten bieten sie die Chance einer dauerhaften Zusammenarbeit mit dem Kooperationspartner, so dass längerfristige Marketing-Strategien verfolgt werden können.[44]

Abbildung 2-5 zeigt Online-Marketing-Kooperationen im Kontext anderer Kundengewinnungsmaßnahmen abhängig von den Kosten und der Reichweite, die durch das Marketing-Instrument erzielt werden kann.

---

[44] Vgl. Goldschmidt et al. (2003), S. 128.

Abbildung 2-5: Online-Marketing-Kooperationen im Kontext anderer Kundengewinnungsmaßnahmen

Quelle: in Anlehnung an Goldschmidt et al. (2003), S. 128

Ein direkter Vergleich der Vorteilhaftigkeit der Kundengewinnungsmaßnahmen ist schwierig, da sie von verschiedenen Kriterien wie der Qualität der Werbung und dem beworbenen Produkt abhängen. Allgemeingültige Berechnungen bestehen nicht, allerdings haben einige E-Commerce-Anbieter ihre Kundengewinnungskosten veröffentlicht. Eine sehr detaillierte Aufstellung seiner Kundengewinnungskosten liefert der US-amerikanische Online-Kunsthändler Arts.com: In Abbildung 2-6 ist zu erkennen, dass Online-Werbemaßnahmen gegenüber den klassischen Werbemedien deutlich bessere Kosten-Nutzen-Relationen aufweisen.

Abbildung 2-6: Kosten der Kundengewinnung für verschiedene Werbemittel

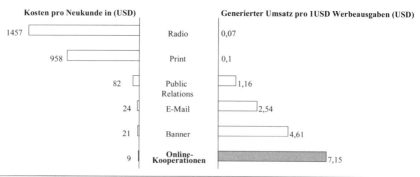

Quelle: in Anlehnung an Woods (2000).

Ein weiteres Beispiel für die Vorteile von Online-Marketing-Kooperationen stellt das Vorgehen des Online-Händlers für vergriffene und antiquarische Bücher JustBooks[45] dar. Nachdem JustBooks in seiner ersten Marktphase den Schwerpunkt auf einen schnellen Aufbau der Markenbekanntheit legte, rückte die Verringerung der Kundenakquisitionskosten in den Vordergrund. Damit wurde auf Massenmedien wie TV-, Print- und Radiowerbung vollständig verzichtet und es wurden neben Suchmaschinenoptimierung und Direktmarketing-Maßnahmen vor allem Online-Marketing-Kooperationen betrieben, um mit nutzerorientierter Kommunikation bei möglichst geringen Streuverlusten attraktive Zielgruppen kontinuierlich zu erschließen. Auf diese Weise wurden im Oktober 2001 nur über Partner-Websites etwa 12.000 neu registrierte Kunden erreicht, es wurden fast 35.000 Bücher vermittelt und bei 600.000 Besuchern mehr als fünf Millionen Page Impressions[46] verzeichnet. Die direkten Kundenakquisitionskosten konnten auf 1,50 Euro je Kunde reduziert werden.[47]

Ein direkter Vergleich der Vorteilhaftigkeit von Werbemaßnahmen kann nur für Online-Maßnahmen angestellt werden. Als wichtigste Online-Werbemaßnahme hat sich in den letzten Jahren die Banner-Werbung etabliert.[48] Die Abrechnung der Werbekosten bei der Bannerwerbung kann auf unterschiedliche Weisen geschehen. Die vorherrschende Art der Abrechnung ist die Kostenbestimmung über Pauschalpreise, entweder über einen fixen Satz für eine bestimmte Präsenzdauer oder über die Anzahl der erreichten Kontakte in Form von Tausender-Kontakt-Preisen.[49]

Die Response-Wirkung der Online-Werbung wird in Form der erzielten Ad-Clicks[50] gemessen.[51] Untersuchungen haben ergeben, dass Marketing-Kooperationen gegenüber der Bannerwerbung eine höhere Klickrate aufweisen. Nach aktuellen Untersuchungen liegt die Klickrate von Bannern deutlich unter 1% (Nielsen: 0,32% und Jupiter: 0,7%),

---

[45] Just Books gehört zum kanadischen Konzern Advanced Books Exchange Inc.
[46] Unter Page Impressions definiert der IVW die „Anzahl der Sichtkontakte beliebiger Nutzer mit einer potenziell weiterführenden HTML-Seite". Siehe *http://www.ivw.de*.
[47] Vgl. Brettel und Heinemann (2002), S. 127 ff.
[48] Vgl. beispielsweise Jochims (2002), S. 66.
[49] Vgl. Johannsen (2002), S. 42 f. In seltenen Fällen findet eine leistungsbezogene Abrechnung statt. Der Unterschied zu Online-Kooperationen und erfolgsabhängiger Banner-Vergütung besteht dann in der Dauer der Zusammenarbeit, die bei der Kooperation langfristig angelegt ist.
[50] Mit der Anzahl der Ad-Clicks wird angegeben, wie oft auf ein Werbemittel reagiert wurde, vgl. Skiera et al. (2001), S. 227.
[51] Vgl. Johannsen (2002), S. 46.

Marketing-Kooperationen erreichen dagegen Klickraten von 5-10%.[52] Es bleibt jedoch sowohl bei der Bannerwerbung als auch bei Kooperationen festzuhalten, dass ihr Erfolg von der konzeptionellen und gestalterischen Qualität, dem thematischen Kontext und dem richtigen Partner abhängt.[53]

2.2 Typen von Online-Marketing-Kooperationen

Online-Marketing-Kooperationen lassen sich nach ihrem Einnahmepotenzial und dem betriebenen Kooperationsaufwand in zwei grundsätzliche Typen unterscheiden:[54]

- **Strategische Vertriebskooperationen**: Diese werden meist mit wenigen großen Partnern, die ein hohes Einnahmepotenzial aufweisen, geschlossen.[55] Für diese Partnerschaften ist naturgemäß die Bereitschaft, Aufwand in die individuelle Gestaltung der Kooperation zu investieren, hoch.

- **Affiliate-Programme**: Hierbei handelt es sich um Kooperationen mit kleineren Partnern, die jeweils geringe Umsatzbedeutung aufweisen, insgesamt aber einen hohen Umsatzanteil ausmachen. Um eine hohe Anzahl dieser kleineren Kooperationen eingehen zu können, werden sie in standardisierten Prozessen im Rahmen von Affiliate-Programmen organisiert.[56] Die Organisation der Programme kann in Eigenleistung oder über einen intermediären Netzwerkbetreiber erfolgen.

Abbildung 2-7 verdeutlicht die Unterscheidung der Kooperationstypen anhand des Einnahmepotenzials und des Aufwands, der für die Kooperation betrieben wird.

---

[52] Vgl. Nail et al. (1999).
[53] Vgl. Bloch (2002), S. 10.
[54] Vgl. Heinemann (2002), S. 8, Albers und Jochims (2003), S. 19. Eine abweichende Darstellung ist bei Büttgen (2003), S. 203 f., aufgeführt.
[55] Forrester Research zufolge gilt die häufig postulierte „80-20-Regel" auch für Kooperationen: Durchschnittlich 80% des über Kooperationen generierten Umsatzes wird mit 20% der Kooperationspartner erwirtschaftet. Vgl. Nail et al. (1999).
[56] Die ebenfalls in der Literatur verwandten Begriffe „Partnerprogramm" und „Associate Programm" werden synonym zum Begriff „Affiliate-Programm" verwendet.

Abbildung 2-7: Unterscheidung der Kooperationstypen

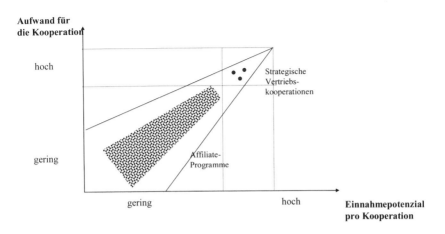

Quelle: Eigene Erstellung

Die *Zuordnung* der Kooperationen zu strategischen Vertriebskooperationen und Affiliate-Programmen erfolgt in der Regel auf Basis der Beurteilung der Partner. Eine systematische Aufteilung der Websites unterstützt dabei die Einteilung in strategisch wichtige Partner und kleinere Partner, die im Rahmen von Affiliate-Programmen abgewickelt werden. Die Scout-Gruppe, ein Vorreiter in der Entwicklung von Online-Marketing-Kooperationen in Deutschland, unternimmt eine Einteilung in vier Kategorien:

- *Gates:* große Portale (Internet-Service-Provider oder „Eingangstüren" ins Netz) mit zehn bis zwanzig Millionen Online-Kunden, in Deutschland bestehend aus T-Online, Web.de, MSN, AOL.de und Yahoo.de

- *Big Sites:* themenspezifische Internet-Portale mit einer bis zehn Millionen Online-Kunden, in Deutschland beispielsweise RTL.de, ebay.de, Bahn.de, GMX.de und Bild.de

- *Medium Sites:* Websites mit 50.000 bis einer Million Online-Kunden, in Deutschland beispielsweise Spiegel.de, ADAC.de, ltur.de oder saturn.de

- *Small Sites:* Websites mittelständischer und privater Anbieter mit zwischen 500 und 50.000 Kunden im Monat.[57]

Gates und Big Sites werden in der Regel als strategische Vertriebskooperationen eingeordnet. Small Sites werden in Affiliate-Programmen organisiert. Schwierig ist die Zuordnung der Medium Sites, weil aufgrund komplementärer Inhalte eine attraktive Zielgruppe angesprochen wird. Diese Seiten müssen für ihre Einstufung dezidiert betrachtet werden.

Häufig setzen E-Commerce-Anbieter beide Formen von Online-Marketing-Kooperationen ein, um auf der einen Seite die wenigen, strategisch wichtigen Partnerschaften möglichst erfolgreich gestalten zu können und die vollständige Kontrolle über den Kooperationsprozess zu behalten, auf der anderen Seite im Rahmen von Affiliate-Programmen eine große Anzahl kleinerer Partnerschaften mit geringem Einnahmepotenzial organisieren zu können. Abbildung 2-8 gibt einen Überblick über die Typen von Online-Marketing-Kooperationen, auf die im folgenden Abschnitt weiter eingegangen wird.

Abbildung 2-8: *Überblick über die Typen von Online-Marketing-Kooperationen*

Quelle: Eigene Erstellung

Strategische Vertriebskooperationen erhalten aufgrund ihres hohen Einnahmepotenzials besondere Aufmerksamkeit im Anbahnungs- und Organisationsprozess. Typische Kooperationspartner dieser Kooperationen sind in der Regel:

---

[57] Vgl. Mangstl und Dörje (2003), S. 87 f.

- große Portale mit einer hohen Besucherfrequenz, die eine große Anzahl an Usern ansprechen oder

- Special-Interest-Sites, die zum Angebot des E-Commerce-Anbieters komplementäre Inhalte anbieten und somit eine attraktive Zielgruppe ansprechen.

Bei strategischen Vertriebskooperationen spielt das Verhältnis zwischen den Kooperationspartnern eine besondere Rolle, da Kooperationsverträge meist individuell ausgehandelt werden, aufwändige Kooperationslösungen angewendet werden und ein hoher Aufwand für die Betreuung der Kooperation betrieben wird.[58]

Ein Beispiel für eine strategische Vertriebskooperation ist die Zusammenarbeit zwischen Eventim als Online-Anbieter von Eintrittskarten für Konzerte und Sportereignisse und AOL als Affiliate, bei der AOL in seinem Musikkanal Eintrittskarten von Eventim anbietet.

Abbildung 2-9: *Kooperation zwischen AOL und Eventim*

Quelle: http://www.eventim.de/cgi-bin/TInfo.dll?affiliate=aoy

---

[58] Vgl. Heinemann (2002), S. 8.

In dem Beispiel erhält AOL erhält damit ein zusätzliches Serviceangebot an seine Nutzer, die bei dem Besuch der Musik-Themenseite eine Eintrittskarte für ein Konzert erwerben können, und wird zusätzlich von Eventim für die vermittelten Umsätze vergütet. Eventim erweitert seinen Umsatz und spricht mit den Nutzern des AOL-Musikkanals, die mit dem Interesse an Musik potenzielle Konzertkartenkäufer sind, eine für ihn äußerst attraktive Zielgruppe an.

In **Affiliate-Programmen** wird eine Vielzahl kleinerer Kooperationen gebündelt. Die Realisierung der Affiliate-Programme verlangt zur standardisierten Abwicklung der Kooperationen eine Systemlösung, die die Nachvollziehbarkeit der Umsätze gewährleistet, die Vergütung der Partner und die Implementierung der Kooperationslösung übernimmt. Es ergeben sich grundsätzlich zwei Möglichkeiten, ein Affiliate-Programm zu betreiben:

- *Programm in Eigenleistung*: Der E-Commerce-Anbieter organisiert selbständig Kooperationen mit einer Vielzahl von Affiliates und entwickelt dafür selbst eine Systemlösung oder kauft diese ein.

- *Programm in Fremdlösung*: Der E-Commerce-Anbieter überlässt die Organisation und Abwicklung einem Affiliate-Programm-Betreiber, der gegen Provision die Abwicklung des Affiliate-Programms übernimmt.[59] Der Netzwerkbetreiber bündelt E-Commerce-Anbieter und Affiliates in einem Netzwerk und übernimmt als Intermediär die Anbahnung und Organisation der Partnerschaften.

Abbildung 2-10 verdeutlicht den Unterschied zwischen Affiliate-Programmen in Eigenleistung und Affiliate-Programmen über Netzwerk-Betreiber.

---

[59] Vgl. Heinemann (2002), S. 9.

Abbildung 2-10: *Affiliate-Programme in Eigenlösung und Fremdlösung*

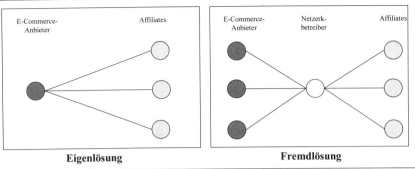

Quelle: In Anlehnung an Goldschmidt et al. (2003), S. 47.

Im Fall der Organisation eines **Affiliate-Programms in Eigenlösung** steht ein E-Commerce-Anbieter einer Vielzahl von Affiliates gegenüber. Entscheidend ist, dass der gesamte Kooperationsprozess von Partnerakquisition und Implementierung der Kooperationslösung über den E-Commerce-Anbieter abgewickelt wird. Abbildung 2-11 zeigt die Startseite des Partnerprogramms von Amazon.de, dessen Organisation und Abwicklung vollständig über Amazon erfolgt. Die potenziellen Affiliates bewerben sich auf der Partnerprogramm-Seite von Amazon um die Teilnahme am Programm und treten in direkten Kontakt mit Amazon.

Abbildung 2-11: *Partnerprogramm von Amazon.de*

Quelle: http://www.partnernet.amazon.de

Affiliate-Programme in Fremdlösung werden durch professionelle Anbieter betrieben. Sie bündeln auf einer speziellen Website Affiliate-Programme von E-Commerce-Anbietern und potenzielle Affiliates in einem öffentlich zugänglichen Netzwerk. Der Service des Netzwerk-Betreibers umfasst die gesamte Anbahnung und Abwicklung der Kooperationen, die die Rekrutierung der Affiliates, die technische Abwicklung sowie die Bezahlung der Affiliates beinhaltet.[60] Die Organisation der Kooperationen wird vollständig über die Seiten des Netzwerk-Betreibers realisiert, ohne dass der E-Commerce-Anbieter in direkten Kontakt mit dem Affiliate treten muss.[61] Der E-Commerce-Anbieter wird lediglich dazu aufgefordert, interessierte Affiliates in das Programm aufzunehmen oder abzulehnen. Vertragsschluss, Implementierung und Vergütung laufen in der Regel vollständig über den Netzwerk-Betreiber. Der E-Commerce-Anbieter vergütet den Netzwerk-Betreiber dafür mit einem Anteil an dem durch das Programm generierten Umsatz.[62] Abbildung 2-12 zeigt die Netzwerk-Plattform des Netzwerkbetreibers Affilinet, auf der sich sowohl E-Commerce-Anbieter als Programmbetreiber als auch Affiliates für die Teilnahme am Partnerprogramm anmelden können.

Abbildung 2-12: Plattform des Affiliate-Netzwerk-Betreibers Affilinet

Quelle: http://www.affilinet.de

---

[60] Vgl. Goldschmidt et al. (2003), S. 46.
[61] Die Möglichkeit der Kommunikation zwischen dem E-Commerce-Anbieter und seinen Affiliates ist jedoch gegeben.
[62] Vgl. Büttgen (2003), S. 216.

2.3 Ausgestaltung von Online-Marketing-Kooperationen

Hat sich ein E-Commerce-Anbieter grundsätzlich für das Eingehen einer Online-Marketing-Kooperation entschieden, ist als nächstes die Ausgestaltung der Kooperation zu klären. Insbesondere muss entschieden werden über das

- Vergütungsmodell,
- die Realisierung der Kooperationslösung und
- die vertragliche Regelung der Kooperation.

Die Beschreibung dieser Gestaltungsmerkmale ist Inhalt der folgenden Abschnitte.

2.3.1 Vergütungsmodelle

Ein Hauptmerkmal von Online-Marketing-Kooperationen ist die in der Regel erfolgsabhängige Vergütung. Diese ist für den E-Commerce-Anbieter gegenüber fix vergüteten Kundengewinnungsmaßnahmen vorteilhaft, da nur eine tatsächliche Aktion bezahlt wird und somit das Risiko bei einem Scheitern der Kooperation gering gehalten wird. Die erfolgsabhängige Vergütung lässt außerdem die direkte Zurechenbarkeit der Kundengewinnungskosten auf den einzelnen Kunden zu.[63]

Bei klassischen Werbemaßnahmen ist die vorherrschende Art der Abrechnung die Kostenbestimmung über Pauschalpreise, entweder über einen fixen Satz für eine bestimmte Präsenzdauer (Pay-per-Period) oder über die Anzahl der erreichten Kontakte in Form von Tausender-Kontakt-Preisen (Pay-per-View).[64] Diese fix vergüteten Werbemaßnahmen sind mit einem hohen Risiko behaftet, da ihre Wirksamkeit nicht sichergestellt werden kann und unabhängig von der Vergütung ist. Vor dem Hintergrund der schwachen Finanzlage vieler Start-ups sind aus diesem Grund diese klassischen Werbemaßnahmen häufig nicht möglich.

---

[63] Die Zurechnung der Kundengewinnungskosten auf den einzelnen Kunden gewinnt mit der Möglichkeit der Personalisierung der Angebote durch die Interaktionsmöglichkeiten des World Wide Web an Bedeutung. Vgl. Albers (2001), S. 16.

[64] Vgl. Johannsen (2002), S. 42 f. In seltenen Fällen findet eine leistungsbezogene Abrechnung statt. Der Unterschied zu Online-Kooperationen und erfolgsabhängiger Banner-Vergütung besteht dann in der Dauer der Zusammenarbeit, die bei der Kooperation langfristig angelegt ist.

Durch die erfolgsabhängige Vergütung von Online-Marketing-Kooperationen erhalten dagegen auch kleine und junge Unternehmen die Möglichkeit, Kundengewinnungsmaßnahmen zu ergreifen, ohne über große Marketing-Budgets für teure Werbemaßnahmen verfügen zu müssen. Es bestehen unterschiedliche erfolgsabhängige Vergütungsmodelle, die je nach Art der Kooperation und der Verhandlungsposition der Beteiligten festgelegt werden. Abbildung 2-13 gibt einen Überblick über die bestehenden erfolgsabhängigen und traditionellen Vergütungsmodelle sowie als mögliche Kombination daraus so genannte Hybridmodelle.

Abbildung 2-13: Vergütungsmodelle von Online-Marketing-Kooperationen

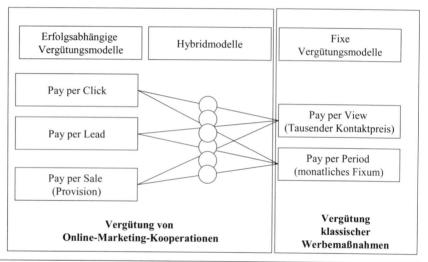

Quelle: Eigene Erstellung

Die inzwischen häufigste Form ist die **Pay-per-Sale-Vergütung**[65]. Hierbei wird der Kooperationspartner ausschließlich an dem tatsächlichen, durch ihn vermittelten Umsatz beteiligt.[66] Die Höhe dieser Provision hängt von verschiedenen Faktoren wie der Branche des E-Commerce-Anbieters und der Verhandlungsmacht der beteiligten Part-

---

[65] Analog werden häufig die Begriffe "Cost per Order", "Cost per Sale" oder „provisionsbasierte Vergütung" verwendet.
[66] Vgl. Heßler (2003), S. 332.

ner ab.⁶⁷ Die Höhe der Provision ist zwischen den Partnern individuell vereinbar. Diese Form der Vergütung ist die für den E-Commerce-Anbieter attraktivste, da für ihn Kosten der Kundengewinnung nur bei einem tatsächlichen Verkauf eines Produktes entstehen.⁶⁸ Bei einem Scheitern der Kooperation entstehen ihm lediglich die Kosten für die Anbahnung und Implementierung der Kooperation.

Für beratungsintensive Produkte und den Verkauf von Inhalten eignet sich die **Pay-per-Lead-Vergütung**. Bei dieser Vergütungsform erhält der Partner einen festgelegten Betrag für eine Aktion, die ein User auf seiner Website ausführt. Eine solche Aktion kann beispielsweise im Abonnement eines Newsletters, in einem Download oder einer Registrierung bestehen.⁶⁹

Der herkömmlichen Bannervergütung kommt die **Pay-per-Click-Vergütung**, die in der Anfangszeit der Online-Marketing-Kooperationen vorherrschend war, am nächsten. Der Partner erhält dabei einen festgelegten Betrag für jeden Besucher, der sich von seiner Website über einen Banner oder Link auf die Website des E-Commerce-Anbieters durchklickt. Die Vergütung pro Klick liegt in der Regel zwischen 0,05 und 0,25 Euro.⁷⁰ Es handelt sich bei dieser Vergütungsform zwar um eine erfolgsabhängige Vergütung, das Risiko für den E-Commerce-Anbieter ist hier jedoch größer als bei einer reinen Provisionszahlung, da ein Durchklicken zum Angebot noch keine Umsatzwirkung hat und die Conversion Rate⁷¹ je nach der Wahl des Partners und der Qualität der Einbindung sehr unterschiedlich hoch sein kann. Aus diesen Gründen ist die Verbreitung der Pay-per-Click-Vergütung seit Beginn der Online-Marketing-Kooperationen zurückgegangen.

Neben diesen Reinformen der Vergütungsmodelle bestehen auch so genannte **Hybridmodelle**, die aus einer Kombination der Vergütungsarten bestehen. Dabei werden insbesondere bei strategischen Vertriebskooperationen mit hoher Umsatzbedeutung erfolgsabhängige Vergütungsmodelle mit fixen Vergütungsmethoden wie einem monatlichen Fixum oder der Abrechnung nach tausend Kontakten verbunden, wenn der Kooperationspartner aufgrund seiner strategischen Bedeutung für den E-Commerce-

---

67 Vgl. També und Winkler (2005), S. 18.
68 Vgl. Nail (1999), S. 4.
69 Vgl. o.V. (2001a).
70 Vgl. Heßler (2003), S. 335.
71 Die Conversion Rate bezeichnet den Anteil der tatsächlichen Käufer an der Gesamtzahl der Besucher einer Website.

Anbieter eine starke Verhandlungsposition besitzt und eine fixe Vergütung durchsetzen kann.[72] Auch Kombinationen zwischen erfolgsabhängigen Vergütungsmethoden sind möglich. Beispielsweise werden Pay-per-Click- und Pay-per-Sale-Vergütungen kombiniert, um eine Risikoteilung zwischen den Partnern zu erlangen, da auf diese Weise ein Teil der Medialeistung bereits beim einfachen Click, eine Aktion des Neukunden allerdings erst beim Kauf vergütet wird.[73]

Über die erfolgsabhängig vergüteten Partnerschaften hinaus finden gelegentlich so genannte „Barter Deals" statt, in denen ein Kooperationspartner das Angebot der E-Commerce-Anbieter ohne finanzielle Gegenleistung einbindet, beispielsweise um die Attraktivität seiner Website zu erhöhen oder im Gegenzug eine Einbindung eigener Werbemittel auf der Partner-Website zu fordern. Da diese Partnerschaften nur selten auftreten und andere Zielsetzungen aufweisen als vergütete Online-Marketing-Kooperationen, sollen diese nicht weiter behandelt werden.[74]

Wie im Rahmen der Beschreibung der Vergütungsmodelle dargestellt wurde, korrespondiert das Erfolgsrisiko der Kooperationen direkt mit der Wahl des Vergütungsmodells (siehe Abbildung 2-14). Für den E-Commerce-Anbieter sind Vergütungsmodelle vorteilhaft, die unmittelbar mit dem Erfolg der Kooperation verknüpft sind. Das geringste Risiko birgt das Pay-per-Sale-Modell, das nur im Fall einer Transaktion eine Zahlung verlangt. Auf der anderen Seite übernimmt mit zunehmender Erfolgsabhängigkeit der Partner ein höheres Risiko, für ihn ist also die Vergütung mit einem Fixum die beste Vergütungsmöglichkeit.[75] Die Wahl des Vergütungsmodells ist Verhandlungssache zwischen den Kooperationspartnern.

---

[72] Vgl. Mangstl und Dörje (2003), S. 84.
[73] Vgl. Heßler (2003), S. 333.
[74] Im Bereich der Content-Kooperationen treten Barter Deals hingegen häufig auf und sind ein wichtiges Marketing-Instrument. Ausführungen zu Barter Deals bei Content-Kooperationen finden sich bei Thies (2005).
[75] Vgl. Hanson (2000), S. 136.

Abbildung 2-14: Risiko der Vergütungsmodelle aus Sicht der Kooperationspartner

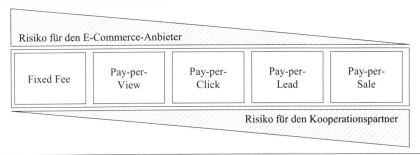

Quelle: in Anlehnung an Hanson (2000), S. 136 und Johannsen (2002), S. 44.

2.3.2 Realisierung der Kooperationslösung

Ein weiteres zentrales Gestaltungskriterium von Online-Marketing-Kooperationen ist die technische Umsetzung der Kooperation. Für strategische Vertriebskooperationen und Affiliate-Programme wird der Schwerpunkt bei der Wahl der technischen Lösung unterschiedlich gesetzt. Während bei strategischen Vertriebskooperationen der Fokus auf dem Erfolg der Kooperationen liegt und die Bereitschaft für eine individuelle Umsetzung der Kooperation vorhanden ist, wird der Schwerpunkt in Affiliate-Programmen auf die Möglichkeit zur Organisation einer Vielzahl von Partnerschaften gelegt.[76] Aspekte der Integration der Kooperationslösung sind die Art der Einbindung der Kooperation in die Partnerwebsite, die Anpassung der Kooperationslösung an die Partnerwebsite, das Branding der Kooperationslösung und das Hosting der Kooperationslösung, auf die im folgenden Abschnitt detailliert eingegangen wird.

Die **Einbindung** des E-Commerce-Angebots in die Partner-Website erfolgt grundsätzlich entweder linkbasiert oder integrativ.

Die *integrative Einbindung* besteht darin, dass das gesamte oder ein Teil des Leistungsangebots des E-Commerce-Anbieters in Form von Content oder einer Shoplösung in die Partner-Website eingebunden wird.[77] Dies führt dazu, dass der User, der das Angebot des E-Commerce-Anbieter auf der Partner-Website besucht, die Partner-Website

---

[76] Vgl. Winkler und Tamblé (2001), S. 50.
[77] Vgl. Büttgen und Lücke (2001), S. 34.

nicht verlässt.[78] Diese Form der Einbindung ist kontextbezogen und spezifisch auf die Gewohnheiten der Internet-User abgestimmt. Er erhält einen Zugewinn an Bedienungsfreundlichkeit und seinen Bedürfnissen entsprechenden Angeboten auf der von ihm gewählten Website.[79] Diese interessenbezogene Bedarfdeckungsposition erhöht idealtypischer Weise die Kaufbereitschaft und kann außerdem zu einem positiven Imagetransfer vom Affiliate zu den auf seiner Seite angebotenen Leistungen führen.[80] Integrative Einbindungsmöglichkeiten sind in erster Linie die Integration von Shoplösungen oder Buchungsmodulen, bei denen der E-Commerce-Anbieter seine E-Commerce-Systemlösung in die Website des Partners einbindet. Eine weitere Möglichkeit ist die Integration des E-Commerce-Angebots in die Warenkorblösung des Partners.

Ein Beispiel für eine integrative Einbindung zeigt Abbildung 2-15. In diesem Beispiel hat der Reiseanbieter travelocity sein Buchungsmodul in die Website von Yahoo-Reisen integriert. Der User kann somit auf der Website von Yahoo-Reisen eine Reise buchen, ohne die Website von Yahoo-Reisen verlassen zu müssen. Kommt eine Buchung zustande, wird die Transaktion direkt zwischen dem Kunden und travelocity abgewickelt, Yahoo-Reisen erhält eine Provision für die Vermittlung des Kunden.

Abbildung 2-15: Integrative Kooperationslösung zwischen travelocity und Yahoo Reisen

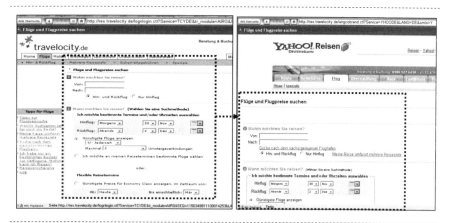

Quelle: www.travelocity.de und www.yahoo-reisen.de

---

[78] Vgl. Büttgen (2003), S. 203.
[79] Vgl. Lücke (2002a).
[80] Vgl. Büttgen (2003), S. 203.

Der integrativen Einbindungsmöglichkeit steht die *linkbasierte Einbindung* der Kooperation gegenüber. Bei der linkbasierten Einbindung des E-Commerce-Angebots gelangt der User, der die Partner-Website besucht, über einen Link auf die Website des E-Commerce-Anbieters.[81] Er verlässt die Website des Kooperationspartners und kehrt in der Regel nicht zurück. Ein Link kann in verschiedenen Formen eingebunden werden:

- *Integration von Bannern oder Buttons:* Die häufigste und einfachste Form der Einbindung besteht in der Integration von Bannern oder Buttons, über die sich der User auf die Website des E-Commerce-Anbieters durchklickt.[82] Diese Banner können allgemein gestaltet sein oder auf bestimmte Produktgruppen hinweisen. Der Pionier des Affiliate-Marketing, Amazon, beispielsweise bietet für die Einbindung beim Affiliate sowohl produktgruppenübergreifende als auch produktgruppenspezifische Banner für alle Produktgruppen wie Bücher, CDs, DVDs oder Elektroartikel an. Für den Besucher der Affiliate-Website sind diese Banner oder Buttons nicht von Online-Werbung zu unterscheiden. Für die Kooperationspartner besteht der Unterschied jedoch vor allem in der erfolgsabhängigen Vergütung und der Dauer der Beziehung.

- *Einbindung von Einzelproduktempfehlungen:* Eine spezifische Form der linkbasierten Integration des E-Commerce-Anbieters ist die Einbindung von so genannten Deeplinks oder Einzelproduktempfehlungen. Dabei wird auf der Partner-Website auf ein spezielles Produkt verwiesen, das beim E-Commerce-Anbieter gekauft werden kann. Beispielsweise empfiehlt ein Hobby-Gärtner auf seiner Website sein Lieblingsbuch und verlinkt direkt auf das Angebot dieses Buches bei Amazon. Diese Einbindung wird von den E-Commerce-Anbietern häufig empfohlen, weil sie aufgrund ihrer zielgruppengenauen Ansprache Erfolg versprechender ist als die Einbindung von Bannern oder Buttons.[83]

- *Weitere Einbindungsmöglichkeiten:* Weitere Möglichkeiten bestehen in der Einbindung von Suchfeldern oder Textlinks, die individuell gestaltet werden können.

---

[81] Vgl. Büttgen (2003), S. 202.
[82] Unter Banner und Buttons versteht man Schaltflächen in Form von Grafikflächen, die den User durch Anklicken auf eine andere Website leiten. Vgl. Hanson (2000), S. 442. Große, rechteckige Flächen werden in der Regel als Banner, kleinere Flächen als Button bezeichnet. Eine Definition der verschiedenen Banner- und Button-Formate findet sich unter www.werbeformen.de, vgl. o.V. (2005a).
[83] Vgl. beispielsweise die Seite "Marketing-Tipps" auf der Partnerseite von Amazon.de (URL: http://www.amazon.de/exec/obidos/tg/stores/static/-/associates/marketing-tipps).

Tabelle 2-2 gibt eine Übersicht über die Möglichkeiten der linkbasierten Einbindungsmöglichkeiten.

Tabelle 2-2: Formen linkbasierter Einbindungen am Beispiel Amazon

Form	Beispiel	Merkmale
Allgemeiner Banner	amazon.de	Einfacher Banner mit allgemeinem Hinweis auf den E-Commerce-Anbieter
Themenspezifischer Banner	Suchen Sie: BOOKS & MORE Autor amazon.de	Inhaltlich gestalteter Banner mit Hinweis auf ein spezifisches Angebot
Textlink	Kleingewächshaus: Aussaatzeit für Feldsalat, Spinat, Radieschen, Löffelkraut, Salatrauke, Winterportulak, Bremer Scherkohl. Pflanzzeit für Wintersalat, Endivien. Buchtipp für Kleingewächshausgärtner: Das Kleingewächshaus -Technik und Nutzung.	Einbindung des E-Commerce-Angebots in Form von Text, über den sich der User zum E-Commerce-Anbieter durchklickt (hier am Beispiel eines Amazon-Textlinks auf der Seite www.gartenmonat.de)
Deeplink/ Einzelproduktempfehlung	Buchtipps: GARTEN JAHR GU Gartenjahr für Einsteiger	Hinweis auf ein spezielles Angebot (hier am Beispiel einer Amazon-Buchempfehlung auf der Seite www.gartenmonat.de)

Quelle: Eigene Erstellung

Abbildung 2-16 zeigt als Beispiel für die Verwendung verschiedener linkbasierter Einbindungsmöglichkeiten die Hobbygärtner-Seite „Gartenprobleme". Hier werden Probleme des Hobbygärtners behandelt und gleichzeitig die entsprechenden Buchtipps mit direkter Verlinkung auf die Amazon-Seiten gegeben. Außerdem ist ein allgemeiner Amazon-Banner zu sehen sowie Einzelproduktempfehlungen für Gartengeräte, die ebenfalls bei Amazon bestellt werden können.

Abbildung 2-16: Linkbasierte Einbindungsformen von Amazon auf der Website Gartenprobleme

Quelle: http://www.gartenprobleme.de

Ein weiteres wichtiges Gestaltungskriterium von Online-Marketing-Kooperationen ist die **Anpassung der Kooperationslösung** an das „Look and Feel"[84] des Kooperationspartners. Die individuellen Anpassungsmöglichkeiten sind sehr vielfältig und basieren auf Absprachen zwischen den Kooperationspartnern. Einbindungsmöglichkeiten, die gut an das Look and Feel des Partners angepasst werden können, sind in erster Linie die Integration von Shoplösungen oder Buchungsmodulen, aber auch die Einbindung von Inhalten des E-Commerce-Anbieters mit der Integration der Produkte in die Warenkorblösung des Kooperationspartners. Die technische Anpassung kann auf verschiedene Arten mit unterschiedlich hohem Aufwand durchgeführt werden. Die einfachste Möglichkeit besteht darin, eine Standardlösung zu verwenden, die auch für andere Ko-

---

[84] Als "Look and Feel" wird allgemein das Layout sowie die Art der Kundenansprache einer Website bezeichnet.

operationspartner geeignet ist, und diese farblich an die konkrete Partner-Website anzupassen. Dies erfolgt mit geringem Programmieraufwand durch das Hinterlegen der Style-Sheets[85] des Kooperationspartners. Solche Standard-Lösungen werden entweder durch den E-Commerce-Anbieter programmiert oder können als Software-Lösungen eingekauft werden.[86]

Einen weit höheren Programmieraufwand erfordert der Aufbau einer individuellen Kooperationslösung, die exklusiv für einen einzelnen Kooperationspartner erstellt wird. Durch die Anpassung an das „Look and Feel" des Kooperationspartners merkt der Nutzer nicht, dass die Website, auf der er sich befindet, von zwei verschiedenen Anbietern betrieben wird.[87] Damit wird eine perfekte Integration in das Angebot des Partners erreicht und erhöht die Akzeptanz der Kooperationslösung, die idealtypisch zu einer Erhöhung der Kaufbereitschaft führt.

Ein weiteres Gestaltungskriterium ist die Frage des **Brandings** der Kooperationslösung. Dabei stellt sich die Frage, ob die Kooperationslösung auf der Website des Kooperationspartners mit dem Branding des E-Commerce-Anbieters versehen wird und somit eindeutig als dessen Angebot erkennbar ist. Während linkbasierte Lösungen durch ihren Charakter zwangsläufig immer über ein Branding verfügen, besteht bei integrativen Lösungen die Möglichkeit, Shoplösungen oder Buchungsmodule ohne Kennzeichnung der Marke des E-Commerce-Anbieters einzubinden. In diesem Fall erfährt der Kunde die Identität des Transaktionspartners erst durch den Hinweis auf die Allgemeinen Geschäftsbedingungen und bei der Lieferung des Produktes. Abbildung 2-17 zeigt als Beispiel für eine Kooperationslösung ohne Branding die Zusammenarbeit zwischen dem Musikportal Laut.de und dem Ticket-Portal Kartenhaus. Der Ticketanbieter Kartenhaus hat einen Ticketshop ohne Branding auf den Seiten von Laut.de eingebunden, bei dem die Identität von Kartenhaus erst durch die Allgemeinen Geschäftsbedingungen erkenntlich wird.

---

[85] Als Style-Sheets wird die für das Design einer Website verwendete Farbpalette bezeichnet.
[86] Vgl. Lücke (2001).
[87] Vgl. Berengeno (2003), S. 452.

Abbildung 2-17: *Kooperation ohne Branding zwischen Laut.de und Kartenhaus*

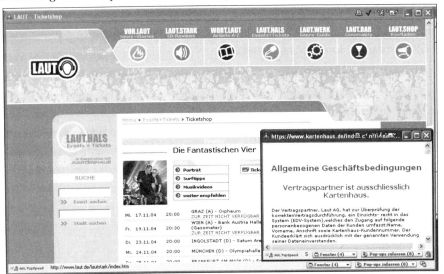

Quelle: htp://www.laut.de/lauthals/index.htm

Bei integrativen Lösungen mit Branding, auch Co-Branding-Kooperationen genannt, ist die Kooperationslösung mit der Marke des E-Commerce-Anbieter versehen.[88] Grundsätzlich ermöglichen derartige Markenallianzen eine Ergänzung der Wissensstrukturen der beteiligten Marken und damit eine breitere und intensivere Kundenbindung.[89] Co-Branding-Kooperationen bieten dem E-Commerce-Anbieter die Möglichkeit, sich mit seiner Marke am Point of Sale zu profilieren. Der User kann das Angebot dem E-Commerce-Anbieter zuordnen, womit sich die Markenbekanntheit des E-Commerce-Anbieters erhöht.[90] Das Branding des Angebots ist auch dann von Bedeutung, wenn sich die Konsumenten am Markennamen des Angebots orientieren, da nur begrenzte Produktinformationen vorliegen und eine Qualitätsprüfung des Produktes nicht möglich ist.[91] Handelt es sich bei den Kooperationspartnern um starke Marken mit einem positiven Image, so besteht über die genannten Vorteile hinaus die Möglichkeit eines positiven Imagetransfers.

---

[88] Vgl. Büttgen und Lücke (2001), S. 36.
[89] Zu den Vorteilen des Co-Branding siehe beispielsweise Sattler (2001), S. 107.
[90] Vgl. Büttgen (2003), S. 210.
[91] Vgl. Fritz (2000), S. 81.

Den Vorteilen des Co-Branding steht die Gefahr gegenüber, dass die User des Kooperationspartners direkt zum Angebot des E-Commerce-Anbieters abwandern. Das Branding des Angebots ist somit Verhandlungssache und hängt von der Stärke und Verhandlungsposition der einzelnen Partner ab.

Als Beispiel für eine Co-Branding-Kooperation ist in Abbildung 2-18 die Partnerschaft zwischen dem Portal GMX und dem Finanzdienstleister Creditplus abgebildet. Der User kann auf den Finanzseiten von GMX einen Kreditantrag beim Anbieters Creditplus stellen. Dabei ist die Marke Creditplus für ihn sichtbar und gibt Informationen über die Vertrauenswürdigkeit des Angebots. So profitiert GMX von dem vertrauensbildenden Image von Creditplus, wobei die Bank wiederum Gewinn aus der hohen Besucherfrequenz von GMX erzielt.

Abbildung 2-18: Co-Branding-Kooperation zwischen GMX und Creditplus

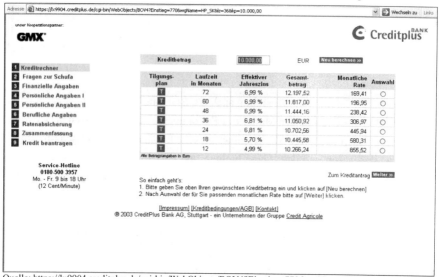

Quelle: https://lx9904.creditplus.de/cgi-bin/WebObjects/BOV4?Einstieg=770&wgName=HP_SK&lz=36

Ein weiterer Aspekt der technischen Gestaltung der Kooperation ist das **Hosting** der Lösung. Insbesondere integrative Lösungen erfordern Speicherplatz und technische Pflege. Es bestehen grundsätzlich drei verschiedene Möglichkeiten des Hostings:

- *Hosting auf dem Server des E-Commerce-Anbieters:* Die Kooperationslösung wird auf dem Server des E-Commerce-Anbieters gehostet und gepflegt. Dies hat den Vorteil, dass Aktualisierungen im Angebot sofort durch den E-Commerce-Anbieter vorgenommen werden können. E-Commerce-Anbieter mit einer großen Zahl an Kooperationen verfügen häufig über einen besonderen Server, auf dem ausschließlich Kooperationslösungen gehostet werden und der eine schnelle und unkomplizierte Anpassung der technischen Lösungen erlaubt.

- *Hosting auf dem Server des Kooperationspartners:* Dies hat für den Partner den Vorteil, dass er die Inhalte des Partnerangebots kontrollieren kann. Aktualisierungen müssen allerdings mit den Informationen des E-Commerce-Anbieters eingepflegt werden.

- *Geteiltes Hosting:* Dabei wird der Aufwand für das Hosting auf die Partner aufgeteilt: Ein statischer Teil des Auftritts, der sich nicht verändert, wird auf dem Server des Kooperationspartners gehostet, ein dynamischer Teil, der ständigen Änderungen unterliegt, wird auf dem Server des E-Commerce-Anbieters gehostet und laufend aktualisiert.

Da die verschiedenen Lösungen des Hosting spezifische Vorteile beinhalten, aber auch sehr unterschiedlich hohen Aufwand für die Bereitstellung von Speicherkapazität und die Pflege der technischen Lösung erfordern, beruht die Wahl der Methode auf Verhandlungen zwischen den Kooperationspartnern.

Als Beispiel für das Hosting der Kooperationslösung auf dem Partnerserver eines E-Commerce-Anbieters steht die Zusammenarbeit zwischen dem Finanzportal Onvista und der Jobbörse Jobpilot (Abbildung 2-19).

Abbildung 2-19: *Hosting des Jobangebots von Jobpilot bei Onvista auf dem Server von Jobpilot*

Quelle: http://www.jobpilot.de/gateway/OnVista/index.phtml

In Abbildung 2-19 ist das Jobangebot im Jobkanal von Onvista zu sehen, das in Partnerschaft mit Jobpilot angeboten wird. An der URL ist zu erkennen, dass sich der User, obwohl er sich auf der Website von Onvista aufhält, auf dem Server von Jobpilot befindet. Das Angebot wird auf dem Server von Jobpilot gehostet und angepasst an das Look and Feel von Onvista über einen Partnerlink in den Jobkanal von Onvista integriert.

2.3.3 Vertragliche Regelung

Die vertragliche Regelung der Kooperationen dient der Reduzierung der Unsicherheit für beide Seiten und damit als Schutz der jeweiligen Unternehmensinteressen. Verträge beinhalten grundsätzlich ex ante Regelungen für den weitgehenden Ausschluss von Konflikten und deren effiziente und reibungsarme Lösung.[92] Da jedoch in einem dynamischen Umfeld wie dem E-Commerce nicht alle Entwicklungen vorhergesehen werden können und außerdem ein hoher Detailliertheitsgrad die Flexibilität der Partner einschränken kann, sollte eine vertragliche Regelung gefunden werden, die alle wesentlichen Bereiche der Kooperation abdeckt, ohne die Handlungsmöglichkeiten der Partner zu sehr zu begrenzen.[93]

Die *Möglichkeiten der vertraglichen Regelung* reichen von einem hohen Kopplungsgrad mit sehr detaillierten Verträgen, die alle Eventualitäten der Kooperationsbeziehung berücksichtigen, bis hin zu lose vertraglichen Regelugen, die Raum für außervertragliche Absprachen zwischen den Kooperationspartnern lassen. Lose Kopplungen beziehen sich auf die Interaktionsbeziehungen zwischen Unternehmen, die gleichzeitig durch Interdependenzen und Indeterminiertheit gekennzeichnet sind.[94] Eine Kopplung umfasst im weitesten Sinne alles, was miteinander verbunden werden kann und bezieht sich auf die Stärke, Richtung und Komplexität kausaler Beziehungen.[95] Der Grad der Kopplung ist umso höher, je stärker die gekoppelten Elemente miteinander verbunden sind und ergibt sich aus der Anzahl und Stärke der gemeinsamen Variablen.[96] Lose gekoppelte Partnerschaften sind nur unvollständig vertraglich geregelt und stark auf dem

---

[92] Vgl. Bowersox (1990), S. 42.
[93] Vgl. Adobor und McMullen (2002), S. 73.
[94] Vgl. Orton und Weick (1990), S. 85.
[95] Vgl. Weick (1976), S. 3 ff.
[96] Vgl. Beekun und Glick (2001), S. 235.

Vertrauen und Commitment der Partner gegründet.[97] Diese lose gekoppelten Partnerschaften ermöglichen eine hohe Flexibilität, um sich qualitativ und quantitativ an sich verändernde Wettbewerbssituationen und Partnerbedingungen anzupassen,[98] die im dynamischen Umfeld des E-Commerce besonders wichtig ist. Auf der anderen Seite können zu lose Kopplungen die Verlangsamung interorganisationaler Abstimmungsprozesse verursachen.[99]

Der *Individualisierungsgrad des Vertrags* hängt in der Regel von der strategischen Bedeutung der Kooperation ab. Strategische Vertriebskooperationen werden aufgrund der notwendigen Absprachen in der Regel individuell vertraglich geregelt. Die inhaltlichen Aspekte werden zwischen den Partnern verhandelt und ein speziell für diese Kooperation aufgesetzter Vertrag geschlossen. Affiliate-Programme hingegen lassen in der Regel wenig Verhandlungsspielraum. Der E-Commerce-Anbieter gibt einen Standardvertrag mit festgelegten Konditionen vor, die durch den Affiliate akzeptiert werden müssen.[100]

Inhalte der Verträge von Online-Marketing-Kooperationen sind in der Regel:

- die Art und Höhe der Vergütung
- die Leistungsbeiträge der Koopcrationspartner
- die Dauer der Kooperation
- mögliche weitere Absprachen über Exklusivitäts- oder markenpolitische Leistungen.

Ein Schwerpunkt sollte auf der Beschreibung der Leistungsbeiträge der Kooperationspartner liegen. Es sollte klar festgelegt sein, welcher Partner mit welcher Technologie welche Leistungen erbringt. Die technischen Voraussetzungen sollten ebenfalls eindeutig festgelegt werden, da zu hohe Implementierungskosten die gesamte Kooperation in Frage stellen können. Auch Exklusivitäts- und markenpolitische Leistungen sollten eindeutig festgelegt werden. Da Exklusivität sehr unterschiedlich interpretiert werden

---

[97] Vgl. MacNeil (1978, S. 854 ff.).
[98] Vgl. Balling (1998), S. 144.
[99] Vgl. Sydow (1995), S. 275.
[100] Vgl. Neef und Bloch (2003), S. 436.

kann, ist vertraglich festzulegen, ob sie sich auf das gesamte Website-Angebot des Kooperationspartners oder nur auf einen bestimmten Kanal bezieht.[101]

Über den Detailliertheitsgrad, die individuelle Gestaltung und die Inhalte des Kooperationsvertrags müssen die Kooperationspartner für die jeweilige Kooperation in Abhängigkeit von der strategischen Bedeutung der Kooperation und dem Kooperationsumfeld entscheiden.

---

[101] Vgl. Mangstl und Dörje (2003), S. 92.

3 Erfolgsfaktoren von Online-Marketing-Kooperationen

3.1 Forschungsvorgehen

Langfristiger Erfolg unternehmerischen Handelns setzt die Kenntnis und Nutzung strategischer Erfolgsfaktoren voraus. Aus diesem Grund besteht in der Aufdeckung der Einflussgrößen, die den Erfolg von Unternehmen maßgeblich beeinflussen, ein Schwerpunkt der wissenschaftlichen Forschung.[102] Da Online-Marketing-Kooperationen als wichtiges Marketing-Instrument im E-Commerce angesehen werden, auf der anderen Seite jedoch Unsicherheit darüber herrscht, wie die Kooperationen auszugestalten sind, um einen möglichst hohen Kooperationserfolg zu erzielen, ist die Kenntnis der Auswirkungen der einzelnen Umfeld- und Gestaltungsfaktoren auf den Erfolg der Kooperationen von besonderer Bedeutung.

Ziel dieses Forschungsprojektes ist es daher, die Einflussfaktoren auf den Erfolg von Online-Marketing-Kooperationen zu ermitteln. Aus dieser Zielsetzung ergeben sich drei zentrale **Forschungsfragen**:

(1) Wodurch wird die Gestaltung von Online-Marketing-Kooperationen beeinflusst?

(2) Welches sind die Einflussfaktoren auf den Erfolg von Online-Marketing-Kooperationen?

(3) Welchen Stellenwert haben die einzelnen Einflussfaktoren auf den Erfolg von Online-Marketing-Kooperationen?

Basierend auf diesen Forschungsfragen wird ein Modell zur Erklärung der Gestaltung und des Erfolgs von Online-Marketing-Kooperationen aufgestellt und empirisch überprüft. Als Grundlage für das Forschungsvorgehen dienen die Methoden der *empirischen Erfolgsfaktorenforschung*.

In der wirtschaftswissenschaftlichen Literatur finden sich zahlreiche Ansätze zur Bestimmung von Erfolgsfaktoren.[103] Allgemein stellen strategische Erfolgsfaktoren die wesentlichen und langfristig gültigen Determinanten des Erfolgs dar, durch deren Beherrschung ein Unternehmen strategische Wettbewerbsvorteile erlangen kann.

---

[102] Vgl. dazu beispielsweise Eisele (1995), S. 31, mit Verweis auf Hildebrandt (1988), S. 37, Klein (1998), S. 38, Hahn (1999), S. 1042 ff.
[103] Vgl. einführend Nicolai und Kieser (2003), S. 580 f.

Grundsätzlich bestehen zwei Forschungsrichtungen, die auf unterschiedlichen Forschungsmethoden basieren: die explorative und die konfirmatorische Erfolgsfaktorenforschung.

Bei der **explorativen Erfolgsfaktorenforschung** hat der Forscher in der Ausgangssituation keine Vorstellung über den Inhalt und das Ausmaß der Erfolgsrelevanz einer bestimmten Größe, sondern versucht, diese im Verlauf des Forschungsprojektes aufzudecken.[104] Die explorative Erfolgsfaktorenforschung kann dabei sowohl auf qualitativen als auch quantitativen Forschungsmethoden basieren.[105]

- In *qualitativen Studien* werden Schlüsselfaktoren des Unternehmenserfolgs in der Regel im Rahmen von Fallstudien herausgearbeitet. Prominentes Beispiel dafür ist die Studie von Peters und Waterman, die anhand von Experteninterviews und der Analyse von Sekundärmaterial das so genannte 7-S-Modell entwickelten, das die Merkmale erfolgreicher Unternehmen darstellt.[106]

- In *quantitativen Studien* versucht die explorative Erfolgsfaktorenforschung dagegen, Erfolgsdeterminanten durch die statistische Analyse quantifizierbarer Daten, beispielsweise durch explorative Faktorenanalysen, zu ermitteln.[107] Die Forschung erfolgt in der Regel nicht theorie-, sondern datengeleitet. Ein bekanntes Beispiel für die datengeleitete Herleitung strategischer Erfolgsfaktoren ist das „Profit Impact of Market Strategies (PIMS)-Programm", das auf eine Datenbank mit mehr als 3000 strategischen Geschäftseinheiten von über 450 Unternehmen zugreift. In diesem Projekt wurde der Einfluss verschiedener Parameter innerhalb und außerhalb des Unternehmens auf den unternehmerischen Erfolg untersucht. Zentrales Ergebnis des PIMS-Programms war die Ermittlung von 37 erfolgskritischen Faktoren, aus denen sich mehr als 70% der Varianz des Erfolgs erklären lassen.[108]

Die **konfirmatorische Erfolgsfaktorenforschung** versucht, auf Basis theoretischer Vorüberlegungen Hypothesen über die Determinanten des Unternehmenserfolgs zu formulieren. Im Anschluss werden mittels standardisierter Erhebungstechniken quanti-

---

[104] Vgl. Eisele (1995), S. 32.
[105] Vgl. Jacobs (1992), S. 31 f.
[106] Vgl. Peters und Waterman (2000), zur Kritik an der Studie vgl. beispielsweise Fritz (1990), S. 93.
[107] Vgl. Eisele (1995), S. 32.
[108] Vgl. Zielke S. 52, für eine ausführliche Darstellung des Programms vgl. Buzzell und Gale (1989), Staehle (1999), S. 644 ff., zur Kritik am Modell vgl. Lange (1982), S. 33 ff.

fizierbare Daten über relevante Unternehmen und ihre Umweltfaktoren erfasst und anhand konfirmatorischer statistischer Analyseverfahren ausgewertet.[109]

Die vorliegende Arbeit greift Elemente beider Forschungsrichtungen auf. Aufgrund der Innovativität und des geringen Kenntnisstands zum Forschungsproblem wird für das **Forschungsvorgehen** dieser Arbeit zunächst ein exploratives Design herangezogen, um grundlegende Einflussfaktoren auf den Erfolg von Online-Marketing-Kooperationen zu gewinnen. Mit Hilfe eines *qualitativen Forschungsschritts* werden zunächst die maßgeblichen Einflussfaktoren auf die Gestaltung und den Erfolg von Online-Marketing-Kooperationen identifiziert. Auf dieser Basis werden im Rahmen eines konfirmatorischen Forschungsschritts die Erfolgsfaktorenmodelle theoretisch untermauert und unter Einbeziehung empirischer Erkenntnisse *Hypothesen* über die Wirkungsbeziehungen zwischen den Erfolgfaktoren abgeleitet und Erfolgsfaktorenmodelle aufgestellt, die in einem *quantitativen Forschungsschritt* anschließend auf ihre empirische Gültigkeit überprüft werden.[110] Abbildung 3-1 gibt einen Überblick über das Forschungsvorgehen der Arbeit.

Abbildung 3-1: Forschungsvorgehen

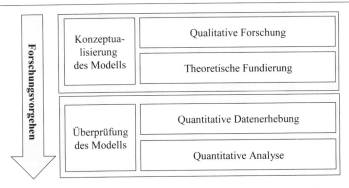

Quelle: Eigene Erstellung

Aufgrund der Unterschiede in der Gestaltung werden die beiden grundlegenden Typen von Online-Marketing-Kooperationen, strategische Vertriebskooperationen und Affili-

---

[109] Vgl. Eisele (1995), S .32.
[110] Zum wissenschaftlichen Vorgehen vgl. Popper (1984), Wolf (2005), S. 154 ff., zum Forschungsvorgehen vgl. Homburg (1995), S. 63.

ate-Programme, getrennt betrachtet. Für beide Kooperationstypen wird ein Erfolgsfaktorenmodell konzeptualisiert und empirisch überprüft.

Im folgenden Abschnitt wird zunächst der aktuelle Stand der Forschung zur Forschungsthematik dargestellt, um im Anschluss auf die Herleitung der Erfolgsfaktoren für Online-Marketing-Kooperationen einzugehen.

3.2 Stand der Forschung

Die Erfolgsfaktorenforschung bezieht sich bisher in der Regel auf die Gesamtunternehmensebene oder auf die Ebene einzelner strategischer Geschäftseinheiten.[111] Eine Übertragung auf unternehmenspolitische Strategien oder unternehmerische Teilbereiche wie Kooperationen liegt bisher kaum vor.

Da das Kooperationsphänomen seit Beginn der 1980er Jahre stark an Bedeutung gewonnen hat, ist seitdem die Zahl der empirischen Untersuchungen in diesem Bereich gestiegen.[112] Obwohl Untersuchungen zu den Erfolgsfaktoren von Kooperationen als sehr wichtig gelten, sind bisher nur wenige empirisch abgesicherte Studien über die Erfolgsfaktoren von Kooperationen bekannt.[113] Hinzu kommen einige Studien, die auf die Formulierung von Hypothesen verzichten. Die Vorherrschaft explorativer Studien begründet sich vor allem in dem frühen Stadium der wissenschaftlichen Bemühungen zur Erklärung des Erfolgs von Kooperationen. Weiterhin besteht eine Zahl rein deskriptiver Studien von Unternehmensberatern oder Praktikern, deren Ziel weniger in der Ableitung wissenschaftlicher Aussagen, sondern in der Formulierung konkreter Erfahrungen und Handlungsempfehlungen für die Praxis liegt.[114] Die Studien behandeln größtenteils jedoch ausgewählte Formen und Aspekte der Kooperationen.

Da es sich bei Online-Marketing-Kooperationen um ein Kooperationskonzept im E-Commerce handelt, werden zunächst Erfolgsfaktorenstudien zum E-Commerce hinsichtlich der Bedeutung von Kooperationen betrachtet. Da sich die Bildung von Ko-

---

[111] Vgl. Fritz (1990) und die dort angegebene Literatur.
[112] Vgl. Doz (1992), S. 48 ff., Müller-Stewens und Hillig (1992), S. 68 ff., Lutz (1993), S. 5 ff., Weimer (1994), S. 19, Teichert (1994), S. 1 ff., Kraege (1997), S. 3.
[113] Vgl. beispielsweise Zielke (1992), Eisele (1995).
[114] Vgl. Mellewigt (2003), S. 39.

operationen auf Branchen mit besonders hoher Umweltdynamik konzentriert,[115] ist die Bildung von Kooperationen im dynamischen Umfeld des E-Commerce von großer Wichtigkeit. Es bestehen bereits einige empirische Studien über die Erfolgsfaktoren des E-Commerce, die die Kooperationsbereitschaft der E-Commerce-Teilnehmer als Erfolgsfaktor identifiziert haben.

In diesem Bereich existieren vor allem Studien von Unternehmensberatern und Praktikern, die als Zielsetzung die Ableitung von Handlungsempfehlungen für die unternehmerische Praxis haben. So stellt die Unternehmensberatung Roland Berger & Partner fest, dass die Best-Practice-Unternehmen im E-Commerce signifikant mehr Content-, Technologie- und Werbepartnerschaften eingehen als andere E-Commerce-Anbieter.[116] Die Unternehmensberatung Booz, Allen & Hamilton zeigt auf, dass die Einbeziehung von Kooperationspartnern vor allem der Schaffung eines Mehrwertes für den Konsumenten dienen sollte. Es wird hervorgehoben, dass es im E-Commerce nicht ausreicht, bekannte Produkte über das Web wie über einen weiteren Vertriebskanal anzubieten, sondern dass durch geschickte Benutzerführung auf der Website die Suchkosten für den Konsumenten minimiert, komplementäre Produkte angeboten und die Waren schnell geliefert werden müssen.[117] Judson und Kelly verweisen darauf, dass sich im E-Commerce Vorteile gegenüber anderen Vertriebskanälen dadurch bilden, dass durch Kooperationen „alles unter einem Dach" angeboten werden kann.[118] In der bisher einzigen bekannten, theoretisch fundierten Studie findet Böing heraus, dass die Kooperationsbereitschaft von Unternehmen einen wichtigen Erfolgsfaktor für E-Commerce-Anbieter darstellt.[119] Albers et al. (2002d) finden in Fallstudien über profitable E-Commerce-Unternehmen heraus, dass erfolgreiche Unternehmen ihre Marketing-Maßnahmen auf den Online-Bereich beschränken und zur Generierung von Traffic häufig Kooperationen mit reichweitenstarken Partnern eingehen.[120] Die Unterneh-

---

[115] Besondere Bedeutung erlangten Kooperationen in den Branchen Luftfahrt, Fahrzeugbau, Chemie, Elektronik, Telekommunikation und Computer. Vgl. Doz (1992), S. 56, Müller-Stewens und Hillig (1992), S. 74.
[116] Vgl. Roland Berger (1999), S. 38.
[117] Vgl. Booz, Allen und Hamilton (2000), S. 43 ff.
[118] Judson und Kelly (2000), S. 172.
[119] Vgl. Böing (2001), S. 165. Allerdings muss zu den Ergebnisse von Böing kritisch angemerkt werden, dass ein Großteil der Einflussfaktoren auf den Erfolg im E-Commerce fehlspezifiziert wurden und die Ergebnisse daher Verzerrungen unterliegen können. Vgl. zu der Problematik von Fehlspezifikationen in der Erfolgsfaktorenforschung Albers und Hildebrandt (2006).
[120] Vgl. Albers et al. (2002d).

mensberatung Sinner & Schrader stellt fest, dass ein wichtiger Erfolgsfaktor im E-Commerce in der kostengünstigen Generierung von Traffic besteht, die durch Online-Marketing-Kooperationen erreicht werden kann.[121] Tabelle 3-1 gibt eine Übersicht über die bekannten Studien und ihre wichtigsten Aussagen.

Tabelle 3-1: Studien mit Kooperationsbereitschaft als Erfolgsfaktor im E-Commerce

Autor	Studie	Aussage zur Kooperation im E-Commerce
Roland Berger & Partner (1999)	Erfolgsfaktoren im Electronic Commerce	Best Practice Unternehmen gehen signifikant mehr Kooperationen ein als andere E-Commerce-Anbieter
Booz, Allen & Hamilton (2000)	10 Erfolgsfaktoren im E-Business: Die Strategien der Gewinner.	Einbeziehung von Kooperationspartnern sollte der Schaffung eines Mehrwertes für den Konsumenten dienen.
Judson & Kelly (2000)	E-Commerce – Elf Siegerstrategien für den Hyperwettbewerb	Vorteil von Kooperationen im E-Commerce ist die Chance, „alles unter einem Dach" anbieten zu können.
Boston Consulting Group (2000)	The Race for Online Riches: E-Retailing in Europe	Kooperationen im E-Commerce bieten die Möglichkeit, den Konsumenten ganzheitliche Lösungen anzubieten.
Böing (2001)	Erfolgsfaktoren im Business-to-Consumer-E-Commerce	Kooperationsbereitschaft erhöht den Erfolg im E-Commerce
Albers et al. (2002d)	Die E-Commerce-Gewinner	Beschränkung der Kommunikation auf Online-Maßnahmen
		Vertrieb über reichweitenstarke Partner
Sinner & Schrader (2005)	Erfolgsfaktoren im E-Commerce	Kostengünstige Generierung von Traffic

Quelle: Eigene Erstellung

Über die Studien zu den Erfolgsfaktoren im E-Commerce hinaus werden Studien zu den Erfolgsfaktoren von Kooperationen allgemein herangezogen. Empirische Studien über die Erfolgsfaktoren von Online-Marketing-Kooperationen existieren bisher nicht. Die Ergebnisse der bisherigen empirischen Forschung können zwar teilweise für die Ableitung der Erfolgsfaktoren von Online-Marketing-Kooperationen herangezogen werden, die direkte Übertragung ist aufgrund der Neuartigkeit des Kooperationstyps jedoch nicht möglich. Tabelle 3-2 gibt einen Überblick über die bestehenden Studien

---

[121] Vgl. Sinner und Schrader (2005).

und ihre wichtigsten Ergebnisse zum Erfolg von Kooperationen. Sie ist angelehnt an die Ausführungen von Mellewigt[122] und erhebt keinen Anspruch auf Vollständigkeit.

Tabelle 3-2: Empirische Studien zu Erfolgsfaktoren von Kooperationen

Autor	Untersuchungsgegenstand	Erfolgsfaktoren von Kooperationen
Bleeke, Bull-Larsen & Ernst (1992)	Internationale strategische Allianzen verschiedener Branchen	- Allianzen in Kerngeschäften und verwandten Geschäften - komplementäre geographische Positionen, Allianzen zwischen zwei starken Partnern, - 50:50 Beteiligungsmodus, - flexible Führungsstruktur
Zielke (1992)	internationale Joint Ventures von Industrieunternehmen	- kompatible Ausrichtung der Partner, - Autonomie - Bedeutung des Joint Venture
Thelen (1993)	Internationale Kooperationen verschiedener Branchen	- Kommunikationsintensität
Bucklin & Sengupta (1993)	Co-Marketing-Allianzen	- Effektivität der Kooperation kann durch den Ausgleich von Machtasymmetrie erhöht werden
Raffée & Eisele (1994)	Joint Ventures deutscher Industrieunternehmen	- Paritätische Beteiligungsstruktur ist erfolgreicher als Mehrheitsbeteiligungen - Teamorientierte Unternehmenskultur und organisatorische Flexibilität - Ähnlichkeit der Partner hinsichtlich Strategie, Philosophie, Führungsstil, Organisationsstruktur, Unternehmensgröße
Friese (1998)	Kooperationen von Dienstleistungsunternehmen	- Kompatibilität der Ziele und Unternehmenskulturen - Geringe Koordinationsprobleme
Zentes & Swoboda (1999)	Internationale Kooperationen verschiedener Branchen	- Fit zwischen den Partnern
Mellewigt (2003)	Strategische Kooperationen der Telekommunikationsbranche	- Einfluss des Beziehungskapitals auf den Kooperationserfolg kann nicht nachgewiesen werden
Thies (2005)	Content-Interaktionsbeziehungen im Internet	- Erfolg wird durch entscheidungsrelevante Unsicherheit beeinträchtigt

Quelle: Eigene Erstellung in Anlehnung an Mellewigt (2003) S. 40 ff., S. 273, Bucklin & Sengupta (1993), S. 32, Thies (2005), S. 272.

Die Ergebnisse der vorliegenden Studien zeigen auf, dass Kooperationen auf der einen Seite einen wichtigen Erfolgsfaktor für den E-Commerce darstellen, dass der Kenntnisstand der Erfolgsfaktoren auf der anderen Seite jedoch bisher gering ist und jeweils für spezielle Kooperationsformen gilt. Eine Übertragung der bekannten Erfolgsfaktoren ist aufgrund der Neuartigkeit der Kooperationssituation von Online-Marketing-

---

[122] Vgl. Mellewigt (2003), S. 40 ff.

Kooperationen nicht möglich. Daher ist ein exploratives Herangehen an das Forschungsproblem notwendig.

3.3 Qualitativer Forschungsschritt

3.3.1 Zielsetzung und allgemeines Vorgehen

Ziel des qualitativen Forschungsschritts ist es, zunächst grundlegende Erkenntnisse über die Erfolgsfaktoren von Online-Marketing-Kooperationen zu erlangen. Die qualitative Forschung ermöglicht durch ihre Offenheit und Flexibilität neue Einblicke in das zu untersuchende Forschungsproblem.[123]

Qualitative Forschungsmethoden werden verwendet, wenn ein grundlegendes Verständnis eines neuartigen und komplexen Forschungsgegenstands erarbeitet oder neue Erkenntnisse über bekannte Phänomene gewonnen werden sollen.[124] Sie beinhalten die detaillierte Betrachtung weniger ausgewählter Praxisbeispiele eines Forschungsgegenstands wie Online-Marketing-Kooperationen.[125] Da qualitative Forschungsmethoden aufgrund ihrer geringen Fallzahl keine generalisierbaren Ergebnisse liefern, werden die Erkenntnisse anschließend in einem konfirmatorischen Forschungsschritt theoretisch fundiert und empirisch auf ihre allgemeine Gültigkeit überprüft.

Die Forschungsfragen des qualitativen Forschungsschritts korrespondieren mit den Forschungsfragen des Gesamtprojekts und bestehen in der Zielsetzung, grundlegende Erkenntnisse über die Einflussfaktoren auf die Gestaltung und den Erfolg von Online-Marketing-Kooperationen zu gewinnen.[126] Im Rahmen der Vorbereitung der qualitativen Forschung wurde zunächst die Methode der Datenerhebung festgelegt. Eine der besonderen Stärken von qualitativen Erhebungen ist die Möglichkeit, verschiedene Erhebungsmethoden zu verwenden und so den Forschungsgegenstand von verschiedenen Seiten zu beleuchten.[127] Ziel war es, zunächst allgemeine und vielfältige Informationen über die Einflussfaktoren auf die Gestaltung und den Erfolg von Online-Marketing-Kooperationen zu sammeln, um anschließend detaillierte Informationen zu

---

[123] Vgl. Aaker et al. (1998), S. 162.
[124] Vgl. Yin (1984), S. 23, Homburg (1995), S. 68.
[125] Vgl. Soy (1998), S. 1.
[126] Vgl. dazu Abschnitt 3.1.
[127] Vgl. Soy (1998), S. 2.

den Ausprägungen und dem Stellenwert der Erfolgsfaktoren generieren zu können.[128] Auf dieser Basis wurden folgende Erhebungsmethoden gewählt:

(1) Halbstrukturierte Experteninterviews
(2) Fallstudie: E-Commerce-Anbieter der Unterhaltungsbranche

Zusammen mit der Auswahl der Erhebungsmethode wurde die Auswahl der Fälle getroffen. Dazu mussten zunächst geeignete Kriterien bestimmt werden, anhand derer für den Forschungsgegenstand typische Fälle ausgewählt werden konnten.[129] Da die Erhebungsmethoden unterschiedliche Zielsetzungen aufweisen, wurden unterschiedliche Kriterien an die Auswahl der Fälle angelegt.

Als erster Schritt der qualitativen Erhebung wurden fünf *Experteninterviews* durchgeführt. Dazu wurden Verantwortliche für Kooperationen von E-Commerce-Anbietern befragt, die bereits mehrfach Online-Marketing-Kooperationen eingegangen sind, sowie ein Verantwortlicher für Kooperationen bei einem der größten deutschen Portale zur Betrachtung der Affiliate-Seite. Als Kriterien für die Auswahl wurden die Branche des Unternehmens und seine Stellung im Markt herangezogen. Es wurden ausschließlich Unternehmen aus Branchen gewählt, die bereits eine hohe Akzeptanz im E-Commerce aufweisen, um eine breite Nutzung der Angebote zu gewährleisten. Aus diesem Grund wurden Unternehmen der Branchen Reise/Touristik und Bücher/CDs ausgesucht.[130] Außerdem wurden ausschließlich Unternehmen mit starker Marktstellung (mindestens Top Drei im jeweiligen Markt gemessen an der Besucherzahl) ausgewählt, um eine ausreichende Größe und Marktkompetenz der betrachteten Unternehmen zu gewährleisten.

Die Durchführung der Experteninterviews erfolgte im Frühjahr 2001. Die Interviews waren halbstrukturiert und wiesen eine Dauer zwischen eineinhalb und zwei Stunden auf. Die Interviews waren in zwei Teile geteilt: Im ersten Teil wurden Fragen zur Kooperationssituation sowie der Einordnung der Kooperation in die Unternehmensstrategie gestellt. Im zweiten Teil wurde konkret auf die Erfolgsfaktoren einzelner Koopera-

---

[128] Vgl. zu diesem Vorgehen im weiteren Sinne Bonoma (1985).
[129] Vgl. Soy (1998), S. 2.
[130] Als Grundlage für die Wahl der Branchen diente die Internet-Befragung der Gesellschaft für Konsumforschung „GfK Webgauge", Frühjahr 2001, vgl. o.V. (2001c).

tionen eingegangen. Dabei wurde versucht, alle Teilbereiche von Online-Marketing-Kooperationen abzudecken.[131]

Der zweite Schritt der qualitativen Analyse bestand in einer *Fallstudie* über ein 2002 gegründetes Internet-Start-up der Unterhaltungsbranche. Wichtigstes Auswahlkriterium für das Unternehmen war der starke und erfolgreiche Einsatz von Online-Marketing-Kooperationen als Kundengewinnungsmaßnahme. Im Unternehmen bestanden sowohl eine geringe Anzahl an strategischen Vertriebskooperationen mit großen Partnern, für die hoher Aufwand betrieben wurde, sowie eine große Anzahl an Partnerschaften, die sowohl in einem eigenen Partnerprogramm als auch über Partnerprogramme verschiedener Netzwerkbetreiber organisiert wurden. Zum Zeitpunkt der Durchführung im Juni 2001 bestanden im Unternehmen insgesamt etwa 15.000 Kooperationen. Die über Online-Marketing-Kooperationen generierten Umsätze betrugen mehr als 60% des Gesamtumsatzes.

Zur Gewinnung detaillierter Informationen über die Einflussfaktoren auf Gestaltung und Erfolg von Online-Marketing-Kooperationen fand eine vierwöchige Mitarbeit in direktem Kontakt zum Marketing-Vorstand statt. Neben der Beobachtung der Verhandlung strategischer Vertriebskooperationen wurden selbständig kleinere Kooperationen angebahnt, abgeschlossen, implementiert und betreut.

Zum Abschluss des qualitativen Forschungsschritts erfolgte die Analyse und Aufbereitung der gesammelten Daten. Dazu wurden die Ergebnisse der Untersuchungsschritte zusammengetragen und hinsichtlich der zu Grunde liegenden Fragestellungen bewertet.[132]

3.3.2 Ergebnisse

Als Ergebnis der qualitativen Analyse werden Einflussfaktoren auf die Gestaltung und den Erfolg strategischer Vertriebskooperationen und Affiliate-Programme dargestellt. Zur Systematisierung werden sie in Kontextvariablen, Gestaltungsvariablen und Erfolgsvariablen differenziert. Kontextvariablen beschreiben die Umstände der Kooperation, die Gestaltung und Erfolg der Kooperationen beeinflussen. Gestaltungsvariablen

---

[131] Vgl. Aaker et al. (1998), S. 164.
[132] Vgl. Soy (1998), S. 4.

umfassen die Gestaltungsmerkmale der Kooperationen. Zu den Erfolgsvariablen gehören die Erfolgsgrößen der Kooperation, die von den Gestaltungsvariablen und dem Zusammenspiel zwischen Kontext- und Gestaltungsvariablen beeinflusst werden.[133] Der Erfolg von Kooperationen kann grundsätzlich aus zwei Blickwinkeln definiert werden:[134]

(1) aus der Perspektive der Kooperation als Ganzes als Steigerung der Erträge für die Gesamtheit der Kooperationsbeteiligten oder

(2) aus der Sicht der einzelnen Beteiligten.

In dieser Arbeit wird der Erfolg der Kooperation einseitig aus der Sicht des E-Commerce-Anbieters beurteilt. Dies begründet sich zum einen in der Zielsetzung der Arbeit, die in der Untersuchung von Online-Marketing-Kooperationen als Marketing-Instrument für E-Commerce-Anbieter besteht. Zum anderen kann die Betrachtung des Gesamterfolgs der Kooperation problematisch sein, weil die Möglichkeit einer unterschiedlichen Beurteilung des Erfolgs durch die verschiedenen Kooperationspartner besteht. Beispielsweise kann eine Kooperation, die für sich betrachtet keinen wirtschaftlichen Erfolg bringt, aus der Perspektive eines der beteiligten Partner insofern erfolgreich sein, als dass er eine strategische Position etabliert oder technisches Know-how in die Unternehmung transferiert wird.[135] Insbesondere bei Online-Marketing-Kooperationen ist eine gemeinsame Größe für den Gesamterfolg der Kooperation nicht realisierbar, da die Zielsetzungen der Kooperation für die beteiligten Partner unterschiedlich sind: Während für den E-Commerce-Anbieter die Steigerung des Umsatzes und der Bekanntheit im Vordergrund steht, ist das zentrale Ziel für den Kooperationspartner eine höhere Kundenbindung durch eine Erweiterung seines Leistungsangebots. Dabei kann für den einen Partner die Kooperation beispielsweise durch Ungleichverteilung des Kooperationsergebnisses erfolgreich sein, für den anderen jedoch negative Ergebnisse liefern. Aus diesen Gründen erfolgt die Definition des Erfolgs in dieser Arbeit aus Sicht des E-Commerce-Anbieters.

Eine grundlegende Erkenntnis sowohl der Experteninterviews als auch der Fallstudie besteht darin, dass Online-Marketing-Kooperationen grundsätzlich als erfolgreich be-

---

[133] Zum konzeptionellen Bezugsrahmen vgl. Wolf (2005), S. 30 ff.
[134] Vgl. Balling (1998), S. 163.
[135] Vgl. Eisele (1995), S. 92.

trachtet werden. Sowohl E-Commerce-Anbieter als auch die befragten Kooperationspartner sehen in Online-Marketing-Kooperationen ein wichtiges Marketing-Instrument, dem als Kundengewinnungsmaßnahme im E-Commerce eine starke Bedeutung beigemessen wird.

Da sich strategische Vertriebskooperationen und Affiliate-Programme fundamental in ihren Gestaltungsmerkmalen und ihren Einflussfaktoren unterscheiden, werden die Ergebnisse getrennt dargestellt.

3.3.2.1 Strategische Vertriebskooperationen

Für strategische Vertriebskooperationen werden zunächst drei Kontextvariablen, die Einfluss auf die Gestaltung und den Erfolg der Kooperationen nehmen, identifiziert:

- das Machtverhältnis zwischen den Partnern,
- der Ressourceneinsatz der Kooperationspartner sowie
- lose Kopplungen zwischen den Kooperationspartnern.

Diese Kontextvariablen beeinflussen die Gestaltungsvariablen, die im

- Vergütungsmodell,
- der Verteilung des Kooperationsaufwands,
- dem Individualisierungsgrad sowie
- der Kompatibilität zwischen den Partnern

besteht.

Bevor diese Einflussfaktoren näher erläutert werden, gibt Abbildung 3-2 einen Überblick über die identifizierten Einflussvariablen und ihre Auswirkungen auf den Erfolg strategischer Vertriebskooperationen.

Abbildung 3-2: Einflussfaktoren auf Gestaltung und Erfolg strategischer Vertriebskooperationen

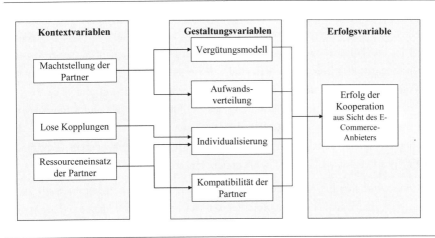

Quelle: Eigene Erstellung

Als wichtige Kontextvariable wurde zunächst das *Machtverhältnis* zwischen den Partnern identifiziert. Ein Partner mit einer starken Machtposition kann nach Aussagen sowohl der befragten E-Commerce-Anbieter als auch der Affiliates die Gestaltung der Kooperation maßgeblich beeinflussen. Machtasymmetrie liegt häufig in der unterschiedlichen Bedeutung der Kooperation für die Partner begründet, die in einer starken Verhandlungsposition des Partners mit dem Machtvorteil resultiert.

Die Ergebnisse der Fallstudie verdeutlichen den Einfluss der Machtposition als Kontextvariable strategischer Vertriebskooperationen. Während schwächeren Partnern nur geringer Verhandlungsspielraum bei der Vertragsgestaltung gegeben wird, können strategisch wichtige Partner starken Einfluss auf die Gestaltung der Kooperation nehmen. Die Verhandlungsposition beeinflusst dabei in erster Linie die Gestaltung des Vergütungsmodells sowie die Aufteilung der Leistungsbeiträge auf die Kooperationspartner.

Bezüglich des *Gestaltung des Vergütungsmodells* der Kooperationen gaben die befragten E-Commerce-Anbieter an, dass sie in einer günstigen Verhandlungsposition ein rein erfolgsabhängiges Vergütungsmodell fordern würden, da es ein geringeres Risiko als andere Vergütungsformen birgt. Ein Affiliate in einer starken Verhandlungsposition versucht dagegen in der Regel, ein Hybridmodell aus erfolgsabhängiger Vergütung und einem monatlichen Fixum zu erreichen.[136]

Im Rahmen der Fallstudie wurde der Einfluss der Machtstellung auf die Vergütungsmodelle bekräftigt. Allerdings wird auch deutlich, dass die rein erfolgsabhängigen Vergütungsmodelle eine zunehmende Akzeptanz erfahren und auch Partner mit einer starken Machtstellung verstärkt bereit sind, auf ein zusätzliches monatliches Fixum zu verzichten. Da trotzdem noch Hybridmodelle aus erfolgsabhängiger und fixer Vergütung gebildet werden, wird die Gestaltung des Vergütungsmodells und seine Auswirkung auf den Erfolg in das Modell aufgenommen, Dabei wird aus Sicht der E-Commerce-Anbieter dem rein erfolgsabhängigen Modell gegenüber dem Hybridmodell eine positive Auswirkung auf den Kooperationserfolg unterstellt.

Weiterhin wirkt sich die Machtstellung auf die *Verteilung der Leistungsbeiträge* zwischen den Partnern aus. Die befragten Experten weisen darauf hin, dass ein Partner mit einer starken Position in der Kooperation immer versucht, die Leistungen für die Kooperation weitgehend auf den Partner abzuwälzen.[137] Verfügt beispielsweise der Affiliate über einen starken Einfluss, so wird er versuchen, diesen Aufwand vollständig auf den E-Commerce-Anbieter zu übertragen. Das bedeutet, dass der E-Commerce-Anbieter den Programmieraufwand für die Kooperation allein trägt sowie das Hosting der Lösung auf einem eigenen Server übernimmt. Besitzt der E-Commerce-Anbieter eine starke Machtposition, so wird er eine finanzielle Beteiligung des Affiliate am Programmieraufwand fordern sowie das Hosting zumindest zum Teil auf den Partner übertragen. Da ein hoher Anteil am Kooperationsaufwand hohe Kosten verursacht, wird einer für den E-Commerce-Anbieter nachteiligen Verteilung der Leistungsbeiträge ein negativer Einfluss auf den Erfolg der Kooperation unterstellt.

Als weitere wichtige Kontextvariable strategischer Vertriebskooperationen wurde der *Ressourceneinsatz der Partner* identifiziert. Die Bemühungen um die Organisation der Kooperation steigen nach Aussagen der befragten Experten mit der Bedeutung der eingesetzten Ressourcen des Kooperationspartners: Kooperiert ein E-Commerce-Anbieter mit einem Internet-Anbieter, der eine hohe Besucherfrequenz hat, so steigen seine Bemühungen um die erfolgreiche Gestaltung der Kooperation, um einen mög-

---

[136] Vgl zu der Risikoverteilung der Vergütungsmodelle die Ausführungen in Kapitel 2.3.1.
[137] Die Leistungen für die Kooperation bestehen vor allem in dem Programmieraufwand für die Erstellung sowie dem Hosting der Kooperationslösung.

lichst hohen Anteil an den Besuchern der Partner-Website anzusprechen. Der Aufwand für die Kooperation lohnt ebenso, wenn der Partner eine für den E-Commerce-Anbieter attraktive Zielgruppe anspricht oder über ein starkes Image verfügt. Die Bereitschaft, hohen Aufwand in die Organisation und Pflege der Kooperation zu stecken, steigt für den Kooperationspartner, wenn der E-Commerce-Anbieter über ein attraktives Angebot verfügt, das die Inhalte des Kooperationspartners sehr gut ergänzt und aufwertet und er außerdem von einem starken Image des E-Commerce-Anbieters profitieren kann. Für beide Seiten steigen also die Bemühungen um die erfolgreiche Organisation und Unterstützung der Kooperation mit der Bedeutung der eingesetzten Ressourcen. Diese Aussagen wurden durch die Ergebnisse der Fallstudie bestätigt.

Der Aufwand, der für die Organisation der Kooperation betrieben wird, äußert sich nach Expertenmeinungen im *Individualisierungsgrad* der Kooperation und besteht in der individuellen Programmierung und Anpassung der Kooperationslösung, der Kommunikation zwischen den Kooperationspartnern und der Unterstützung der Kooperation. Die Ergebnisse der Fallstudie vertiefen diese Aussagen: Für eine Kooperation mit starkem Ressourceneinsatz ist die Bereitschaft, individuelle Kooperationslösungen zu erstellen, hoch. Es werden häufiger spezielle Shop- oder Contentlösungen erstellt als bei Kooperationen mit geringerem Ressourceneinsatz. Auch die Bereitschaft zu einer individuellen Anpassung der Kooperationslösung an das Look and Feel des Kooperationspartners ist wesentlich höher. Die Kommunikation ist intensiver und findet häufiger in persönlichen Treffen statt, die Unterstützung der Kooperation beinhaltet alle Maßnahmen, die nach der Implementierung der Kooperationslösung ergriffen werden. Einem hohen Individualisierungsgrad wird eine positive Auswirkung auf den Erfolg strategischer Vertriebskooperationen nachgesagt.

Als elementar wichtiger Einflussfaktor auf den Kooperationserfolg wurde in allgemeinem Konsens der befragten Experten die *Kompatibilität der Kooperationspartner* identifiziert. Die Auswahl der Kooperationspartner erfolgt ebenfalls nach den Ressourcen, die sie in die Kooperation einbringen. Deshalb ist mit steigendem Ressourceneinsatz auch eine verbesserte Kompatibilität der Partner zu beobachten. Je besser die eingesetzten Ressourcen zusammenpassen, umso stärker ergänzen sich die Leistungen der Kooperationspartner, so dass das Angebot des E-Commerce-Anbieters einen zusätzlichen Nutzen für den Besucher der Affiliate-Website bedeutet. Die Kompatibilität des Partners ist allerdings nicht nur im Hinblick auf das Leistungsangebot, sondern auch der Ansprache der Kunden und der Arbeitsweise zu berücksichtigen. Einer guten Kompatibilität der Partner wird ein positiver Einfluss auf den Erfolg strategischer Vertriebskooperationen unterstellt.

Als eine weitere Kontextvariable mit Auswirkungen auf die Gestaltung der Kooperationen gelten die *losen Kopplungen* zwischen den Kooperationspartnern. Während in den Experteninterviews nicht explizit auf die Bedeutung der vertraglichen Regelungen eingegangen wurde, ergeben die Erfahrungen aus der durchgeführten Fallstudie, dass mit zunehmenden losen Kopplungen der Raum für kurzfristig abgesprochene Maßnahmen zur Gestaltung und Unterstützung der Kooperation steigt, die sich in einer Erhöhung des Individualisierungsgrads der Kooperationen auswirken.[138]

3.3.2.2 Affiliate-Programme

Aufgrund der Abwicklung einer großen Zahl von Kooperationen steht bei der Ermittlung der Erfolgsfaktoren von Affiliate-Programmen nicht die Interaktion zwischen den Kooperationspartnern im Vordergrund, sondern die organisatorische Lösung des gesamten Programms. Somit unterscheiden sich die Einflussfaktoren auf die Gestaltung und den Erfolg von Affiliate-Programmen teilweise deutlich von den Erfolgsfaktoren strategischer Vertriebskooperationen.

Als wichtigste Kontextfaktoren von Affiliate-Programmen gelten

- die Organisationslösung des Affiliate-Programms,
- die Kommunikation zwischen den Kooperationspartnern und
- das Commitment des E-Commerce-Anbieters für das Programm.

Diese Kriterien wirken sich entweder direkt auf den Erfolg des Programms oder auf die Gestaltungsmerkmale der Partnerschaften aus, die wie bei strategischen Vertriebskooperationen in

- dem Vergütungsmodell,
- dem Individualisierungsgrad der Kooperationen und

---

[138] Zu der Bedeutung loser Kopplungen in Online-Marketing-Kooperationen vgl. Kapitel 2.3.3.

- der Auswahl der Partner

bestehen.

Abbildung 3-3 gibt zunächst einen Überblick über die Einflussfaktoren auf den Erfolg von Affiliate-Programmen, die im folgenden Abschnitt näher erläutert werden.

Abbildung 3-3: Einflussfaktoren auf Gestaltung und Erfolg von Affiliate-Programmen

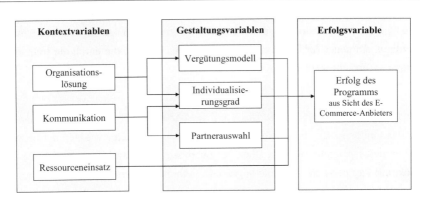

Quelle: Eigene Erstellung

Als zentraler Einflussfaktor auf die Gestaltung von Affiliate-Programmen gilt zunächst die *Organisationslösung*. Der E-Commerce-Anbieter besitzt die Möglichkeit, ein Partner-Programm in Eigenlösung oder Fremdlösung zu organisieren.[139] Nach Aussagen der befragten Experten unterscheiden sich die Lösungen insbesondere durch den Grad der Standardisierung der Kooperationsprozesse. Die Erkenntnisse der Fallstudie bestätigen, dass Affiliate-Programme in Eigenlösung Raum für die Interaktion zwischen dem E-Commerce-Anbieter und seinen Affiliates lassen, während Programme, die über Netzwerkbetreiber organisiert werden, stark in standardisierte Prozesse eingebunden sind. Daher wirkt sich die Wahl der Organisationslösung auf die Gestaltung der Partnerschaften aus, die insbesondere die Wahl des Vergütungsmodells und die Individualisierung der Partnerschaften betrifft.

---

[139] Zu den Unterschieden zwischen Eigenlösung und Fremdlösung siehe Kapitel 2.2.2.

Der Einfluss auf den *Individualisierungsgrad* resultiert aus der unterschiedlich starken Standardisierung der Kooperationsprozesse. Sowohl die Erkenntnisse aus den Expertengesprächen als auch aus der Fallstudie ergeben, dass bei der Organisation eines Programms in Eigenlösung die Möglichkeiten, auf individuelle Bedürfnisse der Affiliates einzugehen, höher sind. Die starke Standardisierung der Kooperationsprozesse bei der Organisation über einen Netzwerkbetreiber dagegen lässt für individuelle Absprachen nur wenig Freiraum. Dem Individualisierungsgrad wird auf der einen Seite eine positive Auswirkung auf den Erfolg unterstellt, da durch die Individualisierung das Potenzial der Kooperation besser ausgeschöpft werden kann, auf der anderen Seite gilt allerdings ein negativer Einfluss durch die höheren Kosten, die durch die Individualisierung verursacht werden.

Der Einfluss der Organisationslösung auf die Wahl des *Vergütungsmodells* resultiert aus den Optionen, die den Affiliates angeboten werden. Nach Aussagen der befragten E-Commerce-Anbieter werden über Netzwerkbetreiber häufig traditionell Pay-per-Click und Pay-per-Lead-Modelle angeboten, während in der direkten Interaktion zwischen E-Commerce-Anbieter und Affiliate bei selbst organisierten Programmen häufiger Pay-per-Sale-Lösungen eingegangen werden. Fixe Vergütungsarten bestehen im Rahmen von Affiliate-Programmen in der Regel nicht. Da Pay-per-Sale-Programme aus Sicht der E-Commerce-Anbieter als vorteilhaft angesehen werden, wird der Wahl dieser Provisionsmodelle ein positiver Einfluss auf den Erfolg unterstellt.

Neben der Organisationslösung gilt nach Meinung der Experten die *Kommunikation* zwischen dem E-Commerce-Anbieter und den Affiliates als wichtiges Einflusskriterium auf die Gestaltung der Partnerschaften. Dabei ist von Bedeutung, ob und in welchem Ausmaß Kommunikation zwischen den Partnern stattfindet. Im Rahmen der Fallstudie wurde festgestellt, dass die Stärke der Kommunikation ebenfalls Einfluss auf den Individualisierungsgrad der Partnerschaften besitzt, da individuelle Absprachen durch die Kommunikation zwischen den Partnern erst ermöglicht werden und mit zunehmender Stärke der Kommunikation auch verstärkt stattfinden.

Weiterhin beeinflusst die Kommunikation die Sorgfalt bei der *Partnerauswahl*. Die E-Commerce-Anbieter besitzen die Möglichkeit, unterschiedlich starke Anstrengungen für die Anwerbung geeigneter Partner zu unternehmen und unterschiedlich harte Kriterien an die Auswahl der Bewerber anzulegen. Mit der Stärke der Kommunikation zwischen den Partnern nehmen auch die Anstrengungen für die Auswahl geeigneter Partner zu. Einer sorgfältigen Auswahl der Partner wird ein positiver Einfluss auf den Erfolg unterstellt.

Als weitere Kontextvariable der Affiliate-Programme wurde von den befragten Experten außerdem das *Commitment* der E-Commerce-Anbieter für die Affiliate-Programme bezeichnet. Dieser Einflussfaktor beschreibt das Engagement der E-Commerce-Anbieter für das Programm. Die Erkenntnisse der Fallstudie haben gezeigt, dass mit zunehmenden Commitment des E-Commerce-Anbieters für das Programm der Erfolg der Programme zunimmt.

3.4 Theoretische Grundlagen

Ziel des folgenden Abschnitt ist es, die Ergebnisse des qualitativen Forschungsschritts theoretisch zu untermauern und auf dieser Basis Hypothesen über die Wirkungsbeziehungen zwischen den Erfolgsfaktoren von Online-Marketing-Kooperationen abzuleiten.

Die wirtschaftswissenschaftliche Forschung hat eine Reihe alternativer Theorien zur Entstehung und zum Erfolg von Kooperationen vorgelegt.[140] Bislang hat sich keine Theorie als dominierender Erklärungsansatz durchgesetzt. Es wird vielmehr postuliert, dass keine Theorie das Phänomen der Kooperation vollständig erklären kann und daher verschiedene theoretische Ansätze für eine abschließende Beschreibung von Kooperationen herangezogen werden müssen.[141] Bei der Bewertung der verwendeten Erklärungsansätze wird jedoch deutlich, dass nicht allen theoretischen Ansätzen das gleiche Gewicht zukommt. Bei der Entwicklung des theoretischen Bezugrahmens für diese Arbeit wurden der Ressourcenorientierte Ansatz, die Spieltheorie, der Transaktionskostenansatz sowie der Netzwerkansatz für die Erklärung des Entstehens und Erfolgs von Online-Marketing-Kooperationen herangezogen:

---

[140] Eine geschlossene Kooperationstheorie existiert damit nicht. Vgl. dazu Sydow und Kloyer (1995), S. 169 ff., Schäper (1996), S. 100, Friese (1998), S. 78, Rüdiger (1998), S. 25 ff., Kabst (2000), S. 18.
[141] Vgl. beispielsweise Friese (1998), S. 78, Mellewigt (2003), S. 26.

- Der *Ressourcenorientierte Ansatz* findet Verwendung, weil er die Motivation der E-Commerce-Anbieter zur Kooperation aufgrund des Zugriffs auf die Ressourcen des Partners beschreibt und damit wichtige Erklärungsansätze für den Kontext und die Gestaltung von Online-Marketing-Kooperationen liefert.

- Die *Spieltheorie* besitzt mit der kooperativen Nash-Lösung einen Ansatz zur Erklärung der Aufteilung des Systemgewinns der Kooperation, die aufgrund der Bedeutung der erfolgsabhängigen Vergütung von Online-Marketing-Kooperationen besondere Relevanz besitzt.

- Der *Transaktionskostenansatz* liefert Erklärungsansätze für die vertragliche Regelung zwischen den Partnern, die aufgrund der besonderen Bedeutung der losen Kopplungen im dynamischen Umfeld des E-Commerce einen wichtigen Einflussfaktor auf die Gestaltung der Kooperationen darstellen.

- Der *Netzwerkansatz* bietet Erklärungsansätze für die Bildung von Unternehmensnetzwerken, zu denen Affiliate-Programme zählen. Der Netzwerkansatz trägt zur Erklärung der Organisationsform von Affiliate-Programmen bei.

Aus diesem Grund werden diese Ansätze in den folgenden Abschnitten allgemein dargestellt und ihr Erklärungsbeitrag zu Online-Marketing-Kooperationen erläutert.

3.4.1 Ressourcenorientierter Ansatz

Der von Penrose[142] begründete und von Wernerfeldt[143] weitergeführte Ressourcenorientierte Ansatz geht von der Grundidee aus, dass die Wettbewerbvorteile eines Unternehmens aus der Qualität ihrer Ressourcenausstattung bestimmt werden.[144] Der Ressourcenorientierte Ansatz betrachtet ein Unternehmen als ein Bündel spezifischer Ressourcen, wobei der Begriff der Ressource sehr weit gefasst wird.[145] Wernerfelt definiert eine Ressource folgendermaßen: „*By a resource is meant anything which could be thought of as a strength or weakness of a given firm.*"[146] In dieser Begriffsabgrenzung sind sowohl materielle als auch immaterielle Ressourcen enthalten sowie solche,

---

[142] Vgl. Penrose (1959).
[143] Vgl. Wernerfelt (1984).
[144] Vgl. Prahalad und Hamel (1990), S. 79 ff.
[145] Vgl. Bürki (1996), S. 47.
[146] Vgl. Wernerfelt (1984), S. 172.

die einem Unternehmen nur vorübergehend oder auf Dauer zur Verfügung stehen. Die Nutzung einer Ressource ist nicht unbedingt an deren Eigentum oder Besitz gebunden, sie muss lediglich für das Unternehmen verfügbar sein.[147] Aufgrund der Vielzahl denkbarer Ressourcen ist eine Systematisierung schwierig, es bestehen in der Literatur verschiedene Klassifizierungsansätze.[148] Eine häufig verwendete Klassifizierung verwendet die Unterteilung in materielle (tangible), immaterielle (intangible) und finanzielle Ressourcen.[149]

Den immateriellen Ressourcen wird häufig bezüglich der Wettbewerbsstrategie und des Erfolgspotenzials eine besondere Bedeutung beigemessen.[150] Finanzielle Ressourcen werden je nach ihrer Mittelherkunft nach internen und externen Finanzquellen unterschieden, wobei zu den internen finanziellen Ressourcen die freie Liquidität und nicht ausgenutzte Fremdkapitalkapazität, zu den externen finanziellen Ressourcen Einlagenfinanzierung und Risikokapital zählen.[151]

Der Ressourcenorientierte Ansatz basiert auf zwei Grundprämissen: der Ressourcenheterogenität und der Ressourcenimmobilität. Die *Ressourcenheterogenität* besagt, dass Unternehmen über asymmetrische Ressourcenausstattungen verfügen und diese langfristig Bestand haben. Die *Ressourcenimmobilität* hat ihre Ursache in der Unvollkommenheit der Faktormärkte, auf denen Angebot und Nachfrage der Ressourcen aufeinander treffen.[152] Die Immobilität ergibt sich dadurch, dass insbesondere intangible Ressourcen nicht oder nur schwer zu transferieren sind. Wäre eine hohe Ressourcenmobilität gegeben, wären Wettbewerbsvorteile nur von kurzer Dauer, da sich die benachteiligten Unternehmen die fehlenden Ressourcen über den Markt beschaffen könnten.

---

[147] Vgl. Evers (1998), S. 127.
[148] Vgl. beispielsweise Hofer und Schendel (1978), S. 144, Barney (1991), S. 101, Grant (1995), S. 121, Bamberger und Wrona (1996), S. 132, Nolte und Bergmann (1998), S. 11. Eine Übersicht findet sich bei Bürki (1996), S. 49 ff.
[149] Vgl. Bamberger und Wrona (1996), S. 131, Nolte und Bergmann (1998), S. 11. Zu den materiellen Ressourcen zählen beispielsweise Produktionsanlagen, Grundstücke und Gebäude, Rohstoffe oder der geographische Standort. Immaterielle Ressourcen können unterteilt werden in rechtlich geschützte Ressourcen wie Patente, Copyrights, Verträge oder Markenzeichen, in ungeschützte Ressourcen wie Image oder Reputation und personenabhängige Ressourcen wie Know-how der Mitarbeiter, informelle Kontakte oder die Kooperationskompetenz, vgl. Hall (1992), S. 136 ff.
[150] Vgl. Wolf (2005), S. 420 f.
[151] Vgl. Bamberger und Wrona (1996), S. 134.
[152] Vgl. Rasche und Wolfrum (1994), S. 503.

Ressourcenheterogenität und –immobilität sind Grundvoraussetzungen für den Aufbau eines langfristigen Wettbewerbsvorteils. Strategisch relevante Ressourcen zeichnen sich dabei durch ihre Fähigkeit zur Nutzenstiftung für den Kunden und ihre begrenzte Verfügbarkeit aus. Um dem Unternehmen einen nachhaltigen Wettbewerbsvorteil zu verschaffen, ist zusätzlich ihre Nicht-Imitierbarkeit und Nicht-Substituierbarkeit erforderlich.[153]

Der Ressourcenorientierte Ansatz erklärt die **Bildung von Kooperationen** mit der Motivation des Augleichs einer Ressourcenlücke durch Zugriff auf die Ressourcen des Partnerunternehmens.[154] Kooperationen werden dann gebildet, wenn Ressourcen am günstigsten durch den jeweiligen Kooperationspartner bereitgestellt werden und nicht unternehmensintern erstellt oder am Markt beschafft werden können. Gründe für die fehlende Möglichkeit des eigenen Aufbaus der Ressourcen können der Mangel an Know-how, Zeit, finanzieller Mittel oder technischer Ausstattung sein.[155] Im Wettbewerb sind dabei vor allem solche Kooperationen attraktiv, die sich auf wertvolle und nur schwer substituierbare oder imitierbare Ressourcen beziehen. Kooperationen ermöglichen einem Unternehmen, das diese Ressourcen nicht besitzt, dennoch Zugang zu ihnen zu erhalten.[156]

Übertragen auf **Online-Marketing-Kooperationen** bedeutet dies, dass die Motivation zur Kooperation im Zugang zu Ressourcen des Kooperationspartners besteht, die durch eigene Kraft nicht oder nur schwer aufgebaut werden können.

Die Ressourcendefizite von *E-Commerce-Anbietern* bestehen häufig in der finanziellen Ausstattung zum Betreiben von Kundengewinnungsmaßnahmen.[157] Konkret bestehen daher die für den E-Commerce-Anbieter relevanten Ressourcen vor allem in der Besucherfrequenz des Partners und den bestehenden Kunden des Partners, durch die er Zugang zu neuen Kunden bekommt, sowie dem Image des Partners, durch das der E-Commerce-Anbieter bei Gelingen der Kooperation sein eigenes Image aufwerten

---

[153] Vgl. Barney (1991), S. 105.
[154] Vgl. Buckling und Sengupta (1993), S. 34.
[155] Vgl. Das und Teng (2000), S. 37.
[156] Vgl. Hungenberg (1999), S. 18.
[157] Vgl. Kollmann und Herr (2003), S. 109.

kann. Bei diesen Ressourcen handelt es sich in allen Fällen um intangible Ressourcen, die nicht übertragbar sind und für den E-Commerce-Anbieter nur unter hohen Kosten durch alternative Kundengewinnungsmaßnahmen aufgebaut werden können.

Die Motivation des *Affiliate* besteht dagegen im Zugriff auf das Leistungsangebot des E-Commerce-Anbieters, mit dem er die Inhalte seiner eigenen Website erweitern und durch das verbesserte Serviceangebot seine Kunden binden kann. Außerdem kann er ebenfalls durch Imagetransfer von der Reputation des E-Commerce-Anbieters profitieren. Auch in diesem Fall handelt es sich um intangible Ressourcen, die im Alleingang nur mit hohen Aufwendungen aufzubauen sind.

Aus den Vorteilen der Kooperation resultieren aber auch Risiken, die vor allem in einem negativen Imagetransfer und Kosten für den Aufbau der Kooperation bei einem Scheitern der Kooperation bestehen.[158]

Abbildung 3-4 stellt die Ressourcen dar, die als Motivation für das Eingehen von Online-Marketing-Kooperationen relevant sind.

Abbildung 3-4: *Ressourceneinsatz der Kooperationspartner von Online-Marketing-Kooperationen*

Quelle: Eigene Erstellung

Die Bedeutung der eingesetzten Ressourcen wirkt sich auf die Gestaltung der Kooperation aus. Aus dem qualitativen Forschungsschritt geht hervor, dass sich der Einsatz der Ressourcen auf den Aufwand auswirkt, der in die Organisation und Pflege der Kooperation investiert wird und der sich in der *Individualisierung der Kooperation* äußert. Mellewigt zeigt auf, dass sich das aktive Management von Kooperationen unter

---

[158] Zu den Risiken negativen Imagetransfers vgl. Esch (2002), S. 206.

Effizienzgesichtspunkten umso mehr lohnt, je mehr Ressourcen in die Kooperation transferiert werden.[159] Dabei sind die Bedeutung und Ertragserwartung der Kooperation mit dem Aufwand für das Management im Verhältnis zu halten, da sonst die Kosten der Kooperation den zu erwartenden Nutzen übersteigen.[160] Kooperationen, in die nur wenige strategische Ressourcen transferiert werden, rechtfertigen nicht den intensiven und kostenindzierenden Einsatz einer Vielzahl von Steuerungsinstrumenten. Je mehr Ressourcen in eine Kooperation eingebracht werden, desto notwendiger ist es, ein aktives Management der Kooperation zu betreiben, um die angestrebten Wettbewerbsvorteile sicherzustellen.[161] Für die Organisation von Online-Marketing-Kooperationen bedeutet dies, dass zunehmend individuelle Regelungen zwischen den Kooperationspartnern getroffen werden, die in einem hohen persönlichen Kommunikationsgrad, individuellen vertraglichen Regelungen und Kooperationslösungen resultieren.

Weiterhin wirkt sich der Ressourceneinsatz der Partner auf die Auswahl und damit auch auf die *Kompatibilität der Partner* aus. Der Wahl der Kooperationspartner sollte bereits eine sorgfältige Analyse im Vorfeld der Kooperation vorausgehen. Als Merkmalskatalog für die Partnerwahl finden sich dabei zwei grundsätzliche Kriterien wieder: die Kompetenz des Partners und seine Kompatibilität zum eigenen Kooperationsvorhaben.[162]

(1) *Kompetenz des Kooperationspartners*: Ein Kooperationspartner ist dann kompetent für eine Kooperation, wenn er komplementäre Stärken und Ressourcen in die Partnerschaft einbringt. Basis für die Kompetenzbestimmung ist die Ressourcenlücke, die durch die Kooperation gefüllt werden soll.[163] Mit den Kompetenzen des Partners sollen gesteckte Ziele, die im Alleingang nicht erreicht werden können, realisiert werden.[164] Die Kompetenz des Partners ist also umso höher, je stärker er die relevanten Ressourcen Besucherfrequenz, Image und zielgruppenadäquate Kunden in die Kooperation einbringt. Im Gegenzug müssen auch die relevanten Ressourcen des E-Commerce-Anbieters, die in einem

---

[159] Vgl. Mellewigt (2003), S. 131 f.
[160] Vgl. Balling (1998), S. 112.
[161] Vgl. Mellewigt (2003), S. 132.
[162] Vgl. Friese (1998), S. 91.
[163] Vgl Bucklin und Sengupta (1993), S. 34.
[164] Vgl. Contractor und Lorange (1988), S. 13.

für den Partner attraktiven Leistungsangebot und dem Image bestehen, stark ausgeprägt sein, da potenzielle strategische Partner nur angezogen werden, wenn sie die Bedürfnisse und Stärken des Partners als komplementär und ähnlich ansehen.[165] Somit ist der Ressourceneinsatz für die Kompetenz der Partner verantwortlich.

(2) *Kompatibilität zum Kooperationsvorhaben:* Neben der erforderlichen Kompetenz ist auch die Kompatibilität des Kooperationspartners entscheidend für den Erfolg der Kooperation. Um erfolgreich zusammenarbeiten zu können, müssen die Kooperationspartner in den grundlegenden Merkmalen miteinander harmonieren.[166] Im Fall von Online-Marketing-Kooperationen besteht die Kooperationslösung aus der Integration des E-Commerce-Angebots in die Partnerwebsite. Hier ist vor allem das Zusammenpassen der Webangebote entscheidend. Wichtige Kriterien sind dabei die Komplementarität der Leistungsangebote, um den Kunden des Kooperationspartners ein seinen Bedürfnissen entsprechendes Angebot unterbreiten zu können, die Übereinstimmung der Zielgruppen, damit der E-Commerce-Anbieter mit seinem Angebot eine interessierte Kundschaft erreicht, und die Ähnlichkeit der Kundenansprache, damit sich die Kunden des Kooperationspartners durch das Angebot angesprochen fühlen.

Die Kompatibilität der Partner steigt also mit ihrer Kompetenz für die Kooperation. Da die Kompetenz der Partner abhängig von der Ausstattung mit den für die Kooperation relevanten Ressourcen ist, steigt mit zunehmendem Ressourceneinsatz auch die Kompatibilität der Partner.

Der Ressourcenorientierte Ansatz liefert somit einen Erklärungsbeitrag für die Bildung und Gestaltung von Online-Marketing-Kooperationen. Allgemein wird dem Ressourcenorientierten Ansatz eine steigende Bedeutung zugesprochen, da er sich auf die internen Potenziale einer Unternehmung fokussiert, die für das Management von wesentlicher Bedeutung sind.[167] Dabei geht der Ansatz von realitätsnahen Annahmen aus, indem er die Unvollkommenheit und die Heterogenität der Faktormärkte berücksichtigt. Als Kritik ist anzuführen, dass der Begriff der Ressource nur unscharf definiert

---

[165] Vgl. Dwyer et al. (1987), S. 11 ff.
[166] Vgl. Hermann (1989), S. 62.
[167] Vgl. Rasche (1994), S. 397.

und die Wertbestimmung einer Ressource weitgehend unklar ist.[168] Für die Erklärung von Online-Marketing-Kooperationen fällt dieser Kritikpunkt nicht ins Gewicht, da lediglich die Auswirkungen des Ressourceneinsatzes auf die Gestaltungsmerkmale der Kooperationen betrachtet werden, für die eine Wertbestimmung der Ressourcen nicht notwendig ist.

3.4.2 Spieltheorie

Die Spieltheorie beschäftigt sich mit der Analyse von strategischen Entscheidungssituationen, in denen das Ergebnis einer Entscheidung von den Entscheidungen eines oder mehrerer Gegenspieler abhängt.[169] Die Spieltheorie ist der präskriptiven Entscheidungstheorie zuzuordnen, die Empfehlungen für menschliches rationales Verhalten in Entscheidungssituationen bereitstellen will.[170] Die Spieltheorie wurde von John von Neumann und Oskar Morgenstern in ihrem Werk „Theory of Games and Economic Behavior" begründet, in dem sie 1944 erstmals die mathematische Lösung von Entscheidungsproblemen auf ökonomische Fragestellungen anwenden.[171] Seitdem gab es zahlreiche Weiterentwicklungen und neue Fragestellungen, die mit der Spieltheorie erklärt werden können.[172]

Um die Spieltheorie zur Erklärung der Bildung von Kooperationen heranziehen zu können, müssen zunächst grundlegende Aspekte des Spiels geklärt werden:

Die Beschreibung eines Spiels wurde von von Neumann und Morgenstern sehr breit konzipiert und bietet somit die Möglichkeit, fast alle in der Praxis vorkommenden Konfliktsituationen einem spieltheoretischen Modell zuzuordnen.[173] Mit dem Begriff des *Spielers* wird in der Spieltheorie der Entscheidungsträger bezeichnet, der eine der am Spiel beteiligten Seiten repräsentiert.[174] Es kann sich dabei um eine Person, eine Gruppe von Personen oder eine Organisation wie beispielsweise ein Unternehmen handeln.[175] Den Spielern wird rationales Verhalten unterstellt, das heißt, dass sie sich

---

[168] Vgl. Freiling (2001), S. 41.
[169] Vgl. Holler und Illing (1996) S. 1.
[170] Vgl. Bitz (1981).
[171] Vgl. Neumann und Morgenstern (1944).
[172] Vgl. Selten (2001), S. 2.
[173] Vgl. Bamberg und Coenenberg (2004), S. 189.
[174] Vgl. Bamberg und Coenenberg (2004), S. 188.
[175] Vgl. Höfer (1997), S. 118.

als Nutzenmaximierer verhalten.[176] Die Aktionen, die den Spielern zur Verfügung stehen, werden als *Strategien* bezeichnet.[177]

In der Spieltheorie lassen sich grundsätzlich *kooperative* und *nicht-kooperative Spiele* unterscheiden. Nicht-kooperative Spiele zeichnen sich dadurch aus, dass eine Kommunikation zwischen den Spielern nicht möglich ist, alle Entscheidungen werden durch die Spieler individuell getroffen. Kooperative Spiele erlauben die Kommunikation zwischen den Spielern und lassen somit den Abschluss bindender Verträge über die Aufteilung eines bestimmten Wertes zu, die Entscheidungen werden also durch alle Beteiligten getroffen.[178] Während bei nicht-kooperativen Spielen der Schwerpunkt auf der Analyse der Strategiewahl eines Spielers liegt, beschäftigen sich kooperative Spiele mit der gemeinsamen Fragestellung der Verteilung des Spielergebnisses.[179]

Für die Erklärung der Aufteilung des Kooperationsgewinns von Online-Marketing-Kooperationen wird daher die kooperative Spieltheorie herangezogen. Auf Basis der *kooperativen Nash-Lösung* lassen sich die Auswirkungen des Machtverhältnisses auf die Verteilung des Kooperationsgewinns sowie die Einflussfaktoren auf das Machtverhältnis herleiten. Dazu ist zunächst die allgemeine Darstellung der kooperativen Nash-Lösung notwendig.

Die kooperative Nash-Lösung ist ein axiomatisches Lösungskonzept für Zwei-Personen-Verhandlungsspiele, das geeignet ist, eine eindeutige Lösung zur Aufteilung des Kooperationsnutzens zu ermitteln.[180] Die Ausgangssituation besteht aus zwei Spielern, die miteinander bindende Verträge abschließen können. Die Auszahlungen der kooperativen Lösung werden als kooperatives Auszahlungsdiagramm K beschrieben. $\bar{u}_i$ ist der Nutzen für Spieler i, falls keine Kooperation zwischen den Spielern zustande kommt. Jedem Verhandlungsspiel $(K, \bar{u}_1, \bar{u}_2)$ wird anhand der Nash-Lösung ein Auszahlungspunkt $(\hat{u}_1, \hat{u}_2)$ zugeordnet, der eine für beide Spieler akzeptable Lösung darstellt.[181] Das Ergebnis $\hat{u}_i$ des Spiels ist der Auszahlungsvektor u_i, der das Nash-Produkt

---

[176] Vgl. Neumann und Morgenstern (1944).
[177] Vgl. Bamberg und Coenenberg (2004), S. 188.
[178] Vgl. Holler und Illing (1996), S. 26.
[179] Vgl. Harsanyi (1956), S. 451.
[180] Vgl. Nash (1950), S. 155 ff.
[181] Vgl. Bamberg und Coenenberg (2004), S. 227.

(1) $\quad \text{NP} = (u_1 - \bar{u}_1)(u_2 - \bar{u}_2)$

unter den Nebenbedingungen

(2) $\quad (u_1, u_2) \in K$

(3) $\quad u_1 \geq \bar{u}_1$

(4) $\quad u_2 \geq \bar{u}_2$

maximiert.[182]

Die Lösung $\hat{u}_i$ muss dabei, um von beiden Spielern als fair anerkannt zu werden, die folgenden fünf Axiome erfüllen:

1. *Unabhängigkeit gegenüber linearen Transformationen:* Werden die Nutzennullpunkte und Nutzeneinheiten verändert, so verändert sich in demselben Maße die Lösung $(\hat{u}_1, \hat{u}_2)$.

2. *Individuelle Rationalität:* Jeder Spieler muss durch die kooperative Lösung besser gestellt sein als bei Scheitern der Verhandlungen, die Lösung muss also den Ungleichungen $\hat{u}_1 \geq \bar{u}_1$., $\hat{u}_2 \geq \bar{u}_2$ genügen.

3. *Pareto-Optimalität:* Die Lösung $(\hat{u}_1, \hat{u}_2)$ ist undominiert. Ist diese Forderung nicht erfüllt, gibt es für mindestens einen Spieler eine bessere Lösung als $(\hat{u}_1, \hat{u}_2)$.

4. *Symmetrie:* Sind die Rollen der Spieler symmetrisch, so ist auch die Lösung symmetrisch, es gilt also $\hat{u}_1 = \hat{u}_2$.

5. *Unabhängigkeit von irrelevanten Alternativen:* Ist $\widetilde{K}$ eine Teilmenge von K, die sowohl den Punkt $(\bar{u}_1, \bar{u}_2)$ als auch die Lösung $(\hat{u}_1, \hat{u}_2)$ enthält, so gilt auch $F(\widetilde{K}; \bar{u}_1, \bar{u}_2) = (\hat{u}_1, \hat{u}_2)$. Das bedeutet, dass die Auszahlungspunkte, die zu K, aber nicht zu $\widetilde{K}$ gehören, für die Bestimmung der Lösung irrelevant sind.

Nash zeigt, dass es für ein Verhandlungsspiel $(K, \bar{u}_1, \bar{u}_2)$ genau einen Schlichtungsmechanismus gibt, der alle fünf Forderungen erfüllt und der in der Maximierung des Pro-

---

[182] Vgl. Nash (1950).

dukts aus den spielerbezogenen Differenzen zwischen der Auszahlung bei Nicht-Kooperation und der Auszahlung der Kooperation besteht.[183]

Die Nash-Lösung kann, wie in Abbildung 3-5 gezeigt wird, auch graphisch ermittelt werden.

Abbildung 3-5: Graphische Ermittlung der Nash-Lösung

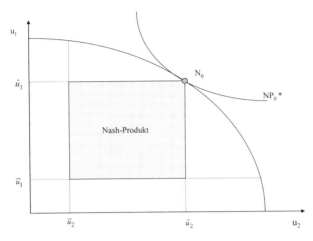

Quelle: in Anlehnung an Holler & Illing (1996), S. 40 f.

Die Kurve u_1u_2 ist die Nutzenverteilung der beiden Kooperationspartner. Sie gibt für die Auszahlungen eines Spielers die maximale Auszahlung des anderen Spielers an. Der Verlauf der Nutzenverteilungskurve ist abhängig vom Verlauf der Nutzenfunktionen der beiden Spieler.[184] Die Punkte $\bar{u}_1$ und $\bar{u}_2$ kenneichnen die Punkte, die Spieler 1 und 2 bei Nicht-Kooperation erzielen können. In diesem Fall handelt es sich um ein symmetrisches Spiel, weil sowohl die Auszahlungspunkte bei Nicht-Kooperation für beide Spieler gleich hoch sind als auch die Nutzenfunktionen für beide Spieler den gleichen Verlauf haben. Die Hyperbel NP_0^* entspricht dem maximierten Nash-Produkt $(\hat{u}_1^0 - \bar{u}_1^0)*(\hat{u}_2^0 - \bar{u}_2^0)$. Sie verläuft asymptotisch zu den Nicht-Kooperationspunkten $\bar{u}_1^0$ und $\bar{u}_2^0$. Aus ihrem Tangentialpunkt mit der Nutzen-Auszahlungskurve ergibt sich die

---

[183] Vgl. Nash (1950), S.155 ff.
[184] Vgl. Holler und Illing (1996), S. 40 f.

Nash-Lösung, weil hier das Nash-Produkt für die Kooperation maximal ist. Das maximierte Nash-Produkt ist in der schraffierten Fläche zu erkennen. Das Nash-Produkt maximiert also den gemeinsamen Nutzen, der aus der Kooperation entsteht.

In den Ausführungen zum Ressourcenorientierten Ansatz wurde dargestellt, dass die *Bedeutung der eingesetzten Ressourcen* unterschiedlich hoch sein kann. Dies wirkt sich auf die Verläufe der Nutzenfunktionen der Partner aus. Insbesondere bei strategischen Vertriebskooperationen sind häufig Nutzenunterschiede anzunehmen, da die Kooperation unterschiedlich hohe Bedeutung für die Kooperationspartner aufweist. Für das häufige Beispiel, dass ein kleinerer E-Commerce-Anbieter mit einem großen Internet-Portal zusammenarbeitet, ist beispielsweise die Bedeutung der Ressourcen des Internet-Portals, die in einer hohen Besucherfrequenz und einem starken Image bestehen, wesentlich höher als für das Portal, das durch die Kooperation die Inhalte seiner Website durch das Leistungsangebot des Kooperationspartners erweitern möchte. Für das umsatzstarke Portal bedeuten die Einnahmen aus der Provision nur einen geringen zusätzlichen Umsatz, seine Nutzenfunktion verläuft linear und damit äquivalent zum monetären Wert des Systemgewinnanteils.[185] Für den E-Commerce-Anbieter kann der zusätzliche Umsatz durch die Käufer, die über das hochfrequentierte Portal vermittelt werden, einen strategisch bedeutenden Umsatzanteil ausmachen. Deshalb bezieht der E-Commerce-Anbieter aus dem gleichen Umsatzanteil wie das Portal einen höheren Nutzen als das Portal. Abbildung 3-6 verdeutlicht den unterschiedlich hohen Nutzen des Kooperationsgewinns bei unterschiedlichen Nutzenverläufen der Kooperationspartner.

---

[185] Vgl. Cansier (2001), S. 86.

Abbildung 3-6: Nutzen der Kooperation bei unterschiedlichen Nutzenverläufen

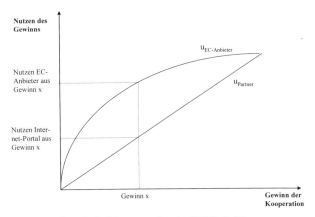

Quelle: Eigene Erstellung in Anlehnung an Cansier (2001), S. 86.

Aus den unterschiedlichen Nutzenverläufen der Kooperationspartner resultiert eine ungleiche Verteilung des Kooperationsgewinns, die sich anhand der graphischen Darstellung der kooperativen Nash-Lösung verdeutlichen lässt. In Abbildung 3-7 ist die Gewinnverteilung sowohl für Partner mit gleichen Nutzenverläufen als auch für Partner mit unterschiedlichen Nutzenfunktionen dargestellt. Zur Vereinfachung der Darstellung wird für beide Kooperationspartner als Nutzen der Nichteinigung, also der Nutzen, falls keine Kooperation zustande kommt, null angenommen. Bei einem linearen Verlauf der Nutzenfunktionen beider Kooperationspartner, also einer gleich hohen Bedeutung der eingesetzten Ressourcen für die Partner, verläuft die Verteilung des Kooperationsgewinns ebenfalls linear. Als Nash-Lösung ergibt sich dabei die gleichmäßige Verteilung des Kooperationsgewinns. Besitzen die Ressourcen des Internet-Portals eine stärkere Bedeutung für den E-Commerce-Anbieter als andersherum, so verläuft seine Nutzenfunktion oberhalb der Nutzenfunktion des Kooperationspartner. Ist also der Nutzen der Kooperation für ihn höher, so kann das Internet-Portal in Anlehnung an das klassische Beispiel vom Bettler und vom Krösus[186] höhere Forderungen hinsichtlich der Verteilung des Kooperationsgewinns rechtfertigen. Durch den

---

[186] In diesem Beispiel verhandeln ein Bettler und ein Krösus über die Verteilung einer konstanten Geldsumme. Der Krösus beansprucht dreiviertel der Summe, mit der Begründung, dass der Bettler aus einem Viertel der Summe einen genauso hohen Nutzen zieht wie er selbst aus dem verbleibenden Anteil. Vgl. Luce und Raiffa (1957), S. 129 f.

unterschiedlichen Verlauf der Nutzenfunktionen verschiebt sich die Gewinnverteilung. Die graphische Bestimmung des Nash-Produktes durch den Tangentialpunkt der Nutzenverteilung mit dem Nash-Produkt zeigt, dass sich die Aufteilung des Kooperationsgewinns zugunsten des Internet-Portals verändert. Die Nash-Lösung verschiebt sich bei konkaver Nutzenfunktion des E-Commerce-Anbieters von N_1^* nach N_2^*. Abbildung 3-7 zeigt, wie sich durch die konkave Nutzenfunktion des E-Commerce-Anbieters in Quadrant II der Anteil des Kooperationsgewinns in Quadrant III gegenüber der Aufteilung bei gleichen Nutzenfunktionen geringer wird, entsprechend vergrößert sich der Gewinnanteil des Internet-Portals.

Abbildung 3-7: *Verteilung des Kooperationsgewinns bei unterschiedlichen Nutzenverläufen der Kooperationspartner*

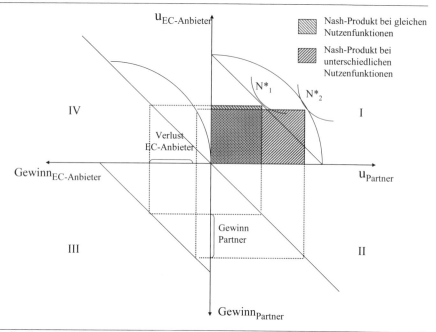

Quelle: Eigene Darstellung in Anlehnung an Cansier (2001), S. 87.

Ein weiterer wichtiger Einflussfaktor auf die Aufteilung des Kooperationsgewinns sind die *Alternativen*, die ein Partner zur Kooperation besitzt. Je mehr Alternativen ein Kooperationspartner zu der Kooperation aufweist, desto höher ist sein Nichteinigungsnutzen, also der Nutzen, wenn die Kooperation nicht zustande kommt, da er die Kooperation durch eine andere Kooperation oder andere Maßnahmen leichter ersetzen kann. Der Nichteinigungsnutzen kann für die Kooperationspartner sehr unterschiedlich sein und nimmt starken Einfluss auf die Gestaltung der Kooperation.[187] Der Partner mit dem höheren Nichteinigungsnutzen besitzt ein höheres Drohpotenzial gegenüber dem Partner mit den schlechteren Alternativen, da er bei Nichterfüllung seiner Forderungen mit dem Scheitern der Kooperation drohen kann. Aus diesem Grund bezeichnet man den Nutzen der Nicht-Einigung auch als „Drohpunkt".[188] Die Alternativen des E-Commerce-Anbieters bestehen in der Wahl eines anderen Kooperationspartners oder in dem Ergreifen alternativer Kundengewinnungsmaßnahmen. Der Kooperationspartner kann ebenfalls einen anderen Partner wählen oder das gewünschte Leistungsangebot des E-Commerce-Anbieters selbst aufbauen. Im Beispiel der Zusammenarbeit zwischen einem kleinen E-Commerce-Anbieter und einem großen Internet-Portal verfügt das Portal in der Regel über die besseren Alternativen und hat somit ein höheres Drohpotenzial gegenüber dem E-Commerce-Anbieter. Da es nur wenige große Portale gibt und viele E-Commerce-Anbieter eine Zusammenarbeit mit allen großen Portalen anstreben, gibt es für den E-Commerce-Anbieter keine oder nur wenige Alternativen. Für das Portal dagegen ist anzunehmen, dass es in der Regel mehrere Alternativen zu dieser Kooperation besitzt und deshalb auch bei Nicht-Einigung einen hohen Nutzenwert aufweist. Der Nutzen der Nicht-Einigung liegt also für das Internet-Portal höher als für den E-Commerce-Anbieter, es besteht eine Macht-Asymmetrie zugunsten des Internet-Portals. In Abbildung 3-8 wird die Situation des gleich hohen Nichteinigungsnutzens beider Kooperationspartner sowie die Situation des höheren Nichteinigungsnutzens des Internet-Portals dargestellt. Zur Vereinfachung der Darstellung wird der Nichteinigungsnutzen in der Ausgangssituation gleich null gesetzt und lineare Nutzenfunktionen angenommen. In der Graphik wird deutlich, dass sich durch die Verschiebung des Drohpunktes der Tangentialpunkt der Nutzenverteilung mit der Isoquante des Nash-Produktes zugunsten des Internet-Portals verschiebt. Dabei verringert sich das Nash-Produkt durch den höheren Nichteinigungsnutzens insgesamt. Das Internet-Portal hat einen höheren Kooperationsnutzen und bei linearem Verlauf der Nutzenfunktionen auch einen entsprechend höheren Anteil am Kooperationsgewinn, der E-Commerce-Anbieter erhält einen entsprechend geringeren Anteil. Der höhere Drohpunkt wirkt sich für das Internet-Portal also positiv auf die Verteilung des Kooperationsgewinns aus.

---

[187] Vgl. Holler und Illing (1996), S. 220.
[188] Vgl. Bamberg und Coenenberg (2004), S. 233.

Abbildung 3-8: *Verteilung des Kooperationsgewinns bei unterschiedlich hohem Nutzen der Nicht-Einigung*

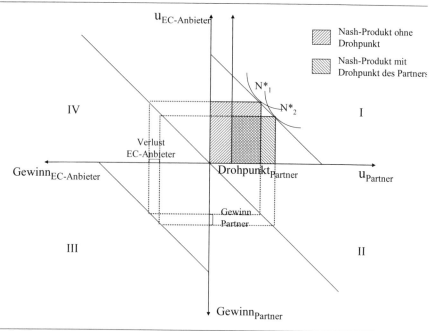

Quelle: Eigene Erstellung in Anlehnung an Cansier (2001), S. 95 ff.

Zusammenfassend lässt sich festhalten, dass der Kooperationspartner mit den besseren Alternativen und der geringeren Bedeutung der Ressourcen des Partners eine starke Machtposition erhält, aus der heraus er seine Forderungen hinsichtlich der Gestaltung der Kooperationen durchsetzen kann. Die Forderungen betreffen die Aufteilung des Kooperationsgewinns, der in dem Umsatz der Kooperation auf der einen Seite und den Kosten auf der anderen Seite besteht. Ein Partner mit einer starken Machtstellung wird einen höheren Anteil am Umsatz der Kooperation fordern, der in der Gestaltung des Vergütungsmodells resultiert. Ein starker Affiliate wird daher eher ein hybrides Vergütungsmodell aus Kombination einer erfolgsabhängigen Vergütung mit einem monatlichen Fixum fordern, während ein starker E-Commerce-Anbieter ein reines Provisionsmodell durchsetzen wird. Auf der Kostenseite beeinflusst die Machtasymmetrie die Aufteilung der Leistungsbeiträge zwischen den Kooperationspartnern. Ein Partner mit einem Machtvorteil wird den Aufwand für die Kooperation, der vor allem in der Programmierung und dem Hosting der Kooperationslösung besteht, möglichst weitgehend auf den schwächeren Partner zu übertragen versuchen.

Insgesamt liefert die Spieltheorie, obwohl ihr Erklärungsgehalt zunächst trivial erscheint,[189] konkrete Handlungsempfehlungen für die Gestaltung des Interaktionsverhaltens zwischen den Spielern.[190] Als Kritik an der kooperativen Spieltheorie wird angeführt, dass die tatsächliche Berechnung des Nash-Gleichgewichts nicht möglich ist, da der Verlauf der Nutzenfunktionen, der von der Bedeutung des Kooperationsgewinns für die Kooperationspartner und dem immateriellen Nutzen der Kooperation abhängig ist, nicht bekannt ist und der Punkt der Nicht-Einigung nicht quantifiziert werden kann.[191] Trotzdem lassen sich auf Basis der kooperativen Nash-Lösung Überlegungen über die Einflussfaktoren auf die Verteilung des Kooperationsgewinns anstellen.

3.4.3 Transaktionskostenansatz

Der aus der neuen Institutionenökonomie hervorgegangene Transaktionskostenansatz wurde von Ronald Coase begründet, der zwei grundlegende strategische Optionen aufzeigt:

- die Erfüllung einer Funktion durch ein Unternehmen oder
- den Bezug von Ressourcen von anderen Marktteilnehmern, wobei die Allokation der Ressourcen durch den Marktmechanismus koordiniert wird.[192]

---

[189] Vgl. Hammes (1994), S. 130.
[190] Zu den Konsequenzen, die sich aus der Spieltheorie ziehen lassen, vgl. ausführlich Oesterle (1993), S. 222 ff.
[191] Eine Quantifizierung wäre nur möglich, wenn der rein monetäre Kooperationsgewinn aus dem Umsatz der Kooperation aufgeteilt würde. In diesem Fall müssen nur die Anteile der Kooperationspartner am Gewinn aufgeteilt werden. Das Nash-Produkt ist dann nur noch abhängig von der Höhe der Nicht-Einigungspunkte und kann folgendermaßen formuliert werden:
$$[\alpha * Nutzen(Koop) - Nutzen(Nicht - Koop)_{EC-Anbieter}] * [(1-\alpha) * Nutzen(Koop) - Nutzen(Nicht - Koop)_{Affiliate}] \Rightarrow \max$$
, wobei α den Anteil des E-Commerce-Anbieters darstellt und $(1-\alpha)$ den Anteil des Affiliates am Kooperationsgewinn. Vgl. Albers (2000), S. 30 f.
[192] Vgl. Coase (1937).

Williamson entwickelte den Ansatz dahingehend weiter, dass die Entstehung verschiedener Organisationsformen auf Basis der Transaktionskosten erklärt werden können.[193] Zwischen den grundlegenden Organisationsformen „Hierarchie" und „Markt" liegen dabei beliebig viele Zwischenformen, die alle als Kooperation im weitesten Sinne bezeichnet werden können.

Ziel des Transaktionskostenansatzes ist es, eine effiziente Organisationsform zu bestimmen. Eine *Transaktion* ist definiert als der Prozess der Klärung und Vereinbarung eines Leistungsaustauschs.[194] *Transaktionskosten* beinhalten somit alle Aufwendungen, die in ursächlichem Zusammenhang mit der Transaktion stehen. Sie entstehen bei den verschiedenen Aktivitäten einer Transaktion als Anbahnungskosten, Vereinbarungskosten, Kontrollkosten und Anpassungskosten.[195] Für die Existenz von Transaktionskosten bestehen zwei Grundannahmen menschlicher Eigenschaften: *Begrenzte Rationalität*, die beinhaltet, dass Wirtschaftssubjekte in jeder Situation rational handeln wollen, aufgrund einer eingeschränkten Informationsaufnahme- und Informationsverarbeitungskapazität aber nur begrenzt rational handeln können,[196] und *Opportunismus*, der voraussetzt, dass Wirtschaftssubjekte versuchen, ihren Vorteil durch bewusste Täuschung zu erreichen. Opportunistisches Verhalten äußert sich insbesondere in der Herstellung von Informationsasymmetrien durch Verfälschung oder Zurückhaltung von Information. Opportunistisches Verhalten macht die Steuerung von Verhalten durch Regeln unmöglich und führt zu einer Unsicherheit in ökonomischen Transaktionen.[197]

Die Höhe der Transaktionskosten hängt von bestimmten Einflussfaktoren ab, die als Transaktionskostendeterminanten bezeichnet werden:[198]

- *Spezifität*: Transaktionsspezifische Investitionen sind Investitionen, die speziell für die Transaktion erforderlich sind und keinen anderen Verwendungszweck am Markt besitzen. Die Stärke der Spezifität kann als Differenzbetrag zwischen der erst- und zweitbesten Verwertungsmöglichkeit ausgedrückt werden und wird als

---

[193] Vgl. Williamson (1985).
[194] Vgl. Picot (1993), Sp. 4195.
[195] Vgl. Picot (1982), S. 270.
[196] Vgl. Simon (1976), S. 28.
[197] Vgl. Williamson (1985), S. 47 ff.
[198] Vgl. Williamson (1985), S. 43.

Quasi-Rente bezeichnet.[199] Die Partner sind durch die Investition von der Nachfrage oder Leistungserbringung des anderen Partners abhängig und deshalb durch opportunistisches Verhalten gefährdet. Als Voraussetzung für opportunistisches Handeln bildet Spezifität eine wesentliche Ursache für Transaktionsprobleme.[200]

- *Unsicherheit*: Williamson unterscheidet zwischen zwei Formen der Unsicherheit: die externe Unsicherheit/Umweltunsicherheit und die interne Unsicherheit/Verhaltensunsicherheit der Akteure.[201] Unter Umweltunsicherheit versteht man diejenige Unsicherheit, die aus der Komplexität und Dynamik der Umwelt entsteht und nicht durch die Transaktionspartner beeinflusst werden kann.[202] Unsicherheit über zukünftige Umweltzustände führt durch antizipative Vorkehrungen und höhere Informations- und Kontrollkosten zu erhöhten Transaktionskosten. Verhaltensunsicherheit dagegen ist eine Folge des opportunistischen Verhaltens des Partners und hängt meist von der Höhe der Umweltunsicherheit ab, da bei hoher Umweltunsicherheit mehr Möglichkeiten opportunistischen Verhaltens bestehen.[203] Beide Formen von Unsicherheit führen wegen der Notwendigkeit der Informationsbeschaffung und vertraglichen Regelung zu höheren Transaktionskosten.

- *Häufigkeit*: Die Häufigkeit beschreibt die Anzahl der Wiederholungen der Transaktion. Durch eine hohe Anzahl an Transaktionswiederholungen wird durch Kostendegression und Lerneffekte eine Senkung der Transaktionskosten verursacht. Die Häufigkeit spielt in Bezug auf die Wahl der Organisationsform eine untergeordnete Rolle.[204]

Die zentrale Grundannahme des Transaktionskostenansatzes besteht darin, dass diejenige Koordinationsform gewählt wird, die transaktionskostenminimal ist. **Kooperationen** werden somit dann gebildet, wenn sie gegenüber anderen Koordinationsformen die geringsten Transaktionskosten aufweisen. Dies ist in der Regel dann der Fall, wenn für die Transaktion Investitionen mittlerer Spezifität notwendig sind, wenn es zu häu-

---

[199] Vgl. Picot und Dietl (1990), S. 143.
[200] Vgl. Williamson (1990), S. 64 f.
[201] Vgl. Williamson (1984), S. 204 f.
[202] Vgl. Duncan (1972).
[203] Vgl. Williamson (1975), S. 32.
[204] Vgl. Picot (1993), Sp. 4201.

figen Transaktionen zwischen den Kooperationspartnern kommt und gleichzeitig eine hohe Umweltunsicherheit vorliegt.[205]

Online-Marketing-Kooperationen werden dann gebildet, wenn sie Transaktionskostenvorteile gegenüber anderen Kundengewinnungsmaßnahmen aufweisen. Transaktionskosten von Online-Marketing-Kooperationen fallen entlang dem Kooperationsprozess an: Anbahnungskosten entstehen bei der Auswahl der Partner durch die Suche geeigneter Partner, die Kontaktaufnahme und die Überprüfung der grundsätzlichen Interessenvereinbarkeit. Vereinbarungskosten treten bei den Vertragsverhandlungen und den Vereinbarungen über Organisation und Steuerung der Kooperation auf. Kontroll- und Anpassungskosten haben ihre Ursache in der Überprüfung der Einhaltung der Kooperationsvereinbarungen sowie der Bewertung der Kooperationsergebnisse, die möglicherweise nachträgliche Anpassungen der Kooperation an veränderte Umweltbedingungen oder Partnerverhalten erfordern.[206] Die Transaktionskosten sind in der Regel dann geringer, wenn die Transaktion häufig stattfindet, die Transaktion sich also über einen längeren Zeitraum wiederholt. Aus diesem Grund sind Online-Marketing-Kooperationen in der Regel immer auf eine längere Dauer angelegt.

Der Transaktionskostenansatz bietet Erklärungsansätze für die Gestaltung von Online-Marketing-Kooperationen. Diese beziehen sich vor allem auf die vertragliche Regelung der Kooperationen beziehungsweise auf den Grad ihrer losen Kopplungen.[207]

Als Einflussfaktor auf den Grad der vertraglichen Regelung gilt aus Sicht des Transaktionskostenansatzes die *Unsicherheit der Kooperation*. In Bezug auf Online-Marketing-Kooperationen können die unterschiedlichen Typen der Unsicherheit spezifiziert werden:

(1) *Umweltunsicherheit:* Die durch den E-Commerce-Anbieter nicht beeinflussbare Umweltunsicherheit entsteht vor allem dadurch, dass die Verbreitung integrativer Kooperationslösungen noch jung ist und Erkenntnisse über die Auswirkung

---

[205] Vgl. Williamson (1991), S. 22 ff.
[206] Vgl. Brettel und Heinemann (2003), S. 415 ff.
[207] Zur Bedeutung loser Kopplungen in Online-Marketing-Kooperationen siehe Kapitel 2.3.3.

der Kooperationen nicht vorliegen.[208] Außerdem ist sie erhöht in Branchen, in denen eine hohe Wettbewerbsintensität herrscht, da eine falsche Einschätzung der Wettbewerber zu einer Gefährdung der Kooperation führen kann. Diese Aspekte erfordern eine stärkere Absicherung und die Berücksichtigung von Eventualitäten der Kooperationspartner.[209] Eine erhöhte Umweltunsicherheit führt somit dazu, Kooperationen stärker vertraglich abzusichern, und beeinflusst den Grad der losen Kopplung negativ.

(2) *Verhaltensunsicherheit:* Die Verhaltensunsicherheit entsteht durch opportunistisches Verhalten der Kooperationspartner. Opportunistisches Verhalten besteht in der Möglichkeit des Partners, zugesicherte Leistungen nicht zu erbringen. Dies kann sich beispielsweise in einer schlechten oder von den Absprachen abgeänderten Implementierung und Pflege der Kooperationslösung durch den Kooperationspartner äußern. Ein gutes Vertrauensverhältnis zwischen den Kooperationspartnern reduziert die Gefahr opportunistischen Verhaltens und zeichnet sich durch das gegenseitige Respektieren der Kooperationspartner aus. Vertrauen besteht einerseits aus der eigenen Vertrauenshandlung, in der eine Vorleistung unter Verzicht auf rechtliche Sicherungsmaßnahmen für opportunistisches Verhalten erbracht wird, und der Vertrauenserwartung auf der anderen Seite, in der der Partner freiwillig auf opportunistisches Verhalten verzichtet.[210] Die Qualität einer Beziehung zwischen Unternehmen kann sehr unterschiedlich sein:[211] Sie muss nicht ex-ante freundschaftlich sein, doch sollte eine vertrauensvolle Zusammenarbeit durch entsprechende Vorleistungen der Transaktionspartner im Lauf der Kooperation entwickelt werden.[212] Durch Vertrauen schaffende Maßnahmen kann im Vorfeld der Kooperation ein Vertrauensverhältnis aufgebaut werden.[213] Vertrauen ist dabei vor allem bei den Tatbeständen wichtig, die aufgrund beschränkter Rationalität oder Zeit- und Kostengründen nicht vollständig vertraglich geregelt werden können[214] oder zur Sicherung der

---

[208] In Anlehnung an Porter (1999), S. 281.
[209] Vgl. Antia und Frazier (2001), S. 69.
[210] Vgl. Ripperger (1998), S. 45.
[211] Vgl. Raffée und Eisele (1993), S. 19.
[212] Vgl. Balling (1998), S. 122.
[213] Vgl. Brettel und Heinemann (2003), S. 412.
[214] Vgl. Williamson und Ouchi (1981), S. 361.

Flexibilität bewusst nicht vertraglich geregelt werden. Das Vertrauen zwischen den Partnern begünstigt also lose Kopplungen zwischen den Partnern. Lose Kopplungen wirken sich wiederum auf die Gestaltung der Kooperation aus: Durch die Möglichkeit der flexiblen Anpassung der Kooperation oder kurzfristige Absprachen wird ein hoher Individualisierungsgrad der Kooperation begünstigt.

Zusammenfassend betrachtet liefert der Transaktionskostenansatz wichtige Erklärungsansätze für die Existenz von Unternehmen, ihre Ausdehnung und Heterogenität sowie dem Strategie-Struktur-Zusammenhang.[215] Dem Transaktionskostenansatz wird generell ein hoher Allgemeinheitsgrad, logische Konsistenz sowie eine hohe Fähigkeit zur Integration anderer theoretischer Ansätze zugeschrieben.[216] Dem gegenüber steht als Kritik vor allem die Vernachlässigung relevanter Einflussgrößen wie beispielsweise Machtaspekte, unrealistische Verhaltensannahmen und die unpräzise Konzeptionalisierung, Operationalisierung und Messung der Transaktionskosten.[217]

Für die Erklärung von Kooperationen bedeutet dies, dass der Transaktionskostenansatz zwar Hinweise darauf gibt, unter welchen Bedingungen es vorteilhaft ist, eine Kooperation einzugehen und zu gestalten, seine Hinweise auf das Management und den Erfolg von Kooperationen jedoch eher begrenzt sind.[218] Trotz dieser Kritikpunkte liefert er für diese Arbeit einen wichtigen Erklärungsbeitrag für die Gestaltung von Online-Marketing-Kooperationen.

3.4.4 Netzwerkansatz

Der Netzwerkansatz beschäftigt sich mit der Evolution und Organisation strategischer Netzwerke. Sydow definiert ein Unternehmensnetzwerk folgendermaßen: *„Ein Unternehmensnetzwerk stellt eine Organisationsform ökonomischer Aktivitäten dar, die sich durch komplex-reziproke, eher kooperative denn kompetitive und relativ stabile Beziehungen zwischen rechtlich selbständigen Unternehmen auszeichnet."*[219] Gegenüber der

---

[215] Vgl. Wolf (2005), S. 272.
[216] Vgl. Rüdiger (1998), S. 33 ff.
[217] Vgl. Sydow (1995), S. 145.
[218] Vgl. Rüdiger (1998), S. 38.
[219] Vgl. Sydow (1995), S. 16.

einfachen Kooperation unterscheidet es sich vor allem dadurch, dass sich mehrere Unternehmen zur Zusammenarbeit zusammenschließen. Der Netzwerkansatz stellt keine eigenständige Theorie dar, sondern zieht verschiedene Erklärungsansätze für die Bildung strategischer Netzwerke heran.[220]

Da **Affiliate-Programme** als Unternehmensnetzwerk betrachtet werden können, in denen ein E-Commerce-Anbieter mit Anbietern kommerzieller oder privater Homepages kooperiert, liefert die Betrachtung von Netzwerken Erklärungsansätze für die Gestaltung von Online-Marketing-Kooperationen.

Bei der Organisation von Netzwerken besteht grundsätzlich die Möglichkeit, einen *unabhängigen Netzwerkorganisator*, einen so genannten Broker, einzusetzen, dem die Aufgabe der Koordination des Netzwerks obliegt,[221] oder die Netzwerkorganisation einem beteiligten Unternehmen zu überlassen, das im Fall von Affiliate-Programmen aus dem E-Commerce-Anbieter als Initiator und zentrales Unternehmen besteht. Die grundsätzliche Entscheidung über die Organisationslösung muss also zwischen den Alternativen der Organisation des Affiliate-Programms über einen Netzwerkbetreiber oder in Eigenlösung getroffen werden.[222]

Erkenntnisse über die Funktionen und Vor- und Nachteile eines Netzwerkbrokers liegen aus dem Bereich *virtueller Unternehmen* vor.

Die Aufgabe des Brokers in virtuellen Unternehmen besteht darin, die unabhängigen Unternehmen für eine begrenzte Zeit zusammenzuführen und die gemeinsame Tätigkeit zu koordinieren.[223] Nach der Beschreibung von Snow, Miles und Coleman führt der Broker als *Architect* die einzelnen Organisationseinheiten zusammen, als *Lead Operator* übernimmt er die operative Planung und Steuerung der Zusammenarbeit und als *Caretaker* nutzt er seine zentrale Position, um die Netzwerkteilnehmer zusammenzuhalten, die Arbeitsteilung zu optimieren, den Informationsfluss sicherzustellen und dabei die Konzeption und Weiterentwicklung der Systemstruktur im Netzwerk zu ermöglichen.[224]

---

[220] Eine Übersicht über die für die Erklärung strategischer Netzwerke relevanten Theorien und ihre Diskussion findet sich bei Sydow (1995), S. 127 ff.
[221] Zu den Aufgaben des Netzwerkbrokers vgl. Miles und Snow (1986), S. 64.
[222] Zu den Organisationsformen siehe auch Kapitel 2.1.4.
[223] Vgl. Albers et al. (2003), S. 37 f., Faisst und Birg (1997), S. 4.
[224] Vgl. Snow et al. (1992), S. 15 ff.

Analog sind die Aufgaben des *Netzwerkbetreibers bei Affiliate-Programmen* zu sehen: Der Netzwerkbetreiber übernimmt die Zusammenführung des E-Commerce-Anbieters mit den potenziellen Affiliates, er bestreitet alle organisatorischen und administrativen Aufgaben und sorgt für den reibungslosen Ablauf und die ständige Optimierung des Programms.[225] Als Gegenleistung erhält er eine Beteiligung an dem Umsatz, der durch die Affiliates generiert wird.

Die Vorteile des Brokers in virtuellen Unternehmen sind seine Fachkompetenz und Objektivität, seine Möglichkeit, Reibungsverluste aufgrund von Interessenkonflikten, Verhandlungen und Verteilungsdiskussionen zu verhindern, die Kosten der Initiierung und Pflege des Netzwerks aufgrund seines Wissensvorsprungs zu verringern sowie die Teilnehmer durch die Koordination des Netzwerks von administrativen Aufgaben zu entlasten. Nachteile des Brokers bestehen in dem Mangel an Flexibilität durch straffe Führung des Netzwerks sowie seine Bedeutung als zentraler Erfolgs- beziehungsweise Misserfolgsfaktor, der darin besteht, dass sich die mögliche Unfähigkeit des Brokers auf den Erfolg des gesamten Netzwerks auswirkt.[226] Die Vor- und Nachteile lassen sich auf den Netzwerkbetreiber von Affiliate-Programmen übertragen und machen die Auswirkungen auf die Gestaltung und den Erfolg deutlich. Die Vorteile der Organisation von Affiliate-Programmen über einen Netzwerkbetreiber bestehen in:

(1) *Kosteneinsparung durch Wissensvorsprung:* Der Netzwerkbetreiber verfügt sowohl über das Know-how für den Aufbau eines Affiliate-Netzwerks als auch über die technischen Mittel der Implementierung. Damit ist es dem E-Commerce-Anbieter möglich, ein Affiliate-Netzwerk einzurichten, ohne eigene Ressourcen aufbauen zu müssen, da er auf die Ressourcen des Netzwerkbetreibers zugreifen kann. Die Wahl der Organisation über Netzwerkbetreiber bindet deutlich weniger finanzielle und Management-Ressourcen, die insbesondere für kleine und junge Internet-Unternehmen häufig problematisch sind.

(2) *Entlastung des Management*: Die Koordination des Programms durch den Netzwerkbetreiber bindet nur wenig Management-Kapazität beim E-Commerce-Anbieter. Die Anbahnung und Implementierung der Kooperationen erfolgt in der Regel vollständig durch den Netzwerkbetreiber, so dass der E-

---

[225] Vgl. Goldschmidt et al (2003), S. 47.
[226] Vgl. Faisst und Birg (1997), S. 23 f.

Commerce-Anbieter seinen Kontakt zu den Affiliates auf ein Minimum beschränken kann.

(3) *Verminderung von Reibungsverlusten durch Objektivität*: Durch die Objektivität des Netzwerkbetreibers können Vertragsverhandlungen und Konflikte um Vertragsbestandteile ausgeschaltet werden. Die Kooperationsbedingungen werden in der Regel im Vorfeld der Kooperation durch den E-Commerce-Anbieter festgelegt und in Standardverträge übernommen. Diese werden den Affiliates durch den Netzwerkbetreiber präsentiert. Der Affiliate kann die Bedingungen akzeptieren oder ablehnen, Verhandlungen über die Bedingungen sind in der Regel nicht möglich. Damit werden die Transaktionskosten der Kooperation durch den Einsatz des Netzwerkbetreibers gesenkt.

Den Vorteilen der Organisation über einen Netzwerkbetreiber stehen folgende Nachteile gegenüber:

(1) *Verlust der Flexibilität*: Der Einsatz einer Standard-Softwarelösung und die Anbahnung und Implementierung über den Netzwerkbetreiber impliziert einen hohen Standardisierungsgrad der Kooperationen, der auf der einen Seite Kosten für den Aufbau de Programms einspart, auf der anderen Seite aber auch die Möglichkeit des Eingehens auf spezielle Bedürfnisse der Kooperationspartner verringert.[227] So kann eine individuelle Anpassung an den Kooperationspartner nicht vorgenommen werden, die eine Erhöhung der Attraktivität der Kooperationslösung für den Nutzer der Affiliate-Website bedeutet. Auch Verhandlungen über die Form der Vergütung zwischen dem E-Commerce-Anbieter und dem Affiliate finden nicht oder nur begrenzt statt. Da Netzwerkanbieter häufig traditionell noch Pay-per-Click und Pay-per-Lead-Modelle anbieten oder dem Affiliate eine Auswahl an Vergütungsmodellen überlassen, werden die für den E-Commerce-Anbieter vorteilhaften reinen Provisionsmodelle in Affiliate-Netzwerken seltener abgeschlossen.

(2) *Netzwerkbetreiber als kritischer Erfolgsfaktor*: Die Qualität des Netzwerkbetreibers ist natürlich entscheidend für den Erfolg des Affiliate-Programms. Der E-Commerce-Anbieter muss im Vorfeld des Aufbaus eines Affiliate-

---

[227] Vgl. Goldschmidt et al. (2003), S. 74.

Programms den Netzwerk-Betreiber sorgfältig auswählen, um eine seinen Bedürfnissen entsprechende Organisation des Programms zu gewährleisten.

Zusammenfassend kann festgehalten werden, dass die Organisation der Affiliate-Programme in Eigenlösung gegenüber der Lösung über einen Netzwerkbetreiber zwar höhere Kosten impliziert, denen aber eine flexiblere und individuellere Gestaltung der Affiliate-Partnerschaften gegenübersteht. Es müssen zunächst Ressourcen für den Aufbau oder Einkauf einer Software-Lösung für die Implementierung und Abwicklung der Lösung eingesetzt werden. Die Anbahnung und Pflege sowie die Vertragsgestaltung zwischen den Partnern erfordert den Einsatz von Management-Ressourcen. Auf der anderen Seite besteht dadurch aber auch die Möglichkeit, eigene Interessen bei der Wahl des Vergütungsmodells durchzusetzen und auf individuell auf die Gegebenheiten der Affiliates einzugehen.

3.5 Ableitung von Hypothesen

Nachdem die theoretischen Grundlagen für die Erklärung der Gestaltung und des Erfolgs von Online-Marketing-Kooperationen dargestellt wurden, ist der Inhalt dieses Abschnitts die Ableitung von Hypothesen über die Wirkungsbeziehungen zwischen den Kontext-, Gestaltungs- und Erfolgsvariablen von Online-Marketing-Kooperationen. Dazu werden die in Abschnitt 3.2 auf Basis der qualitativen Ergebnisse identifizierten Erfolgsfaktoren herangezogen und mit den theoretischen Erklärungsansätzen untermauert und detailliert. Darüber hinaus werden theoretische und empirische Vorarbeiten, die in thematischem Zusammenhang mit dem Forschungsthema stehen, berücksichtigt.[228]

Auch die Formulierung der Hypothesen wird aufgrund der unterschiedlichen Schwerpunkte für strategische Vertriebskooperationen und Affiliate-Programme getrennt dargestellt.

---

[228] Zur Hypothesenformulierung vgl. Witte (1980), Sp. 614 ff.

3.5.1 Strategische Vertriebskooperationen

Um Hypothesen über die Wirkungsbeziehungen zwischen den Erfolgsfaktoren ableiten zu können, muss zunächst der *Erfolg* definiert und spezifiziert werden. Eine einheitliche Definition des Erfolgs von Kooperationen besteht aufgrund der unterschiedlichen Kooperationsarten und Kooperationsziele nicht. Der Erfolg einer Kooperation korrespondiert unmittelbar mit ihrer Zielsetzung.[229] Erfolg kann somit als Zielerreichungsgrad der Kooperation interpretiert werden.[230] Aufgrund der verschiedenen Zielsetzungen von Online-Marketing-Kooperationen ist der Erfolg multidimensional. Analog zu den Zielsetzungen von Online-Marketing-Kooperationen leiten sich zwei Erfolgsdimensionen ab:

(1) *Wirtschaftlicher Erfolg*: Als Hauptzielsetzung von Online-Marketing-Kooperationen gilt die Gewinnung von Kunden und damit die Steigerung des Umsatzes. Diese Erfolgsdimension ist eine rein ökonomische Größe und wird als wirtschaftlicher Erfolg der Kooperation bezeichnet.

(2) *Qualitativer Erfolg:* Weitere Zielsetzungen der Kooperation sind die Steigerung des Bekanntheitsgrads der Kooperation sowie ein positiver Imagetransfer. Diese Erfolgsdimension ist nicht direkt messbar und wird als qualitativer Erfolg der Kooperation bezeichnet.

Da sich die qualitativen Erfolgsdimensionen wie die Steigerung der Bekanntheit und des Images langfristig auf den Umsatz der Kooperation auswirken, wird unterstellt, dass die qualitative Erfolgsdimension einen positiven Einfluss auf den wirtschaftlichen Erfolg der Kooperation besitzt. Der wirtschaftliche Erfolg der Kooperation stellt die wichtigste Erfolgsdimension dar, da er unmittelbar mit den Unternehmenszielen korrespondiert und nur so der Beitrag zum Gesamtgeschäft des Unternehmens gemessen werden kann. Als Hypothese über die Wirkungsbeziehungen zwischen den Erfolgsdimensionen kann somit formuliert werden:

H_1: Je höher der qualitative Erfolg der Kooperation ist, desto höher ist der wirtschaftliche Erfolg.

---

[229] Vgl. Hansen (1993), S. 211.
[230] Vgl. Zielke (1992), S. 67.

Die spieltheoretische Darstellung hat ergeben, dass das *Machtverhältnis* der Kooperationspartner einen bedeutenden Einfluss auf die Gestaltung der Kooperation ausübt.[231] Die Machtverteilung ist häufig asymmetrisch, d.h. ein Partner besitzt gegenüber dem anderen ein Machtübergewicht.[232] Das Machtverhältnis zwischen den Partnern wird beeinflusst durch die Alternativen, die die Partner zu der Kooperation besitzen, sowie die Bedeutung der Ressourcen, die für die Kooperation eingesetzt werden.

Die *Alternativen* zur Kooperation beeinflussen die Machtstellung dahingehend, dass mit besseren Alternativen die Machtstellung eines Partners steigt, da er gegebenenfalls mit Nicht-Kooperation drohen kann. Daher lassen sich für die Auswirkungen der Alternativen auf das Machtverhältnis der Partner folgende Hypothesen aufstellen:

H_2: Je besser die Alternativen des E-Commerce-Anbieters zu dieser Kooperation sind, desto stärker ist seine Machtstellung innerhalb der Kooperation.

H_3: Je besser die Alternativen des Kooperationspartners zu dieser Kooperation sind, desto schwächer ist die Machtstellung des E-Commerce-Anbieters innerhalb der Kooperation.

Für die Auswirkung der Bedeutung der *eingesetzten Ressourcen* auf die Machtstellung kann festgehalten werden, dass der E-Commerce-Anbieter bei einer großen Bedeutung der Ressourcen des Affiliate einen hohen Nutzen aus der Kooperation zieht, was seine Machtstellung gegenüber dem Partner negativ beeinflusst. Besitzen dagegen die Ressourcen des E-Commerce-Anbieters eine große Bedeutung für den Partner, so verbessert sich die Machtposition des E-Commerce-Anbieters. Es können hinsichtlich der Auswirkung des Ressourceneinsatzes auf die Machtposition folgende Hypothesen formuliert werden:

H_4: Je größer die Bedeutung der Ressourcen des Kooperationspartners für den E-Commerce-Anbieter ist, desto schwächer ist seine Machtstellung innerhalb der Kooperation.

---

[231] Siehe dazu die Ausführungen in Abschnitt 3.4.2.
[232] Vgl. Ahlert (1996), S. 103.

H₅: Je größer die Bedeutung der Ressourcen des E-Commerce-Anbieters für den Kooperationspartner ist, desto stärker ist seine Machtstellung innerhalb der Kooperation.

Eine starke Machtposition innerhalb der Kooperation ermöglicht es einem Unternehmen, das Entscheidungsverhalten des Partners zu beeinflussen.[233] Der stärkere Partner wird versuchen, einen höheren Anteil am Kooperationsgewinn zu erreichen oder einen geringeren Anteil am Risiko zu tragen.[234] Da eine Machtasymmetrie häufig zu Gunsten des Affiliate ausfällt, werden die Hypothesen aus der Sicht einer nachteiligen Machtstellung des E-Commerce-Anbieters formuliert. Besitzt also der E-Commerce-Anbieter eine schwache Machtposition, so wird er nicht ein für ihn vorteilhaftes, rein erfolgsabhängiges Vergütungsmodell durchsetzen können und die Aufwandverteilung wird zu seinen Ungunsten ausfallen. Es können somit hinsichtlich der Auswirkung der Machtstellung auf die Gestaltung der Kooperation folgende Hypothesen formuliert werden:

H₆: Je schwächer die Machtstellung des E-Commerce-Anbieters innerhalb der Kooperation ist, umso weniger wird er ein rein erfolgsabhängiges Vergütungsmodell durchsetzen können.

H₇: Je schwächer die Machtstellung des E-Commerce-Anbieters innerhalb der Kooperation ist, umso nachteiliger wird für ihn die Verteilung des Kooperationsaufwands ausfallen.

Hinsichtlich der *Verteilung des Kooperationsgewinns* wird eine unmittelbare Auswirkung auf den Kooperationserfolg angenommen. Setzt der E-Commerce-Anbieter ein rein erfolgsabhängiges Vergütungsmodell durch, wirkt sich dies für ihn positiv auf den wirtschaftlichen Erfolg der Kooperation aus, einer für den E-Commerce-Anbieter ungünstigen Verteilung des Aufwands wird ein negativer Einfluss auf seinen Kooperationserfolg unterstellt. Da sich der Einfluss der Machtstellung auf die Verteilung des

---

[233] Vgl. Smith und Barclay (1999), S. 25.
[234] Vgl. Balling (1998), S. 140.

Kooperationsgewinns bezieht, wirkt sich die Verteilung ausschließlich auf die ökonomische Dimension des Kooperationserfolgs aus. Somit lassen sich folgende Hypothesen ableiten:

H_8: Eine rein erfolgsabhängige Vergütung wirkt sich gegenüber einem Hybridmodell aus erfolgsabhängiger und fixer Vergütung vorteilhaft auf den wirtschaftlichen Erfolg der Kooperation aus.

H_9: Je höher der Anteil des E-Commerce-Anbieters am Kooperationsaufwand ist, desto geringer ist der wirtschaftliche Erfolg der Kooperation.

Der Ressourcenorientierte Ansatz liefert Erklärungsansätze für den Einfluss der eingesetzten Ressourcen auf die Gestaltung und den Erfolg strategischer Vertriebskooperationen.[235]

Neben dem Einfluss auf die Machtstellung der Partner wirkt sich der Ressourceneinsatz auf die *Kompatibilität* der Kooperationspartner aus. Da die Partner nach der Bedeutung ihrer Ressourcen ausgewählt werden, wird unterstellt, dass sich mit zunehmendem Ressourceneinsatz die Kompatibilität zwischen den Partnern verbessert. Bezüglich des Einflusses der Ressourcen auf die Kompatibilität der Partner lassen sich demnach folgende Hypothesen formulieren:

H_{10}: Je höher der Einsatz der relevanten Ressourcen des E-Commerce-Anbieters ist, desto stärker ist die Kompatibilität zwischen den Partnern ausgeprägt.

H_{11}: Je höher der Einsatz der relevanten Ressourcen des Kooperationspartners ist, desto stärker ist die Kompatibilität zwischen den Partnern ausgeprägt.

Die Kompatibilität der Partner wirkt sich wiederum auf den Erfolg der Kooperation aus. Die Wahl des geeigneten Kooperationspartners wird grundsätzlich als maßgeblich für den Erfolg einer Kooperation betrachtet.[236] Überlegungen, dass die Kompatibilität

---

[235] Siehe dazu die Ausführungen in Kapitel 3.4.1.
[236] Vgl. beispielsweise Devlin und Bleackly (1988), S. 20, Porter und Fuller (1989), S. 394.

der Ziele zwischen den Partnern den Kooperationserfolg positiv beeinflusst, haben sich in empirischen Studien als gültig erwiesen.[237] Anderson und Narus argumentieren, dass kompatible Partner eine gute Zusammenarbeit entwickeln, aus der die Zufriedenheit mit dem Erfolg resultiert.[238] Ist die Kompatibilität zwischen den Partnern hoch, wirkt sich dies auf die Qualität der Kooperationslösung aus, so dass der Kooperationserfolg positiv beeinflusst wird. Es gilt die Annahme, dass durch die mit steigender Kompatibilität verbesserte Kundenansprache sowohl die qualitativen Erfolgsaspekte wie Image und Bekanntheit gesteigert werden, als auch der wirtschaftliche Erfolg direkt positiv beeinflusst wird. Hinsichtlich der Auswirkungen der Kompatibilität auf den Kooperationserfolg lassen sich somit folgende Hypothesen ableiten:

H_{12}: Je stärker die Kompatibilität zwischen den Partnern ausgeprägt ist, desto höher ist der qualitative Erfolg der Kooperation.

H_{13}: Je stärker die Kompatibilität zwischen den Partnern ausgeprägt ist, desto höher ist der wirtschaftliche Erfolg der Kooperation.

Dem Ressourceneinsatz der Partner wird außerdem eine Auswirkung auf den *Individualisierungsgrad* der Kooperation zugeschrieben. Der Individualisierungsgrad der Kooperation äußert sich in dem Aufwand, der für die Organisation und Pflege der Kooperation in Abstimmung auf den Partner betrieben wird und beinhaltet die Anpassung der technischen Organisationslösung, die Art der Kommunikation zwischen den Partnern sowie die Unterstützung der Kooperation durch begleitende Maßnahmen. Da ein hoher Individualisierungsgrad mit hohen Kosten verbunden ist, wird ein starke Individualisierung nur bei einer hohen strategischen Bedeutung der Kooperation für die Partner angestrebt, die dann gegeben ist, wenn die eingesetzten Ressourcen eine große Bedeutung für den Partner aufweisen. Bezüglich des Individualisierungsgrads lassen sich somit folgende Hypothesen aufstellen:

---

[237] Vgl. Shamdasani und Sheth (1995), Bucklin und Sengupta (1993), Ruekert und Walker (1987), Van de Ven und Ferry (1980).
[238] Vgl. Anderson und Narus (1990), S. 42 ff.

H₁₄: Je stärker der Ressourceneinsatz des E-Commerce-Anbieters ist, desto höher ist der Individualisierungsrad der Kooperation.

H₁₅: Je stärker der Ressourceneinsatz des Affiliate ist, desto höher ist der Individualisierungsrad der Kooperation.

Einem hohen Aufwand für die Organisation und Pflege der Kooperation wird eine positive Auswirkung auf den Kooperationserfolg unterstellt.[239] Der Aufwand für einen hohen Individualisierungsgrad wird nur dann getätigt, wenn eine positive Auswirkung auf den Kooperationserfolg erwartet wird. Dabei soll durch die bestmögliche Kundenansprache sowohl eine direkte Auswirkung auf den wirtschaftlichen Erfolg der Kooperation erreicht werden, durch eine hochwertige und professionelle Kooperationslösung aber auch der qualitative Erfolg der Kooperation gesteigert werden. Somit können für die Auswirkungen des Individualisierungsgrads auf den Erfolg folgende Hypothesen formuliert werden:

H₁₆: Je höher der Individualisierungsgrad der Kooperation ist, desto höher ist der wirtschaftliche Erfolg der Kooperation.

H₁₇: Je höher der Individualisierungsgrad der Kooperation ist, desto höher ist der qualitative Erfolg der Kooperation.

Aus transaktionskostentheoretischer Sicht lässt sich der Einfluss der *Unsicherheit* auf die losen Kopplungen zwischen den Partnern und deren Auswirkungen auf die Gestaltung erklären. Es wird dabei differenziert nach Umweltunsicherheit, die durch den E-Commerce-Anbieter nicht beeinflusst werden kann, und Verhaltensunsicherheit, die durch Vertrauen zwischen den Partnern reduziert werden kann. Mit zunehmender Umweltunsicherheit nimmt die Notwendigkeit der detaillierten vertraglichen Regelung zu, ihr wird also eine negative Auswirkung auf den Grad der losen Kopplung zugeschrieben. Da das Vertrauen zwischen den Partnern die Gefahr opportunistischen Verhaltens mindert und eine lose vertragliche Regelung ermöglicht, wird ihm eine positive Auswirkung auf den Grad der losen Kopplung zugeschrieben. Daher können bezüglich

---

[239] Vgl. Shamdasani und Sheth (1995), S. 10.

des Einflusses der Umweltunsicherheit und des Vertrauens auf den Grad der losen Kopplung folgende Hypothesen aufgestellt werden:

H_{18}: Je höher die externe Unsicherheit ist, desto geringer ist der Grad der losen Kopplung.

H_{19}: Je höher das Vertrauen zwischen den Kooperationspartnern ist, desto höher ist der Grad der losen Kopplung.

Lose gekoppelte Partnerschaften lassen Raum für die flexible Gestaltung der Kooperation. Für strategische Vertriebskooperationen bedeutet dies, dass Gestaltungsmerkmale laufend an sich ändernde Umfeldbedingungen angepasst werden können und Raum für die Absprache kooperationsunterstützender Maßnahmen außerhalb der vertraglichen Vereinbarungen besteht. Lose Kopplungen wirken sich somit positiv auf den Individualisierungsgrad der Kooperation aus. Hinsichtlich des Einflusses des Kopplungsgrads auf die Individualisierung der Kooperation kann also folgende Hypothese formuliert werden:

H_{20}: Je höher der Grad der losen Kopplung ist, desto höher ist der Individualisierungsgrad der Kooperation.

Zusammenfassend werden alle Hypothesen über die Wirkungsbeziehungen zwischen den Erfolgsfaktoren strategischer Vertriebskooperationen in der Übersicht dargestellt:

Tabelle 3-3:   *Hypothesen über die Gestaltung und den Erfolg strategischer Vertriebskooperationen*

Hypothese	Erklärungsgrundlage
H_1: Je höher der qualitative Erfolg der Kooperation ist, desto höher ist der wirtschaftliche Erfolg.	Empirie
H_2: Je besser die Alternativen des E-Commerce-Anbieters zu dieser Kooperation sind, desto stärker ist seine Machtstellung innerhalb der Kooperation.	Spieltheorie
H_3: Je besser die Alternativen des Kooperationspartners zu dieser Kooperation sind, desto schwächer ist die Machtstellung des E-Commerce-Anbieters innerhalb der Kooperation.	Spieltheorie

Hypothese		Erklärungs-grundlage
H_4:	Je größer die Bedeutung der Ressourcen des Kooperationspartners für den E-Commerce-Anbieter ist, desto schwächer ist seine Machtstellung innerhalb der Kooperation.	Spieltheorie
H_5:	Je größer die Bedeutung der Ressourcen des E-Commerce-Anbieters für den Kooperationspartner ist, desto stärker ist seine Machtstellung innerhalb der Kooperation.	Spieltheorie
H_6:	Je schwächer die Machtsstellung des E-Commerce-Anbieters innerhalb der Kooperation ist, umso weniger wird er ein rein erfolgsabhängiges Vergütungsmodell durchsetzen können.	Spieltheorie
H_7:	Je schwächer die Machtsstellung des E-Commerce-Anbieters innerhalb der Kooperation ist, umso nachteiliger wird für ihn die Verteilung des Kooperationsaufwands ausfallen.	Spieltheorie
H_8:	Eine rein erfolgsabhängige Vergütung wirkt sich gegenüber einem Hybridmodell aus erfolgsabhängiger und fixer Vergütung vorteilhaft auf den wirtschaftlichen Erfolg der Kooperation aus.	Spieltheorie
H_9:	Je höher der Anteil des E-Commerce-Anbieters am Kooperationsaufwand ist, desto geringer ist der wirtschaftliche Erfolg der Kooperation.	Spieltheorie
H_{10}:	Je höher der Einsatz der relevanten Ressourcen des E-Commerce-Anbieters ist, desto stärker ist die Kompatibilität zwischen den Partnern ausgeprägt.	Ressourcenorientierter Ansatz
H_{11}:	Je höher der Einsatz der relevanten Ressourcen des Kooperationspartners ist, desto stärker ist die Kompatibilität zwischen den Partnern ausgeprägt.	Ressourcenorientierter Ansatz
H_{12}:	Je stärker die Kompatibilität zwischen den Partnern ausgeprägt ist, desto höher ist der qualitative Erfolg der Kooperation.	Ressourcenorientierter Ansatz
H_{13}:	Je stärker die Kompatibilität zwischen den Partnern ausgeprägt ist, desto höher ist der wirtschaftliche Erfolg der Kooperation.	Ressourcenorientierter Ansatz
H_{14}:	Je stärker der Ressourceneinsatz des E-Commerce-Anbieters ist, desto höher ist der Individualisierungsrad der Kooperation.	Ressourcenorientierter Ansatz
H_{15}:	Je stärker der Ressourceneinsatz des Affiliate ist, desto höher ist der Individualisierungsrad der Kooperation.	Ressourcenorientierter Ansatz
H_{16}:	Je höher der Individualisierungsgrad der Kooperation ist, desto höher ist der wirtschaftliche Erfolg der Kooperation.	Ressourcenorientierter Ansatz

Hypothese		Erklärungs-grundlage
H_{17}:	Je höher der Individualisierungsgrad der Kooperation ist, desto höher ist der qualitative Erfolg der Kooperation.	Ressourcen-orientierter Ansatz
H_{18}:	Je höher die externe Unsicherheit ist, desto geringer ist der Grad der losen Kopplung.	Transaktions-kostenansatz
H_{19}:	Je höher das Vertrauen zwischen den Kooperationspartnern ist, desto höher ist der Grad der losen Kopplung.	Transaktions-kostenansatz
H_{20}:	Je höher der Grad der losen Kopplung ist, desto höher ist der Individualisierungsgrad der Kooperation.	Transaktions-kostenansatz

Quelle: Eigene Erstellung

Die abgeleiteten Erfolgsfaktoren und ihre Wirkungsbeziehungen werden zur Veranschaulichung in Abbildung 3-9 graphisch dargestellt. Die Vorzeichen stehen für die unterstellte Wirkungsrichtung.

Abbildung 3-9: *Erfolgsfaktoren und ihre Wirkungsbeziehungen für strategische Vertriebskooperationen*

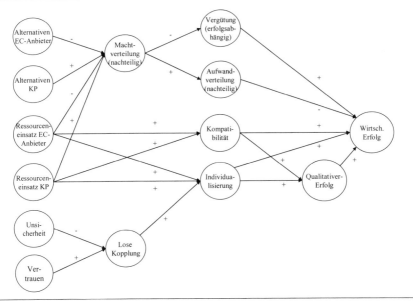

Quelle: Eigene Erstellung

3.5.2 Affiliate-Programme

Da in Affiliate-Programmen eine große Anzahl an Kooperationen zusammengefasst wird, liegt der Schwerpunkt der Betrachtung im Gegensatz zu strategischen Vertriebskooperationen auf der Organisation der Programme und weniger auf der Interaktion zwischen den Kooperationspartnern. Aufgrund der geringen Bedeutung einzelner Affiliate-Partnerschaften für die Unternehmen werden in dieser Arbeit die Erfolgsfaktoren von Affiliate-Programmen als ganzes untersucht.

Aus diesem Grund wird der *Erfolg von Affiliate-Programmen* nicht für einzelne Kooperationen, sondern für das Programm insgesamt betrachtet. Da sich die Zielsetzungen von strategischen Vertriebskooperationen und Affiliate-Programmen entsprechen, stimmen auch die Erfolgsdimensionen überein. Die übergeordnete Erfolgsdimension besteht aus dem wirtschaftlichen Erfolg der Kooperation, der durch die Gewinnung neuer Kunden über die Partner-Websites generiert wird. Da zusätzlich qualitative Zielsetzungen wie die Steigerung des Bekanntheitsgrads verfolgt werden, ist auch für Affiliate-Programme der qualitative Erfolg relevant. Da unterstellt werden kann, dass sich qualitative Erfolgsgrößen wie die Steigerung der Bekanntheit auf den wirtschaftlichen Erfolg auswirken, wird ein positiver Einfluss des qualitativen Erfolgs auf den wirtschaftlichen Erfolg unterstellt. Es kann somit folgende Hypothese formuliert werden:

H_{21}: Je höher der qualitative Erfolg des Affiliate-Programms ausfällt, umso höher ist auch der wirtschaftliche Erfolg.

Als wichtiger Einflussfaktor auf die Gestaltung von Affiliate-Programmen wurde auf Basis des Netzwerkansatzes die *Organisationslösung* des Programms identifiziert. Die Organisationslösung wirkt sich insbesondere auf den Individualisierungsgrad und die Gestaltung des Vergütungsmodells aus.

Die Organisation über einen Netzwerkbetreiber lässt aufgrund der standardisierten Kooperationsprozesse nur einen geringen Individualisierungsgrad seiner Affiliate-Partnerschaften zu, während die eigene Organisation eines Programms in der Regel Raum für individuelle Absprachen zwischen dem E-Commerce-Anbieter und seinen Affiliates lässt. Als Vergütungsmodell für die Affiliate-Partnerschaften werden bei der Organisation über Netzwerkbetreiber häufig historisch Pay-per-Click- und Pay-per-Lead-Modelle angeboten, während die flexiblere Gestaltung bei der Organisation in Eigenlösung häufig die für den E-Commerce-Anbieter vorteilhafte Provisionsvergütung zulässt. Bezüglich des Einflusses der Organisationslösung auf die Gestaltung der Affiliate-Partnerschaften lassen sich somit folgende Hypothesen formulieren:

H_{22}: Die Organisation des Affiliate-Programms in Eigenlösung wirkt sich positiv auf den Individualisierungsgrad der Partnerschaften aus.

H_{23}: Die Organisation des Affiliate-Programms in Eigenlösung fördert ein rein provisionsbasiertes Vergütungsmodell.

Ein hoher *Individualisierungsgrad* ermöglicht auf der einen Seite individuelle Anpassungen an die Bedürfnisse einzelner Affiliates und nutzt damit die Möglichkeiten, den Nutzern der Affiliate-Website ein möglichst attraktives und adäquates Angebot zu unterbreiten, weitgehend aus. Auf der anderen Seite erfordert die individuelle Organisation einer großen Anzahl an Affiliate-Partnerschaften einen hohen Ressourceneinsatz. Ein hoher Standardisierungsgrad dagegen impliziert die einheitliche Organisation der Affiliate-Partnerschaften. Dabei wird die Implementierung der Kooperation mit einer Auswahl an feststehenden Werbemitteln vorgenommen, die nicht oder nur eingeschränkt an die Websites der Partner angepasst werden können. Die vertragliche Regelung wird über Standardverträge abgewickelt, die im Normalfall keine individuellen Änderungen zulassen. Maßnahmen zur Unterstützung der Kooperation werden nicht oder nur in standardisierter Form ergriffen.

Aus diesen Gründen werden einem hohen Individualisierungsgrad gegenläufige Auswirkungen auf den Kooperationserfolg unterstellt: Auf der einen Seite trägt die Flexibilität und die Möglichkeit der Anpassung an die Partner-Websites zur optimalen Gestaltung der Kooperation bei, so dass das bestmögliche Kooperationsergebnis erzielt werden kann. Auf der anderen Seite vermindert der Individualisierungsgrad durch die höheren Kosten den wirtschaftlichen Erfolg der Kooperationen und damit des gesamten Programms. Aus diesen Gründen werden einem hohen Individualisierungsgrad zweischneidige Auswirkungen auf den wirtschaftlichen Erfolg unterstellt: Einerseits wird durch die höheren Kosten ein negativer Einfluss auf den wirtschaftlichen Erfolg angenommen, andererseits wird durch die stärkere Ausnutzung der Kaufbereitschaft der Nutzer ein positiver Einfluss auf den wirtschaftlichen Erfolg unterstellt. Insgesamt wird angenommen, dass der negative Kosteneffekt die positive Auswirkung auf den Umsatz überwiegt und sich der Individualisierungsgrad negativ auf den wirtschaftlichen Erfolg des Programms auswirkt. Auf die qualitative Erfolgsdimension wird dagegen aufgrund der höheren Qualität der Kooperationslösungen ein positiver Einfluss unterstellt. Hinsichtlich der Auswirkungen des Individualisierungsgrads auf den Erfolg können somit folgende Zusammenhänge postuliert werden:

H_{24}: Je höher der Individualisierungsgrad der Kooperationen ist, desto geringer ist der wirtschaftliche Erfolg des Programms.

H_{25}: Je höher der Individualisierungsgrad der Kooperationen ist, desto höher ist der qualitative Erfolg des Programms.

Dem *Vergütungsmodell* der Kooperationen wird ebenfalls ein zentraler Einfluss auf den Erfolg des Affiliate-Programms unterstellt. Da die provisionsbasierte Vergütung nur im Fall einer tatsächlichen Transaktion fällig wird, wird angenommen, dass sich die Pay-per-Sale-Vergütung gegenüber Pay-per-Click- und Pay-per-Lead-Modellen positiv auf den wirtschaftlichen Erfolg der Kooperationen auswirkt. Bezüglich der Auswirkung des Vergütungsmodells auf den Erfolg wird somit folgende Hypothese aufgestellt:

H_{26}: Die Wahl von provisionsbasierten Vergütungsmodellen beeinflusst den wirtschaftlichen Erfolg des Programms positiv.

Als weiterer zentraler Einflussfaktor auf die Gestaltung der Affiliate-Programme wurde in der Fallstudienerhebung die *Kommunikation* zwischen dem E-Commerce-Anbietern und seinen Affiliates identifiziert. Auch die Kooperationsliteratur erachtet die Kommunikation zwischen den Partnern allgemein als wichtig.[240] Häufige und persönliche Kommunikation wird als wichtiger Aspekt für eine reibungslose Abstimmung zwischen den Partnern herausgestellt.[241] Die Kommunikation zwischen den Partnern dient der Vermeidung von Konflikten und dem Aufbau eines langfristigen Vertrauensverhältnisses zwischen den Kooperationspartnern.[242]

---

[240] Vgl. beispielsweise Sydow (1995), Balling (1998).
[241] Vgl. beispielsweise Hakansson (1989), S. 146, Endress (1991), S. 68 ff.
[242] Vgl. Ohmae (1989), S. 154.

Die Kommunikation zwischen den Partnern umfasst zwei Aspekte: die Häufigkeit und die Art der Kommunikation.

(1) *Häufigkeit der Kommunikation*: Es besteht zunächst die Möglichkeit, überhaupt nicht mit den Affiliates in Kontakt zu treten, und die Zusammenarbeit ausschließlich über standardisierte Prozesse zu steuern. Darüber hinaus kann die Kommunikation unterschiedlich häufig stattfinden, von der einmaligen Kommunikation bei der Implementierung der Kooperation über de Kommunikation im Bedarfsfall bis hin zum regelmäßigen Austausch mit den Affiliates. Die Kommunikation sollte situativ und kontextabhängig erfolgen,[243] die Häufigkeit der Kommunikation muss daher sorgfältig gegenüber dem entstehenden Aufwand abgewogen werden.

(2) *Art der Kommunikation*: Neben der Häufigkeit der Kommunikation muss auch über die Art der Kommunikation entschieden werden. Es besteht die Möglichkeit, Kommunikation in persönlichen Treffen, Telefongesprächen oder per Mail stattfinden zu lassen. Die persönliche Kommunikation gewährleistet eine reibungslose Abstimmung und flexible Planung, da auf Fragen, Anregungen und Bedenken direkt eingegangen werden kann. Außerdem hilft sie beim Aufbau eines Vertrauensverhältnisses zwischen den Partnern. Allerdings ist die persönliche Kommunikation sehr aufwändig und mit hohen Kosten verbunden, deshalb findet sie im Rahmen von Affiliate-Programmen eher selten statt. Eine abgeschwächte Form ist die telefonische Kommunikation, die die persönliche Interaktion weiterhin zulässt, aber den vertrauensbildenden Aspekt vernachlässigt. Die einfachste und kostengünstigste Art der Kommunikation besteht in der Nutzung von E-Mail. Die Kommunikation per Mail erfordert nur geringen personellen Aufwand und die Reaktion kann zu einem beliebigen Zeitpunkt stattfinden. Die Verlagerung der Kommunikation in elektronische Kanäle birgt allerdings die Gefahr, die persönliche Ebene der Kommunikation zu vernachlässigen.[244] Der Aufwand für die Art der Kommunikation muss also ebenfalls nach der Bedeutung und Erfolgswahrscheinlichkeit der Kooperation ausgerichtet werden.

---

[243] Vgl. Gerhard (2003), S. 69.
[244] Vgl. Wirtz und Vogt (2003), S. 279.

Die Art und Häufigkeit der Kommunikation beeinflusst die Gestaltung der Kooperation. Insbesondere hängt der Individualisierungsgrad der Kooperationen von der Kommunikation zwischen den Partnern ab. Während die Wahl der Organisationslösung des Programms den Individualisierungsgrad aus Sicht des organisatorischen Ablaufs beeinflusst, wirkt sich die Kommunikation durch die Art der Beziehung auf die Individualisierung aus. Durch eine starke Kommunikation bauen die Partner eine Beziehung zueinander auf, die eine individuelle Gestaltung und Organisation der Kooperation zulässt. Hinsichtlich der Auswirkungen der Kommunikation auf den Individualisierungsgrad wird somit folgende Hypothese formuliert:

H_{27}: Je stärker der E-Commerce-Anbieter mit seinen Affiliates kommuniziert, umso höher ist der Individualisierungsgrad der Kooperationen.

Die Bedeutung der *Auswahl der Kooperationspartner* wurde bereits bei der Betrachtung der strategischen Vertriebskooperationen deutlich. Insbesondere für Affiliate-Programme gilt es, Partner zu finden, deren Userstruktur mit der eigenen Zielgruppe weitgehend übereinstimmt.[245] Im Rahmen eines Affiliate-Programms durchlaufen die Affiliates allerdings im Gegensatz zu strategischen Vertriebskooperationen aufgrund der Vielzahl von Kooperationspartnern einen standardisierten Auswahlprozess. Für die Beurteilung der Partner können unterschiedlich starke Kriterien angelegt werden. Informationen über den Bewerber können zunächst durch die Betrachtung des Domainnamens, des Inhalts und der Angebote des sich bewerbenden Affiliates eingeholt werden. Weitere Informationen können über die Messung der Linkpopularität, die Auskunft über die Vernetzung des Affiliates gibt, sowie den direkten Kontakt mit dem Bewerber eingeholt werden.[246] Einige E-Commerce-Anbieter akzeptieren nahezu alle Bewerber in der Erwartung, dass mit einer Vielzahl an Partnern in kürzester Zeit hoher Umsatz erzielt werden kann. Allerdings wird dabei eine große Anzahl an ungeeigneten Partnern in Kauf genommen, die Aufwand für die Implementierung und Pflege verursachen, aber nur geringen Erfolg erzielen. Schärfere Kriterien der Partnerwahl sind die Auswahl nach der Qualität der Website, dem Image der Affiliates und der angespro-

---

[245] Vgl. Büttgen (2003), S. 206.
[246] Vgl. Hillmann (2002), S. 23.

chenen Zielgruppe. Mit der Schärfe der Kriterien wächst der Aufwand für die Partnerwahl, der sich allerdings in der Qualität der Partner und einer geringeren Anzahl erfolgloser Partnerschaften auszahlt.

Über die Schärfe der Kriterien, die bei der Auswahl der Partner angelegt werden, hinaus besteht weiterhin die Möglichkeit, geeignete Affiliates für die Teilnahme am Programm zu motivieren. Da sich die Teilnahme geeigneter Partner erfolgsfördernd für das gesamte Programm auswirken kann, sind Aktivitäten des E-Commerce-Anbieters zur Werbung um geeignete Affiliates sinnvoll.[247] Aktivitäten zur Anwerbung von Affiliates können mit sehr unterschiedlichem Aufwand betrieben werden und reichen von Werbung für das Affiliate-Programm auf der eigenen Website über E-Mail-Benachrichtigungen geeigneter Partner mit Informationen über die Vorteile des Programms bis hin zur persönlichen Ansprache ausgewählter Affiliates.[248] Auch die Aktivitäten zur Anwerbung der Affiliates sind mit Aufwand verbunden, der sich aber in einer höheren Qualität der Partner auszahlt. Da eine sorgfältige Auswahl der Partner den Kontakt zwischen den Kooperationspartnern erfordert, wird ein Einfluss des Kommunikationsverhaltens auf die Auswahl der Partner unterstellt. Eine intensive Kommunikation zwischen den Partnern ermöglicht eine genauere Beurteilung der Eignung der Partner für die Kooperation. Hinsichtlich des Einflusses der Kommunikation auf die Sorgfalt bei der Auswahl der Partner kann also folgende Hypothese formuliert werden:

H_{28}: Je intensiver der E-Commerce-Anbieter mit seinen Affiliates kommuniziert, desto sorgfältiger werden die Partner ausgewählt.

Da unterstellt wird, dass sich die Sorgfalt des E-Commerce-Anbieters bei der Auswahl der Partner in einer höheren Qualität der Partner niederschlägt, wird ein positiver Einfluss auf die qualitativen Zielsetzungen des Programms angenommen. Hinsichtlich der Auswirkungen der Auswahl der Partner kann somit folgende Hypothese aufgestellt werden:

---

[247] Vgl. Goldschmidt et al. (2003), S. 129.
[248] Vgl. Beck und Dörje (2002), S. 19 f.

H₂₉: Je sorgfältiger die Auswahl der Partner getroffen wird, desto höher ist der qualitative Erfolg des Affiliate-Programms.

Als weiterer zentraler Erfolgsfaktor wurde im Rahmen der qualitativen Analyse das *Commitment* für das Programm identifiziert. Shamdasani und Sheth stellen in einer Studie zu Marketing-Kooperationen heraus, dass der Grad des Commitments der Partner Einfluss auf den Kooperationserfolg besitzt.[249] Das Commitment wird dabei gleichgesetzt mit dem Aufwand, der für das Management der Kooperation betrieben wird. Das Commitment beschreibt die Bereitschaft der Kooperationspartner, Aktionen zu unternehmen, die dazu beitragen, die Ziele der Kooperation zu erfüllen.[250] Das Commitment, das die Partner für die Kooperation aufbringen, ist ebenfalls abhängig von den Ressourcen, die die jeweiligen Partner in die Kooperation einbringen.[251]

Das Commitment wird determiniert durch die strategische Bedeutung des Programms, das die Motivation erhöht, Zeit und Ressourcen in das Programm zu investieren.[252] Dadurch wird ein besserer und schnellerer Zugang zur Aufmerksamkeit der Partner und deren Ressourcen angenommen.[253] Ein starkes Commitment ermöglicht dem E-Commerce-Anbieter, die Ergebnisse der Partnerschaften zu beobachten und Maßnahmen für die Verbesserung der Effektivität der Zusammenarbeit zu ergreifen.[254] Das Commitment des E-Commerce-Anbieters für das Affiliate-Programm wirkt sich also positiv auf den Erfolg des Programms aus. Dabei wird ein positiver Einfluss sowohl auf den qualitativen als auch auf den wirtschaftlichen Erfolg unterstellt. Bezüglich der Auswirkungen des Commitments auf den Erfolg lassen sich demnach folgende Hypothesen formulieren:

H₃₀: Je stärker das Commitment des E-Commerce-Anbieters für das Affiliate-Programm ist, desto höher ist der qualitative Erfolg des Programms.

---

[249] Vgl. Shamdasani und Sheth (1995), S. 17.
[250] Vgl. Kiesler (1971), S. 45 ff.
[251] Vgl. Murray und Siehl (1989).
[252] Vgl. Shamdasani und Sheth (1995), S. 9.
[253] Vgl. Zielke (1992), S. 239.
[254] Vgl. Shamdasani und Sheth (1995), S. 10.

H₃₁: Je stärker das Commitment des E-Commerce-Anbieters für das Affiliate-Programm ist, desto höher ist der wirtschaftliche Erfolg des Programms.

Zum Abschluss werden die abgeleiteten Hypothesen noch einmal im Überblick dargestellt:

Tabelle 3-4: Hypothesen zu der Gestaltung und dem Erfolg von Affiliate-Programmen

Hypothese		Erklärungsgrundlage
H_{21}:	Je höher der qualitative Erfolg des Affiliate-Programms ausfällt, umso höher ist auch der wirtschaftliche Erfolg.	Empirie
H_{22}:	Die Organisation des Affiliate-Programms in Eigenlösung wirkt sich positiv auf den Individualisierungsgrad der Partnerschaften aus.	Netzwerkansatz
H_{23}:	Die Organisation des Affiliate-Programms in Eigenlösung fördert ein rein provisionsbasiertes Vergütungsmodell.	Netzwerkansatz
H_{24}:	Je höher der Individualisierungsgrad der Kooperationen ist, desto geringer ist der wirtschaftliche Erfolg des Programms.	Netzwerkansatz
H_{25}:	Je höher der Individualisierungsgrad der Kooperationen ist, desto höher ist der qualitative Erfolg des Programms.	Netzwerkansatz
H_{26}:	Die Wahl von provisionsbasierten Vergütungsmodellen beeinflusst den wirtschaftlichen Erfolg des Programms positiv.	Netzwerkansatz
H_{27}:	Je stärker der E-Commerce-Anbieter mit seinen Affiliates kommuniziert, umso höher ist der Individualisierungsgrad der Kooperationen.	Empirie
H_{28}:	Je intensiver der E-Commerce-Anbieter mit seinen Affiliates kommuniziert, desto sorgfältiger werden die Partner ausgewählt.	Empirie
H_{29}:	Je sorgfältiger die Auswahl der Partner getroffen wird, desto höher ist der qualitative Erfolg des Affiliate-Programms.	Empirie
H_{30}:	Je stärker das Commitment des E-Commerce-Anbieters für das Affiliate-Programm ist, desto höher ist der qualitative Erfolg des Programms.	Ressourcenorientierter Ansatz/ Empirie
H_{31}:	Je stärker das Commitment des E-Commerce-Anbieters für das Affiliate-Programm ist, desto höher ist der wirtschaftliche Erfolg des Programms.	Ressourcenorientierter Ansatz/ Empirie

Quelle: Eigene Erstellung

Die abgeleiteten Erfolgsfaktoren und ihre Wirkungsbeziehungen werden zur Veranschaulichung in Abbildung 3-10 graphisch dargestellt.

Abbildung 3-10: Erfolgsfaktoren und ihre Wirkungsbeziehungen für Affiliate-Programme

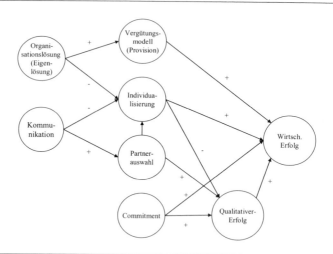

Quelle: Eigene Erstellung

4 Empirische Untersuchung

An die theoretische Konzeption der Erklärungsmodelle für den Erfolg von Online-Marketing-Kooperationen schließt sich nun die empirische Überprüfung der aufgestellten Hypothesen an. Grundlage der Untersuchung ist eine Erhebung unter E-Commerce-Anbietern, die bereits Online-Marketing-Kooperationen eingegangen sind und die zu der Motivation, Gestaltung und dem Erfolg ihrer Kooperationen befragt wurden.

Die Methodik der Datenerhebung wird in Abschnitt 4.1 dargestellt. Die Beschreibung der Stichprobe erfolgt in Abschnitt 4.2. Als Grundlage für die empirische Analyse dient die Operationalisierung und Messung der Variablen in Abschnitt 4.3. Die Beschreibung der Untersuchungskonzeption schließt mit der Beschreibung der Auswertungsmethodik in Abschnitt 4.4, die Darstellung der Ergebnisse erfolgt in Kapitel 4.5.

4.1 Datenerhebung

Für die statistische Überprüfung der aufgestellten Erklärungsmodelle müssen zunächst empirische Daten über Online-Marketing-Kooperationen erhoben werden. Die Abgrenzung der Stichprobe, der Aufbau des Fragebogens, die Auswahl der Erhebungsmethode und das Vorgehen bei der Befragung sind Inhalt des folgenden Abschnitts.

Für die Erhebung der Daten musste zunächst die **Auswahl der Stichprobe** erfolgen. Befragt wurden ausschließlich E-Commerce-Anbieter, da der Erfolg von Online-Marketing-Kooperationen als Alternative zu anderen Kundengewinnungsmaßnahmen aus Sicht der E-Commerce-Anbieter beurteilt werden sollte.[255] Als *Grundgesamtheit* wurden alle deutschen E-Commerce-Anbieter betrachtet, in deren Unternehmen bereits Online-Marketing-Kooperationen bestehen. Dabei wurden ausschließlich Kooperationen berücksichtigt, die als Ziel den Vertrieb eines Produktes oder einer Dienstleistung hatten.[256]

---

[255] Vgl. dazu die Ausführungen in Kapitel 3.1.
[256] Damit wurden reine Content-Kooperationen aus der Untersuchung ausgeschlossen. Zu der Untersuchung des Erfolgs von Content-Kooperationen siehe Thies (2005).

Aufgrund der Differenzierung der Kooperationen nach strategischen Vertriebskooperationen und Affiliate-Programmen war die Erhebung von zwei Datensätzen notwendig.

Als Basis für die Untersuchung strategischer Vertriebskooperationen wurden diejenigen E-Commerce-Anbieter ausgewählt, die Kooperationen mit den größten Internet-Portalen in Deutschland eingegangen sind.[257] Um E-Commerce-Anbieter mit ausschließlich themenspezifischen Kooperationen hinzuzugewinnen, wurden Kooperationspartner ausgewählter Special-Interest-Sites hinzugezogen.[258] Für die Auswahl der E-Commerce-Anbieter, die Affiliate-Programme betreiben, wurden E-Commerce-Anbieter ausgewählt, die mit den größten deutschen Netzwerkbetreibern zusammenarbeiten.[259] Da es bei der Auswahl der Stichproben Überschneidungen gab und viele E-Commerce-Anbieter beide Kooperationstypen eingegangen sind, wurde allen Erhebungsteilnehmern die Befragung über beide Kooperationstypen vorgelegt mit der Option, die Fragen nach dem vorhandenen Kooperationstyp zu beantworten.

Für die Befragung wurde die **Key-Informant-Methode** angewendet. Als Key Informant bezeichnet man eine Person, die besonders kenntnisreich im Hinblick auf den zu untersuchenden Sachverhalt ist und darüber hinaus die Bereitschaft besitzt, über den Sachverhalt Auskunft zu geben. Key Informants werden nicht zu persönlichen Einstellungen befragt, sondern sollen Auskunft über ihre Organisation, ihre Einheit innerhalb der Organisation oder Beziehungen innerhalb und außerhalb ihrer Organisation geben.[260] Der Vorteil der Key-Informant-Methode ist eine hohe Forschungseffizienz, da nur eine Person je Organisation befragt werden muss.[261] Ein häufiges Problem der Key-Informant-Methode besteht allerdings darin, dass Key Informants systematische

---

[257] Die fünf größten Internet-Portale waren laut AGIREV Online-Reichweiten-Monitor 2002 T-Online, Yahoo, Web.de, AOL, Lycos und freenet. Vgl. o.V (2002a). Da diese Portale über die größte Anzahl an Kooperationspartnern verfügen, ist damit ein großer Teil der E-Commerce-Anbieter, die strategische Vertriebskooperationen gebildet haben, abgedeckt.
[258] Es handelte sich dabei um Special-Interest-Sites der Branchen Reise/Tourismus, Finanzen/Wirtschaft und Unterhaltung/Musik. Die Auswahl dieser Branchen basiert auf Aussagen der Fallstudienteilnehmer, die die se als besonders attraktiv für strategische Vertriebskooperationen beschrieben haben.
[259] Die Auswahl erfolgte in Zusammenarbeit mit den deutschen Netzwerkanbietern Affilinet, Zanox und Partnerprogramm.de.
[260] Vgl. Bagozzi et al. (1991), S. 423.
[261] Vgl. Mitchell (1994).

Verzerrungen verursachen, die unter dem Begriff des *Key Informant Bias* zusammengefasst werden.[262] In der empirischen Forschung werden häufig Unterschiede zwischen den Antworten von Key Informants derselben Organisation zu demselben Sachverhalt festgestellt.[263] Ernst (2001) findet heraus, dass im Durchschnitt 30% der Varianz auf einen Key Informant Bias zurückzuführen sind und dieser damit teilweise höher ausfällt als die inhaltlich erklärte Varianz.[264] Auch Vergleiche in Studien zwischen subjektiven Einschätzungen und objektiven Daten ergeben starke Verzerrungen.[265]

Systematische Verzerrungen sind häufig auf Charakteristika der Key Informants wie die hierarchische Position und die funktionale Zugehörigkeit zurückzuführen, da sie unterschiedliche Sichtweisen derselben Problemstellung besitzen.[266] Daraus können Selbstdarstellungseffekte aufgrund der Verantwortlichkeit für den zu untersuchenden Sachverhalt oder Verzerrungen durch Informationsdefizite entstehen.[267]

Eine Maßnahme zur Vermeidung des Key Informant Bias ist die Erhebung derselben Daten von mehreren Informanten, um Unterschiede zwischen den Antworten von Befragten aus verschiedenen Funktionsbereichen und verschiedenen hierarchischen Positionen aufdecken zu können.[268] Gegen diese Methode spricht jedoch, dass die Befragung mehrerer Personen einen deutlich erhöhten Forschungsaufwand bedeutet und häufig mehrere Informanten nicht zur Verfügung stehen.[269]

In der vorliegenden Arbeit konnte eine Erhebung durch mehrere Informanten nicht realisiert werden, da in vielen Fällen keine ausreichende Anzahl an Informanten verfügbar war. Befragt wurden die Verantwortlichen für Online-Marketing-Kooperationen, die entweder im Marketing, im Vertrieb oder in der Geschäftsleitung angesiedelt waren. Insbesondere in kleinen Unternehmen gab es nur eine kompetente Person für Online-Marketing-Kooperationen, so dass die Befragung mehrerer Informanten nicht möglich war. Um einen Key Informant Bias trotzdem weitgehend zu vermeiden, wurde durch telefonische Befragung der für die Beantwortung des Fragebogens kompetente Ansprechpartner ermittelt beziehungsweise durch den Netzwerk-

---

[262] Vgl. beispielsweise Ernst (2003), Ernst (2001), Kumar et al. (1993), Philips (1981).
[263] Vgl. Hurrle und Kieser (2005).
[264] Vgl. Ernst (2003), S. 1259 ff., Ernst (2001), S. 85 ff.
[265] Vgl. Hurrle und Kieser (2005), S. 587 f.
[266] Vgl. Ernst (2003), S. 1252 ff., Kumar et al. (1993), S. 1636.
[267] Vgl. Hurrle und Kieser (2005), S. 590.
[268] Vgl. Ernst (2001), Kumar et al. (1993), Bagozzi et al. (1991).
[269] Vgl. Kumar et al. (1993), S. 1635.

betreiber „Affilinet" direkt kontaktiert. Zusätzlich wurde die Position des Befragten und seine funktionale Zugehörigkeit erhoben, um einen Einfluss auf die Erhebungsergebnisse feststellen zu können.[270]

Für die Wahl der **Art der Erhebung** wurde die Zielsetzung berücksichtigt, eine möglichst große Anzahl an vollständigen und vergleichbaren Antworten zu erhalten. Um dieses Ziel zu erreichen, wurden zwei Formen der Befragung gewählt:

(1) *Schriftliche Befragung*: Aufgrund des großen Umfangs der Erhebung wurde als Methode zunächst die schriftliche Befragung von E-Commerce-Anbietern gewählt. Die schriftliche Befragung ermöglicht die Erhebung einer großen Fallzahl mit relativ geringem zeitlichen und finanziellen Aufwand, insbesondere bei geographisch weit verstreuten Personen.[271]

(2) *Webgestützte Befragung*: Zusätzlich zur schriftlichen Befragung wurde eine webgestützte Befragung von Affiliate-Programm-Betreibern durchgeführt.[272] Dazu wurden die Fragebogenteile zu Affiliate-Programmen und allgemeinen Unternehmensdaten in einen Web-Fragebogen umgewandelt. Die webgestützte Befragung fand in Zusammenarbeit mit dem Netzwerkbetreiber Affilinet statt, der den Fragebogen über seinen E-Mail-Verteiler an seine Merchants versandt hat. Vorteil dieser zusätzlichen Befragung war, dass auf diese Weise innerhalb eines kurzen Erhebungszeitraum relativ hohe Fallzahlen erreicht werden konnten. Ein weiterer Vorteil war, dass die Daten direkt in eine Datenbank übernommen werden konnten und somit eine erhöhte Datenqualität wahrscheinlich war.[273] Als alleinige Erhebungsmethode war die webgestützte Befragung jedoch nicht geeignet, da die Länge des

---

[270] Die Ergebnisse der Analysen zur Feststellung eines Key Informant Bias werden in Kapitel 4.2 beschrieben.
[271] Vgl. Mellewigt (2003), S. 162. Neben diesen pragmatischen Gründen gibt es methodische Vorteile, die die schriftliche Befragung als Erhebungsmethode empfehlen Zu den Vor- und Nachteilen der schriftlichen Befragung vgl. beispielsweise Berekoven et al. (1996), S. 113 ff., Friedrichs (1995), S. 237 f., Nieschlag et al. (1997), S. 744 f.
[272] Auf eine Überprüfung des Datensatzes für Affiliate-Programm-Betreiber auf Verzerrung durch die unterschiedlichen Erhebungsmethoden wurde verzichtet, da das Ziel der webgestützten Befragung in der Erweiterung der Stichprobe um Teilnehmer an Affiliate-Netzwerken bestand.
[273] Zu den Vorteilen der webgestützten Befragung vgl. Agrarwal (2001), S. 195 ff., Miller und Dickson (2001), S. 139, Bandilla (1999), S. 9.

gesamten Fragebogens für eine webgestützte Befragung problematisch gewesen wäre.[274]

Das **Fragebogendesign** wurde auf die verschiedenen Stichproben abgestimmt. Aufgrund der Überschneidungen in den Stichproben wurde ein mehrteiliger Fragebogen entwickelt, der sowohl Fragen zu strategischen Vertriebskooperationen als auch zu Affiliate-Programmen enthält. Die Befragten wurden aufgefordert, die entsprechenden Fragebogenteile zu beantworten. Der Fragebogen gliederte sich in vier Teile:

(1) *Allgemeine Kooperationsstrategie*: Der erste Teil enthält Fragen zur strategischen Ausrichtung und Bedeutung der Online-Marketing-Kooperationen. Sie treffen sowohl für strategische Vertriebskooperationen als auch Affiliate-Partnerschaften zu.

(2) *Strategische Vertriebskooperationen*: Um Informationen über den Erfolg und seine Einflussfaktoren zu erhalten, wurden die Befragten gebeten, die nach ihrer Einschätzung strategisch wichtigste Kooperation für das Unternehmen bezüglich des Kontexts, der Gestaltung und des Erfolgs zu beurteilen.

(3) *Affiliate-Programme*: Zuerst wurde erfasst, ob ein Anbieter ein Affiliate-Programm in Eigenleistung oder über einen oder mehrere Netzwerk-Anbieter anbietet.[275] Anschließend wurden Fragen zur Organisation, Gestaltung und Erfolg des Affiliate-Programms gestellt.

(4) *Allgemeine Unternehmensdaten*: Im vierten Teil wurden allgemeine Daten über das Unternehmen sowie den Bereich, in dem Online-Marketing-Kooperationen betreut werden, erhoben.

Der Fragebogen ist standardisiert und umfasst insgesamt sechs Seiten, wobei der Schwerpunkt auf den Abschnitten zwei und drei liegt.[276] Aus Gründen der Übersichtlichkeit beginnt jeder Fragebogenteil auf einer neuen Seite. Um die Komplexität des Fragebogens möglichst gering zu halten und eine hohe Rücklaufquote zu gewährleisten, wurden ausschließlich geschlossene Fragen gestellt.

---

[274] Zur empfohlenen Länge von Webfragebögen vgl. Gräf (1999), S. 161.
[275] Betreibt ein E-Commerce-Anbieter sowohl ein Programm in Eigenleistung als auch in Fremdleistung, so wurde er gebeten, die folgenden Fragen für das Programm in Eigenleistung zu beantworten.
[276] Ein Exemplar des Fragebogens befindet sich im Anhang.

Um die Verständlichkeit und Eignung der Fragen und die Möglichkeit der Beantwortung zu gewährleisten, wurde ein *Pre-Test des Fragebogens* durchgeführt.[277] In diesem Fall hatte der Pre-Test besondere Bedeutung, da keine bestehenden Skalen verwendet werden konnten, sondern auf Basis der qualitativen Forschungsergebnisse selbst abgeleitet wurden.

Im Rahmen des Pre-Tests wurden acht Unternehmen befragt. Die teilnehmenden Unternehmen wurden so ausgesucht, dass sie die an der Hauptuntersuchung teilnehmenden E-Commerce-Anbietern näherungsweise repräsentierten. Den teilnehmenden Unternehmen wurde der Fragebogenentwurf mit der Bitte um Beantwortung zugesandt, um in einem anschließenden Telefongespräch die Eignung für die Erhebung zu besprechen. Dabei wurde neben der Verständlichkeit der Fragen auch besonderer Wert auf die Evaluierung der Antwortbereitschaft gelegt. Ein weiterer Schwerpunkt des Pre-Tests war die Fragestellung, ob die Operationalisierung der Variablen für die Messung geeignet war.[278] Weiterhin wurde der Fragebogen auf Vollständigkeit, Layout und die erforderliche Bearbeitungsdauer untersucht.

Da der Pretest gezeigt hat, dass trotz der Zusicherung der Anonymität der Befragung die Bereitschaft zur Auskunft über kritische Unternehmensangaben, die insbesondere objektive Erfolgskriterien der Kooperationen betrafen, nicht vorhanden war, wurde ein Teil dieser aus Sicht der Unternehmen kritischen Fragen bereits im Vorfeld der Befragung aus dem Fragebogen entfernt. Weiterhin wurden einzelne Items hinsichtlich einer besseren Verständlichkeit und eindeutigeren Formulierung überarbeitet. Die Länge des Fragebogens sowie die Antwortdauer von etwa zwanzig Minuten wurde allgemein akzeptiert, so dass eine Kürzung des Fragebogens nicht notwendig war.

Die **Durchführung** der schriftlichen Befragung erfolgte durch Versenden des Fragebogens per Mail an die Erhebungsteilnehmer. Sie sollten durch den Verantwortlichen ausgefüllt und per Fax oder Post zurückgeschickt werden. Um die *Rücklaufquote* zu erhöhen, wurden verschiedenen Maßnahmen ergriffen:

---

[277] Zur Relevanz von Pre-Tests vgl. beispielsweise Rossiter (2002), S. 320 ff., Bolton (1993).
[278] Vgl. Homburg und Giering (1996), S. 12.

(1) *Telefonische Vorankündigung*: Im Vorfeld der Erhebung wurde der Ansprechpartner für Online-Marketing-Kooperationen im jeweiligen Unternehmen ermittelt und telefonisch kontaktiert, um die Durchführung der Befragung anzukündigen.[279]

(2) *Information über das Forschungsprojekt*: Das Anschreiben des Fragebogens enthielt die Beschreibung und Zielsetzung des Forschungsprojekts und hob die Bedeutung für das angeschriebene Unternehmen hervor.[280]

(3) *Zusicherung der Anonymität*: Im Anschreiben wurde außerdem die Anonymität der Erhebung zugesichert.

(4) *Anreiz zur Teilnahme*: Als Anreiz zur Teilnahme an der Befragung wurde angekündigt, die Ergebnisse nach Abschluss der Erhebung zuzusenden.[281] Weiterhin wurde an die Unternehmen appelliert, altruistisch mit der Beantwortung der Fragen einen Beitrag zur wissenschaftlichen Forschung zu leisten.[282]

(5) *Erinnerung*: Zur Erinnerung an die Teilnahme wurden die Erhebungsteilnehmer insgesamt zweimal, telefonisch und per Fax,[283] kontaktiert.

Die webgestützte Befragung wurde den Befragten mit einem inhaltlich identischen Anschreiben im Internet zur Verfügung gestellt. Die Teilnehmer wurden durch ein gemeinsames Anschreiben von Affilinet und der Christian-Albrechts-Universität zu Kiel auf den Fragebogen aufmerksam gemacht.

Die Erhebung fand im Zeitraum von Juni bis August 2002 statt. Aus der schriftlichen Befragung ergab sich bei insgesamt 243 versendeten Fragebögen[284] ein Rücklauf von 54 auswertbaren Fragebögen. Dies entspricht einer Rücklaufquote von 23%. Da die vier Fragebogenteile verschiedene Fragestellungen beinhalten, sind die Fallzahlen für die einzelnen Fragebogenteile unterschiedlich:

---

[279] Der positive Einfluss der telefonischen Vorankündigung auf die Rücklaufquote wurde nachgewiesen. Vgl. dazu Jobber und O'Reilly (1998), S. 38.
[280] Vgl. dazu die Empfehlungen von Yu und Cooper (1983), S. 38.
[281] Die deskriptiven Ergebnisse wurden in Form einer 53seitigen Powerpoint-Präsentation im Oktober 2002 an die Erhebungsteilnehmer, die zu diesem Zweck ihre Mailadresse angegeben haben, versendet.
[282] Zu den verschiedenen Anreizen vgl. Schmalen (1989), S. 188 f.
[283] Ein Exemplar des Fax ist im Anhang aufgeführt.
[284] Dies waren alle E-Commerce-Anbieter, die bei der Generierung der Datenbasis ermittelt wurden. Diese Anzahl liegt vermutlich sehr nah an der Grundgesamtheit der Unternehmen, die strategische Kooperationen eingegangen sind.

- Der Teil zur allgemeinen Kooperationsstrategie, der für alle Befragten Relevanz besaß, wurde von allen 54 Teilnehmern beantwortet.
- Von den 54 Teilnehmern an der schriftlichen Befragung beantworteten 50 den Fragebogenteil zur strategisch wichtigsten Kooperation.
- Der Teil zu Affiliate-Programmen wurde von 37 Teilnehmern der schriftlichen Befragung beantwortet. Diese geringere Zahl hat als Ursache, dass die Auswahl für die schriftliche Befragung auf Unternehmen lag, die strategische Vertriebskooperationen geschlossen haben. Zu den 37 Anbietern, die im Rahmen der schriftlichen Befragung Auskunft über den Erfolg ihrer Affiliate-Programme gegeben haben, kamen 49 antwortende Unternehmen aus der webgestützten Befragung hinzu. Insgesamt liegen also 86 Fälle für die Analyse von Affiliate-Programmen vor.
- Die Fragen zu allgemeinen Unternehmensdaten wurden wiederum von allen 54 Teilnehmern beantwortet. Zu diesen 54 Fällen kamen wiederum 49 Fälle aus der webgestützten Befragung hinzu, so dass insgesamt 103 Unternehmen die Fragen zu den allgemeinen Unternehmensdaten beantwortet haben.

Tabelle 4-1 gibt eine Übersicht über die Fallzahlen für die einzelnen Fragebogenteile, die für die Überprüfung beider Erklärungsmodelle herangezogen werden.

Tabelle 4-1: Rücklauf der Erhebungen

Fragebogenteil:	Schriftliche Befragung	Webgestützte Befragung	insgesamt
I: Allgemeine Kooperationsstrategie	54	-	54
II: Strategische Vertriebskooperationen	50	-	50
III: Affiliate-Programme	37	49	86
IV: Allgemeine Unternehmensdaten	54	49	103

Quelle: Eigene Erstellung

4.2 Beschreibung der Stichprobe

Inhalt dieses Abschnitts ist die Betrachtung der Zusammensetzung der Stichprobe und der allgemeinen Kooperationssituation der befragten E-Commerce-Anbieter.[285] Die Repräsentativität der Stichprobe kann nicht festgestellt werden, da die Merkmale der Grundgesamtheit unbekannt sind und empirische Untersuchungen auf dem Gebiet bisher nicht vorliegen.[286]

Zunächst werden die **Merkmale der befragten E-Commerce-Anbieter** dargestellt. Da Online-Marketing-Kooperationen als Kundengewinnungsmaßnahme insbesondere für junge Unternehmen empfohlen werden, wird zuerst das Alter der befragten Unternehmen betrachtet. Wie in Abbildung 4-1 zu erkennen ist, wurde der Großteil der Unternehmen während des Internet-Hype zwischen 1996 und 2000 gegründet.[287] Die Tatsache, dass in der Hauptsache junge Unternehmen befragt wurden, rechtfertigt sich mit der Unterstellung, dass Online-Marketing-Kooperationen aufgrund des geringen finanziellen Aufwands insbesondere für junge Unternehmen attraktiv sind. Wesentliche Unterschiede zwischen den Betreibern von strategischen Vertriebskooperationen und Affiliate-Programmen sind dabei nicht zu erkennen.

---

[285] Die Analysen wurden mit Hilfe des Softwarepakets SPSS (Version 11.5) durchgeführt, die der Autorin leihweise als Doktorandenversion von SPSS Inc. zur Verfügung gestellt wurde.

[286] Die Grundgesamtheit besteht aus E-Commerce-Anbietern, die bereits Kooperationen eingegangen sind. En Vergleich mit E-Commerce-Anbietern allgemein ist nicht sinnvoll, da es sich bei Online-Marketing-Kooperationen vornehmlich um Unternehmen handelt, die jung sind und über eine geringe Kapitalausstattung verfügen, außerdem Kooperationen in bestimmten Branchen verstärkt vorkommen. Aus diesen Gründen unterscheidet sich die Grundgesamtheit der E-Commerce-Anbieter, die Kooperationen eingegangen sind, in wesentlichen Merkmalen von E-Commerce-Anbietern insgesamt.

[287] Um mögliche Unterschiede in den verschiedenen Stichproben aufdecken zu können, wird das Alter der Unternehmen nicht nur für den gesamten Datensatz, sondern auch für die Betreiber von strategischen Vertriebskooperationen und Affiliate-Programmen getrennt dargestellt.

Abbildung 4-1: *Gründungsjahr der beteiligten Unternehmen*

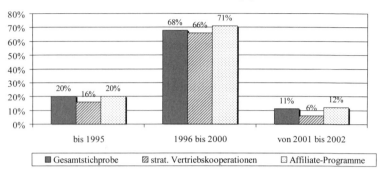

Datensatz gesamt: n=104, Datensatz strat. Vertriebskooperationen: n=50, Datensatz Affiliate-Programme: n=86

Quelle: Eigene Erstellung

Auch die Größe der befragten E-Commerce-Anbieter, gemessen am Umsatz, gibt Auskunft über die Beschaffenheit der Stichprobe. Trotz einer hohen Zahl an Antwortverweigerern geben die vorhandenen Daten Hinweis auf die Größe der befragten Unternehmen. Abbildung 4-2 macht deutlich, dass der Schwerpunkt der befragten E-Commerce-Anbieter bei kleineren Unternehmen liegt. Mit einem Jahresumsatz von weniger als einer Million Euro handelt es sich bei diesen kleinen Unternehmen (38%) um junge Anbieter, die während oder nach der Zeit des Internet-Hype gegründet wurden.

Aber auch umsatzstarke E-Commerce-Anbieter mit einem Jahresumsatz von mehr als zehn Millionen Euro sind in der Stichprobe enthalten, so dass eine breite Streuung hinsichtlich der Unternehmensgröße gegeben ist. Bei der getrennten Betrachtung nach strategischen Vertriebskooperationen und Affiliate-Programmen fällt auf, das die Betreiber strategischer Vertriebskooperationen tendenziell größer sind als die Affiliate-Programm-Betreiber. Die wahrscheinliche Ursache dafür liegt in dem Einsatz personeller Ressourcen, den strategische Vertriebskooperationen erfordern, der durch kleinere Unternehmen jedoch nicht geleistet werden kann.

Abbildung 4-2: *Jahresumsatz der befragten Unternehmen*

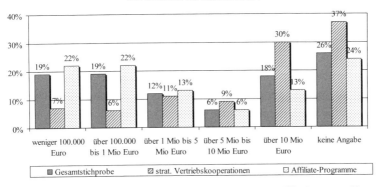

Quelle: Eigene Erstellung

Ein für die Befragung interessanter Aspekt besteht in der Position der Befragten innerhalb des Unternehmens und in der organisatorischen Ansiedlung der Online-Marketing-Kooperationen. Der Stellenwert der Kooperationen zeigt sich in der hierarchischen Ansiedlung der Verantwortlichen für Online-Marketing-Kooperationen. In 72% der Fälle kommen die Verantwortlichen aus der Geschäftsleitung oder aus leitender Funktion im Marketing oder Vertrieb, was einen hohen Stellenwert der Online-Marketing-Kooperationen dokumentiert. In nur 19% der Fälle liegt die Verantwortung bei Marketing- oder Vertriebsmitarbeitern. Die Befragten, die als Position „Sonstiges" angeben, sind durchweg Leiter oder Mitarbeiter der E-Commerce-Abteilung von Unternehmen, die das Online-Geschäft zusätzlich zum traditionellen Geschäft betreiben.

Abbildung 4-3: *Position der Befragten im Unternehmen*

Quelle: Eigene Erstellung

Die Erhebung der Position des Befragten wird außerdem zur Feststellung eines *Key Informant Bias* herangezogen. Da aufgrund der Befragung eines einzelnen Key Informant eine Verzerrung der Ergebnisse trotz verschiedener Maßnahmen zur Vermeidung eines Key Informant Bias nicht ausgeschlossen werden kann,[288] wurde untersucht, ob die Position des Befragten einen Einfluss auf die Beurteilung des Erfolgs besitzt. Untersucht wurde der Einfluss der hierarchischen Position des Befragten. Die Zuordnung zu den Funktionsbereichen Marketing, Vertrieb und E-Commerce ist nicht möglich, da 36% der Informanten der Geschäftsleitung entstammten, die in der Regel für mehrere Geschäftsbereiche verantwortlich waren.

Um einen Einfluss der hierarchischen Position des Key Informant auf die Erfolgsbeurteilung ausschließen zu können, wurden die von Chatterjee et al. (1992) empfohlenen Mittelwertvergleichstests durchgeführt.[289] Es wurde analysiert, ob Unterschiede zwischen der Erfolgsbeurteilung durch Geschäftsführer, Abteilungsleiter oder Mitarbeiter bestehen. Dazu wurden zweiseitige t-Tests durchgeführt, um festzustellen, ob sich die Mittelwerte dieser drei Gruppen signifikant unterscheiden. Als Ergebnis der Mittelwertvergleichstests lässt sich festhalten, dass mit Ausnahme der Steigerung des Bekanntheitsgrads von Affiliate-Programmen keine signifikanten Unterschiede in der Beurteilung der Erfolgsgrößen vorliegen.[290] Somit ist eine Verzerrung der Ergebnisse durch die hierarchische Position des Befragten unwahrscheinlich.[291] Ein Key Informant Bias kann zwar nicht vollständig ausgeschlossen werden, es liegen jedoch keine Anhaltspunkte für Verzerrungen durch die Wahl der Erhebungsmethode vor.

Nachdem die wesentlichen Merkmale der befragten E-Commerce-Anbieter beschrieben wurden, wird die **allgemeine Kooperationssituation** der Unternehmen betrachtet.

---

[288] Siehe dazu die Ausführungen zur Erhebungsmethode in Abschnitt 4.1.
[289] Vgl. Chatterjee et al. (1992).
[290] Die vollständigen Ergebnisse der Mittelwertvergleichstests befinden sich in Anhang III. Der Bekanntheitsgrad der Affiliate-Programme wird durch Geschäftsführer signifikant besser beurteilt als durch Abteilungsleiter oder Mitarbeiter. Dies liegt an der direkten Verantwortlichkeit der Geschäftsführung für den Bekanntheitsgrad. Da jedoch nur die Beurteilung einer Erfolgsgröße durch die hierarchische Position des Befragten beeinflussen lässt, wird nicht von einer Verzerrung der Ergebnisse durch die Key-Informant-Methode ausgegangen. Die vollständigen Ergebnisse der Mittelwertvergleichstests befinden sich in Anhang III.
[291] Einschränkend muss allerdings angemerkt werden, dass die Mittelwertvergleichstests aufgrund der geringen Fallzahl nur einen geringen Aussagewert besitzen.

Einen grundlegenden Einblick in die Kooperationssituation gibt *die Anzahl der bestehenden Kooperationen*:

- Die Anzahl der strategischen Vertriebskooperationen, die ein hohes Maß an organisatorischem und administrativem Aufwand erfordern, ist erwartungsgemäß gering. Durchschnittlich bestehen in den befragten Unternehmen elf strategische Vertriebskooperationen, wobei die Zahl zwischen einer und maximal dreißig schwankt. Dies deutet auf die Bedeutung der Kooperationen hin, da nur bei einer geringen Anzahl die Kooperationen individuell gestaltet werden können.

- Die Zahl der Affiliate-Partnerschaften beträgt durchschnittlich 3.500 pro befragtem Unternehmen, wobei die Zahl zwischen 100 und 15.000 einer hohen Schwankungsbreite unterliegt. Die große Zahl verdeutlicht die Notwendigkeit zu standardisierten Organisationsprozessen. Dabei unterscheidet sich die durchschnittliche Anzahl der Partnerschaften nach der Organisationsform des Affiliate-Programms. Während an Programmen in Eigenleistung durchschnittlich nur 1.100 Affiliates teilnehmen, sind es bei Programmen über Netzwerkbetreiber durchschnittlich 2500.

In Abbildung 4-4 ist die Anzahl der verschiedenen Kooperationstypen bei den befragten E-Commerce-Anbietern unter Berücksichtigung der Einordnung der Kooperationsformen dargestellt.

Abbildung 4-4: Anzahl der verschiedenen Kooperationstypen

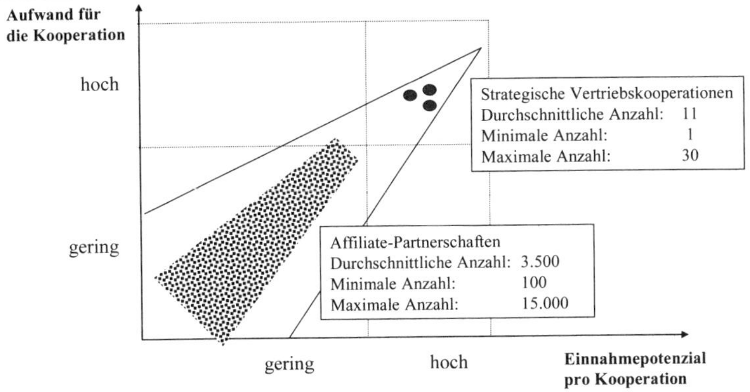

Quelle: Eigene Erstellung

Die Bedeutung von Online-Marketing-Kooperationen wird deutlich, wenn die *Umsatzanteile* betrachtet werden, die durch die Kooperationen generiert werden.[292] Insgesamt generieren mehr als 50% der E-Commerce-Anbieter einen Umsatzanteil von mehr als 20% über die Partner ihrer Online-Marketing-Kooperationen (siehe Abbildung 4-5). Durchschnittlich wird ein Umsatzanteil von 30% über Online-Marketing-Kooperationen vermittelt.

Abbildung 4-5: Durch Online-Marketing-Kooperationen generierte Umsatzanteile

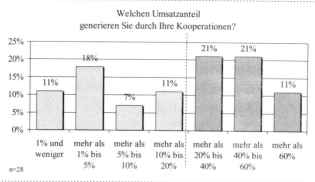

Quelle: Eigene Erstellung

Die Umsatzanteile, die durch die verschiedenen Kooperationstypen gewonnnen werden, geben Aufschluss über deren Bedeutung für das Gesamtunternehmen (siehe Abbildung 4-6):

Durch die *strategisch wichtigste Kooperation* werden durchschnittlich etwa 8% des Umsatzes generiert.[293] Für 78% der Befragten liegt der Umsatz, der über den strategisch wichtigsten Kooperationspartner vermittelt wird, bei mehr als einem Prozent des Gesamtumsatzes, für 23% sogar bei mehr als 10%. Da ein Unternehmen durchschnittlich elf strategische Vertriebskooperationen bildet, wird mit diesem Wert die Bedeutung dieser Kooperationen deutlich. Der hohe Umsatzanteil durch einzelne Koopera-

---

[292] Da es sich bei der Angabe der Umsatzanteile um sensible Daten handelt, ist die Zahl der fehlenden Werte hoch. Insgesamt haben nur 28 E-Commerce-Anbieter die Frage beantwortet, gleichwohl geben die Antworten Hinweis auf die Bedeutung der Kooperationen.

[293] Trotz der geringen Fallzahl von n=18 geben die Werte einen Hinweis auf die Bedeutung der Kooperationen.

tionen zeigt auch die Wichtigkeit der erfolgreichen Gestaltung strategischer Vertriebskooperationen auf.

Auch die Bedeutung der *Affiliate-Programme* für den E-Commerce-Anbieter wird durch die Betrachtung der generierten Umsatzanteile deutlich. Obwohl die einzelnen Kooperationen nur geringe Umsatzbedeutung aufweisen, erlangen sie durch die große Anzahl strategisches Gewicht. Durchschnittlich werden 25% des Umsatzes durch Affiliate-Programme gewonnen.[294] Die Tatsache, dass 57% der Anbieter mehr als 10% ihres Umsatzes über Affiliate-Programme generieren, gibt Hinweis auf die Bedeutung der Programme als Marketing-Instrument.

Abbildung 4-6: Umsatzanteile strategischer Vertriebskooperationen und Affiliate-Programme

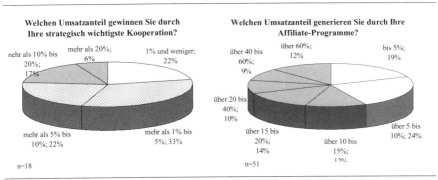

Quelle: Eigene Erstellung

Die Umsatzanteile, die durch die verschiedenen Kooperationstypen generiert werden, geben einen ersten Eindruck der strategischen Bedeutung von Online-Marketing-Kooperationen für das Gesamtgeschäft der E-Commerce-Anbieter. Zusätzlich wurde die subjektive Einschätzung der strategischen Bedeutung erfragt. In Abbildung 4-7 ist zu erkennen, dass sowohl strategische Vertriebskooperationen als auch Affiliate-Programme durch einen Großteil der Befragten als wichtig für das Gesamtgeschäft eingestuft werden. Bei der Beurteilung strategischer Vertriebskooperationen sei darauf hingewiesen, dass hier die Bedeutung der strategisch wichtigsten Kooperation einge-

---

[294] Die Fallzahl betrug n=51.

schätzt wurde, also eine einzelne Kooperation für 60% der Erhebungsteilnehmer eine wichtige Bedeutung für das Gesamtgeschäft aufweist.

Abbildung 4-7: *Einschätzung der strategischen Bedeutung von Online-Marketing-Kooperationen*

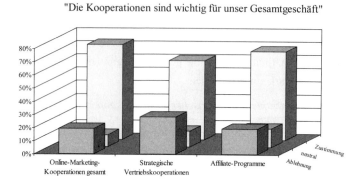

Quelle: Eigene Erstellung

Für die Darstellung der allgemeinen Kooperationssituation ist die Betrachtung der Zielsetzung der Kooperationen aufschlussreich. In Abbildung 4-8 wird deutlich, dass die unmittelbaren wirtschaftlichen Ziele „Neukundengewinnung" und „Steigerung des Umsatzes" die wichtigsten Ziele der Kooperationen darstellen. Die qualitativen Zielsetzungen „Steigerung des Bekanntheitsgrads" und „Imagetransfer" werden weniger stark verfolgt. Die Darstellung der Standardabweichung zeigt, dass nur geringe Streuung hinsichtlich der ökonomischen Ziele besteht. Bezüglich der qualitativen Ziele Imagetransfer und Steigerung der Bekanntheit ist die Streuung deutlich größer, die Bedeutung dieser Zielsetzungen ist also nicht nur geringer, es herrscht auch eine größere Uneinigkeit über diese Zielsetzungen.

Abbildung 4-8: Zielsetzung von Online-Marketing-Kooperationen

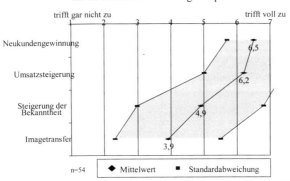

Quelle: Eigene Erstellung

Die Betrachtung der *bevorzugten Kooperationspartner* in Abbildung 4-9 zeigt, dass die E-Commerce-Anbieter allgemeine und themenspezifische Internet-Portale favorisieren. Diese Tatsache korrespondiert auch mit den Zielsetzungen der Neukundengewinnung und Umsatzsteigerung, da Portale die Möglichkeit bieten, eine Vielzahl an potenziellen Kunden zielgruppengenau anzusprechen. Andere E-Commerce-Anbieter und Medienseiten sind weniger attraktiv. Sie werden als Kooperationspartner nur dann interessant, wenn sie über ein komplementäres Produktangebot verfügen. Private Homepages gelten ebenfalls als eher unattraktiv, stellen aber in großer Menge ein hohes Umsatzpotenzial dar.

Abbildung 4-9: Bevorzugte Kooperationspartner der E-Commerce-Anbieter

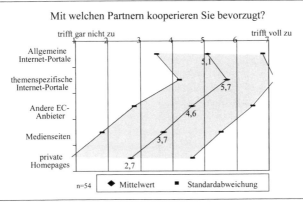

Quelle: Eigene Erstellung

Die Beurteilung der Partner macht deutlich, dass große allgemeine und themenspezifische Internet-Portale, die als sehr attraktiv bewertet werden, eher individuell im Rahmen strategischer Vertriebskooperationen behandelt werden, während übrige Partner, insbesondere private Homepages, in Affiliate-Programmen abgewickelt werden.

Aus der Betrachtung der Stichprobe lässt sich schlussfolgern, dass beide Formen von Online-Marketing-Kooperationen grundsätzlich einen hohen strategischen Stellenwert bei den E-Commerce-Unternehmen aufweisen und als wichtiges Marketing-Instrument angesehen werden.

4.3 Operationalisierung und Messung der Variablen

Inhalt dieses Kapitels ist die Operationalisierung der in Kapitel 3 abgeleiteten Erfolgsdimensionen und Erfolgsfaktoren von Online-Marketing-Kooperationen. Da es sich dabei um komplexe theoretische Konstrukte (latente Variablen) handelt, entziehen diese sich einer direkten Messbarkeit und müssen erst durch geeignete Indikatoren (manifeste Variablen) messbar gemacht werden.[295] Als theoretisches Konstrukt oder latente Variable definieren Edwards und Bagozzi „*a conceptual term used to describe a phenomenon of theoretical interest*".[296]

Da es sich bei Online-Marketing-Kooperationen um ein neuartiges und sehr spezifisches Forschungsproblem handelt, konnte nicht auf bestehende Skalen zurückgegriffen werden.[297] Vielmehr wurde eine Reihe neuer Indikatoren unter Verwendung theoretischer Literatur und der Fallstudienergebnisse entwickelt. Die Operationalisierung der Konstrukte richtet sich nach dem von Rossiter (2002) vorgeschlagenen Vorgehen, bei dem die theoretischen Phänomene konkret auf den Sachverhalt der Online-Marketing-Kooperationen bezogen werden.[298]

Hypothetische Konstrukte können grundsätzlich reflektiven oder formativen Charakter haben:

---

[295] Vgl. Homburg und Giering (1996), S. 6.
[296] Vgl. Edwards und Bagozzi (2000), S. 156 f. Eine Übersicht über verschiedene Definitionen latenter Variablen findet sich bei Bollen (2002).
[297] Vgl. Bruner und Hensel (1998).
[298] Vgl. Rossiter (2002), S. 308 ff.

- *Reflektive Konstrukte* verursachen ihre Indikatoren, bei reflektiven Konstrukten handelt es sich somit um eine hinter den Indikatoren stehende Variable.
- *Formative Konstrukte* werden durch ihre Indikatoren verursacht, sie bilden eine vollständige Linearkombination ihrer Indikatoren.[299]

Während reflektive Konstrukte häufig zum Testen theoretischer Beziehungen herangezogen werden, kommen formative Konstrukte häufig bei der Abschätzung der Auswirkung von Unternehmenspolitiken und Umweltzuständen zum Einsatz.[300]

Abbildung 4-10 veranschaulicht den Unterschied zwischen formativen und reflektiven Konstrukten am Beispiel des Konstruktes „Zufriedenheit mit dem Hotel". Formativ wird das Konstrukt „Zufriedenheit mit dem Hotel" durch Indikatoren beschrieben, die Maßnahmen zur Steigerung der Zufriedenheit beinhalten und aus denen Empfehlungen zu gestalterischen Maßnahmen abgeleitet werden können. Die reflektive Operationalisierung setzt sich dagegen aus Indikatoren zusammen, die die Auswirkungen der Zufriedenheit mit dem Hotel beschreiben. Durch die reflektive Operationalisierung können somit nur Strategie-Auswirkungen gemessen werden und nicht der Einfluss der Strategie, sie führt im Fall der Messung der Zufriedenheit also zu einem Informationsverlust.[301]

Abbildung 4-10: *Reflektive und formative Operationalisierung am Beispiel „Zufriedenheit mit dem Hotel"*

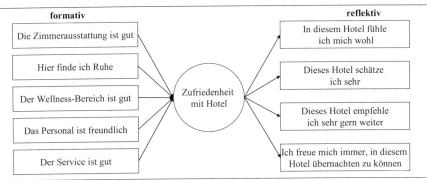

Quelle: Albers & Hildebrandt (2006), S. 13.

---

[299] Zu der Unterscheidung zwischen formativen und reflektiven Konstrukten vgl. Diamantopoulos und Winklhofer (2001).
[300] Vgl. Diamantopoulos und Winklhofer (2001).
[301] Vgl. Albers und Hildebrandt (2006), S. 12 f.

Zur Beurteilung des Charakters eines Konstruktes muss zunächst geklärt werden, ob Ausprägungen des Konstruktes gemessen werden, das Konstrukt also reflektiven Charakter besitzt, oder unterschiedliche Facetten des Konstruktes eine Rolle spielen, dann formieren die Indikatoren das Konstrukt.[302] Die Wahl bei der Modellierung eines reflektiven oder formativen Konstruktes erfolgt mit Hilfe sachlogischer Überlegungen.[303] Da die Fehlspezifikation eines Konstrukts starke inhaltliche Verzerrungen der Ergebnisse nach sich ziehen kann,[304] ist es von großer Bedeutung, dass bereits am Anfang des Untersuchungsprozesses eine klare Definition des jeweiligen Konstrukts erfolgt, bei der auch die Relationen der Facetten untereinander berücksichtigt werden muss.[305]

Die Operationalisierung der Konstrukte für die Erklärungsmodelle für strategische Vertriebskooperationen und Affiliate-Programme wird in den folgenden Abschnitten dargestellt. Da die vorliegenden Modelle sowohl latente Variablen als auch direkt messbare Variablen enthalten, werden die direkt messbaren Variablen als Konstrukt mit nur einem Indikator beschrieben, das folglich weder formativen noch reflektiven Charakter hat und als Single-Item-Konstrukt bezeichnet wird. Neben der Beschreibung der Operationalisierung der Variablen gibt die deskriptive Darstellung der Ergebnisse Aufschluss über die Ausprägungen der Indikatoren. Da durch die Art der Operationalisierung der Konstrukte methodische Verzerrungen verursacht werden können, werden anschließend Maßnahmen zur Vermeidung eines so genannten „Common Method Bias" für die vorliegende Untersuchung dargestellt.

4.3.1 Strategische Vertriebskooperationen

Zunächst wird als abhängige Variable des Erklärungsmodells der **Erfolg strategischer Vertriebskooperationen** definiert. Als Erfolgsdimensionen für strategische Vertriebskooperationen wurden in Kapitel 3.5.1 der „wirtschaftliche Erfolg" als Haupt-

---

[302] Vg. Albers und Hildebrandt (2006), S. 10 ff.
[303] Vgl. zu den Methoden der sachlogischen Überprüfung Edwards und Bagozzi (2000).
[304] Entscheidend ist dabei weniger die Spezifikation in reflektive oder formative Konstrukte als die fälschliche Bereinigung der Indikatormenge formativer Konstrukte, die als reflektiv eingestuft wurden. Vgl. Albers und Hildebrandt (2006), S. 18 ff.
[305] Vgl. Rossiter (2002).

zielsetzung der Kooperationen sowie der „qualitative Erfolg" als untergeordnete Zielsetzung identifiziert.

Die Messung des Erfolgs kann grundsätzlich auf Basis von objektiven oder subjektiven Erfolgsmaßen geschehen. Die klassische betriebswirtschaftliche Erfolgsmessung ist stark an objektiven Maßstäben orientiert. Es finden vor allem Kriterien wie Return on Investment, Return on Sales, Qualität und Quantität des Outputs sowie Marktanteilsveränderungen Verwendung.[306] Als objektive Erfolgsmaße für strategische Vertriebskooperationen bestehen mehrere Ansätze:

- *Umsatzanteil*: Das am einfachsten messbare Kriterium ist der Umsatz, der durch die Kooperation generiert wird. Um das Erfolgsmaß vergleichbar zu machen, wird der Umsatzanteil, den die Kooperation am Gesamtumsatz ausmacht, erhoben.

- *Klickraten:* Ein weiteres objektiv beobachtbares Kriterien ist die Klickrate, die durch den Kooperationspartner generiert wird. Die Klickrate beschreibt die Anzahl der Klicks, die das E-Commerce-Angebot durch die Kooperationslösung erhält.

- *Anzahl der Visits*: Die Anzahl der Visits gibt die Anzahl der Besucher an, die durch die Kooperation auf das Angebot des E-Commerce-Anbieters weitergeleitet werden.

- *Conversion-Rate*: Die Conversion-Rate besteht in dem Anteil der Käufe gemessen an den durch die Kooperation vermittelten Klicks.

Problematisch an diesen rein objektiven Kriterien ist einerseits, dass es kein einheitliches Erfolgsmaß in den Unternehmen gibt und die Ergebnisse schwer vergleichbar sind, auf der anderen Seite qualitative Zielsetzungen mit objektiven Kriterien nicht gemessen werden können.[307] Für die Integration qualitativer Aspekte in die Erfolgsmessung spricht, dass sich psychographische Zielsetzungen wie die Verbesserung des Images und die Steigerung der Bekanntheit nicht direkt mit objektiven Größen erfassen lassen.[308] Aus diesen Gründen ist neben der objektiven Erfolgsmessung eine Einbeziehung subjektiver Erfolgsmaße sinnvoll, da einerseits ein vergleichbares Erfolgs-

---

[306] Vgl. beispielsweise Hoffmann (1986), Jacobs (1992).
[307] Vgl. Fritz (1992); S. 218, Oesterle (1993), S. 513.
[308] Vgl. Friese (1998), S. 106.

maß entsteht und auf der anderen Seite auch qualitative Zielsetzungen in die Erfolgsmessung einbezogen werden können.

Die objektiven Erfolgsmaße wurden bereits im Rahmen des Pre-Tests auf die Abfrage des Umsatzes durch die Kooperation reduziert, da bereits in den acht beteiligten Unternehmen unterschiedliche Erfolgsmaße angelegt wurden und keine Kenntnis der anderen Erfolgsgrößen herrscht. Der Umsatzanteil wurde ebenfalls als objektives Erfolgsmaß vernachlässigt, da aufgrund der Vertraulichkeit der Daten trotz Zusicherung der Anonymität eine schwache Antwortbereitschaft vorlag und die Fallzahl von 18 Fällen eine Verwendung für die Modellschätzung nicht zulässt.

Aufgrund dieser Probleme wurden für die Operationalisierung des Erfolgs von Online-Marketing-Kooperationen ausschließlich subjektive Erfolgsmaße herangezogen. Der Erfolg wurde durch die Befragten auf einer Likert-Skala eingeschätzt,[309] so dass die Ergebnisse für alle Befragten vergleichbar waren und aufgrund des guten Antwortverhaltens ausreichende Fallzahlen für die Schätzung des Modells erreicht wurden.

Das Problem der subjektiven Einschätzung besteht allerdings in der Gefahr mangelnder Validität aufgrund der weitgehend unspezifischen Managementperzeptionen und damit dem Risiko subjektiver Verzerrungen.[310] Diesem Problem wurde mit der eindeutigen Formulierung der Erfolgsdimensionen und der Einschätzung auf einer siebenstufigen Likert-Skala, die die Befragten in ihrem Detaillierungsgrad nicht überfordert,[311] entgegengewirkt.

Das Konstrukt „**wirtschaftlicher Erfolg**" der strategisch wichtigsten Vertriebskooperation wurde somit als Single-Item Konstrukt mit der Einschätzung der Zufriedenheit mit dem Umsatz der Kooperation operationalisiert. Diese Größe erfasst nicht nur die Zufriedenheit mit der Ertragsseite der Kooperation, sondern impliziert auch die Kostenseite der Kooperation. Das Konstrukt „**qualitativer Erfolg**" der strategisch wichtigsten Kooperation wurde mit zwei Indikatoren messbar gemacht, die die qualitativen

---

[309] Zur subjektiven Erfolgsmessung vgl. beispielsweise Zielke (1992), S. 67 ff., Friese (1998), S. 220 ff.
[310] Vgl. Eisele (1995), S. 86.
[311] Die Einschätzung auf der siebenstufigen Likert-Skala wurde von den Teilnehmern des Pre-Tests als adäquat und nicht zu detailliert eingestuft.

Zielsetzungen der Kooperation abdecken: Der erste Indikator besteht aus der Einschätzung der Steigerung der Bekanntheit durch die Kooperation, als zweiter Indikator wird die Verbesserung des Images durch die Kooperation erhoben. Da diese Indikatoren durch den Erfolg verursacht werden und voneinander abhängig sind, hat das Konstrukt reflektiven Charakter.

Die Einschätzung des Kooperationserfolgs durch die befragten E-Commerce-Anbieter zeigt, dass die strategisch wichtigste Vertriebskooperation grundsätzlich als erfolgreich angesehen wird (siehe Abbildung 4-11). Sowohl die ökonomische als auch die qualitativen Erfolgsdimensionen werden im Mittel als eher positiv eingeschätzt. Allerdings zeigen sich starke Schwankungen in der Erfolgsbeurteilung; insbesondere der wirtschaftliche Erfolg der strategisch wichtigsten Kooperation wird von 20% der Befragten negativ beurteilt. In der starken Streuung der Erfolgsbeurteilung wird die Bedeutung der Kenntnis der Erfolgsfaktoren strategischer Vertriebskooperationen deutlich.

Abbildung 4-11: Erfolgsbeurteilung der strategisch wichtigsten Kooperation

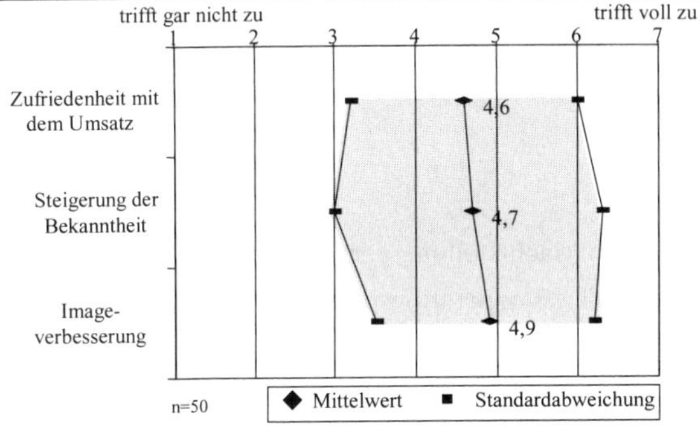

Quelle: Eigene Erstellung

Als wichtiger Einflussfaktor auf die Gestaltung und den Erfolg strategischer Vertriebskooperationen wurde zunächst die **Machtverteilung** zwischen den Kooperationspartnern identifiziert. Das Konstrukt „Machtverteilung" ist so formuliert, dass sich mit steigendem Wert des Konstrukts die Machtstellung des E-Commerce-Anbieters verschlechtert. Für die Operationalisierung des Konstrukts wird die subjektive Einschätzung der Machtstellung durch die befragten E-Commerce-Anbieter herangezogen. Dazu wird als Indikator die Position des Kooperationspartners auf einer siebenstufigen Likert-Skala beurteilt. Es handelt sich also um ein Single-Item-Konstrukt.

In Abbildung 4-12 ist zu erkennen, dass die Befragten das Machtverhältnis im Mittel eher ausgewogen beurteilen, wobei ein Machtvorteil der Kooperationspartner leicht überwiegt. Die starke Streuung zeigt jedoch, dass die Machtposition in den einzelnen Kooperationen sehr unterschiedlich ist und deshalb ihre Auswirkungen auf die Gestaltung der Kooperation gut untersucht werden können.

Abbildung 4-12: Beurteilung der Machtverteilung sowie der Alternativen des E-Commerce-Anbieters des Kooperationspartners

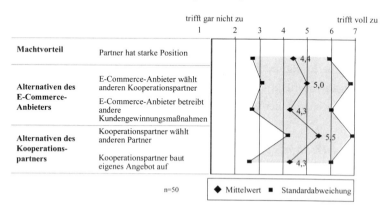

Quelle: Eigene Erstellung

Als Einflussfaktoren auf die Machtstellung der Partner wurden die Alternativen des E-Commerce-Anbieters und des Kooperationspartners zur Kooperation sowie der Ressourceneinsatz der Partner für die Kooperation abgeleitet.

Das Konstrukt „**Alternativen des E-Commerce-Anbieters**" wird durch Einschätzung der Alternativen gemessen, die zur Kooperation bestehen. Die Alternativen zur Kooperation aus Sicht des E-Commerce-Anbieters wurden im Rahmen der Fallstudien identifiziert. Sie bestehen in

- der Wahl eines anderen Kooperationspartners und
- im Ergreifen anderer Kundengewinnungsmaßnahmen.

Die Beurteilung der Alternativen erfolgt durch Einschätzung der E-Commerce-Anbieter auf einer siebenstufigen Likert-Skala. Da die Alternativen voneinander unabhängig sind und gemeinsam die latente Variable erklären, hat das Konstrukt formativen Charakter.

Die Beantwortung der Frage zeigt (siehe Abbildung 4-12), dass mit Mittelwerten von 5,0 und 4,3 die Mehrheit der E-Commerce-Anbieter diese Alternativen zu der Kooperation besitzen, die hohe Standardabweichung zeigt aber auch, dass für die verschiedenen E-Commerce-Anbieter die Alternativen sehr unterschiedlich ausgeprägt sind.

Das Konstrukt „**Alternativen des Kooperationspartners**" wird analog zu den Alternativen des E-Commerce-Anbieters gemessen. Der Partner besitzt ebenfalls zwei wesentliche Alternativen zur Kooperation:

- die Wahl eines anderen Partners und
- der Aufbau eines eigenen E-Commerce-Angebots.

Diese Indikatoren wurden ebenfalls auf einer siebenstufigen Likert-Skala beurteilt und haben formativen Charakter.

Die Ergebnisse in Abbildung 4-12 machen deutlich, dass die Wahl eines anderen Partners für den Affiliate mit einem Mittelwert von 5,5 eine deutlich bessere Alternative darstellt als für den Kooperationspartner. Auch ist die Standardabweichung in den Antworten deutlich geringer als bei den E-Commerce-Anbietern. Der Aufbau eines eigenen E-Commerce-Angebots wird dagegen als schlechte Alternative beurteilt. Der Einfluss der Stärke der Alternativen auf die Machtverteilung zwischen den Partnern ist Inhalt des folgenden Kapitels.

Als weiterer Einflussfaktor auf die Machtverteilung zwischen den Kooperationspartnern wurde die Bedeutung der eingesetzten Ressourcen für die Partner festgestellt.

Das Konstrukt „**Ressourceneinsatz des E-Commerce-Anbieters**" setzt sich aus den Ressourcen zusammen, die der E-Commerce-Anbieter in die Kooperation einbringt. Als Ressourcen, die für die Kooperation von Bedeutung sind und als Motivation des Partners für die Kooperation gelten, wurden identifiziert:

- *die Wichtigkeit des Leistungsangebots*: Mit steigender Attraktivität des E-Commerce-Angebots steigt die Möglichkeit, den Nutzern der eigenen Websites einen zusätzlichen Nutzen anzubieten, der die Bindung der Nutzer an die Website erhöht.[312]

---

[312] Vgl. Fantapié Altobelli (2003), S. 352.

- *das Image des E-Commerce-Anbieters*: Je stärker das Image des E-Commerce-Anbieters ist, umso mehr kann der Affiliate von einem Imagetransfer profitieren.[313]

Diese Items wurden ebenfalls auf einer siebenstufigen Likert-Skala durch die befragten E-Commerce-Anbieter eingeschätzt. Mit steigendem Wert des Konstrukts nimmt dabei die Bedeutung der eingebrachten Ressourcen des E-Commerce-Anbieters für den Kooperationspartner zu. Da die Indikatoren jeweils einen Beitrag zur Erklärung des Konstrukts leisten, der für jede Kooperation je nach ihrem Schwerpunkt unterschiedlich hoch sein kann, besitzt das Konstrukt „Ressourceneinsatz des E-Commerce-Anbieters" formativen Charakter.

Die Einschätzung des Ressourceneinsatzes durch die befragten E-Commerce-Anbieter in Abbildung 4-13 zeigt, dass insbesondere das Leistungsangebot des E-Commerce-Anbieters als wichtig für den Kooperationspartner betrachtet wird und in geringerem Maße auch das Image des E-Commerce-Anbieters eine wichtige Ressource für den Partner darstellt.

Das Konstrukt „**Ressourceneinsatz des Kooperationspartners**" setzt sich analog aus den Ressourcen zusammen, die der Kooperationspartner in die Kooperation einbringt. Als für den E-Commerce-Anbieter relevante Ressourcen des Kooperationspartners wurden identifiziert:

- *die Besucherfrequenz*: Je höher die Besucherfrequenz des Kooperationspartners ist, umso mehr potenzielle Käufer werden durch die Kooperation angesprochen. Damit stellt die Besucherfrequenz des Partners eine wichtige Ressource für den E-Commerce-Anbieter dar.

- *die angesprochene Zielgruppe*: Für den E-Commerce-Anbieter ist es wichtig, dass der Partner eine Userstruktur aufweist, die mit der eigenen weitgehend übereinstimmt, da nur so sichergestellt werden kann, dass die User auch ein Interesse am Angebot des E-Commerce-Anbieters besitzen.[314] Je näher die Userstruktur an der eigenen Zielgruppe ist, um so attraktiver ist die Kooperation für den E-Commerce-Anbieter.

---

[313] Vgl. Büttgen (2003), S. 212, Fantapié Altobelli (2003), S. 352.
[314] Vgl. Büttgen (2003), S. 206.

- *das Image*: Durch die Zusammenarbeit mit etablierten Websites können insbesondere junge E-Commerce-Anbieter von der Bekanntheit und dem Image der Partner, das durch die Kooperation auf die eigene Marke transferiert werden kann, profitieren.[315] Je stärker also das Image des Partners ist, umso stärker ist die Bedeutung als Ressource für die Kooperation.

Die Items werden wiederum auf einer siebenstufigen Likert-Skala durch die E-Commerce-Anbieter bewertet. Auch das Konstrukt „Ressourceneinsatz des Kooperationspartners" wird durch seine Indikatoren erklärt und besitzt formativen Charakter.

Die Ergebnisse zur Einschätzung des Ressourceneinsatzes des Kooperationspartner in Abbildung 4-13 zeigen eindeutig, dass die Besucherfrequenz des Kooperationspartners die wichtigste Ressource für die Kooperation darstellt. Auch die geringe Streuung in der Beantwortung der Frage zeigt die hohe Bedeutung des Ressourceneinsatzes. Zielgruppe und Image des Partners werden ebenfalls als wichtig für die Kooperation eingeschätzt, allerdings in geringerem Maße als die Besucherfrequenz. Die höhere Standardabweichung zeigt die unterschiedlich starke Gewichtung der Ressourcen durch die befragten E-Commerce-Anbieter.

Abbildung 4-13: Beurteilung der Bedeutung der Ressourcen des E-Commerce-Anbieters und des Kooperationspartners

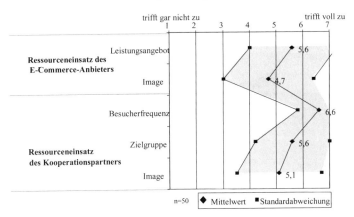

Quelle: Eigene Erstellung

---

[315] Vgl. Lücke und Webering (2003), S. 9 f.

129

In Kapitel 3.5.1 wurde abgeleitet, dass das Machtverhältnis zwischen den Kooperationspartnern die Wahl des Vergütungsmodells und die Verteilung des Kooperationsaufwands beeinflusst.

Das Konstrukt „**erfolgsabhängige Vergütung**" beinhaltet die Optionen der rein erfolgsabhängigen Vergütung oder der Kombination aus erfolgsabhängiger und fixer Vergütung. Rein erfolgsabhängige Vergütungsmöglichkeiten bestehen in „Pay-per-Click-", „Pay-per-Lead-" und „Pay-per-Sale-", also provisionsbasierten, Modellen.[316] Die Variablen sind binär skaliert.[317]

Die Antworten zu dieser Frage zeigen, dass die rein erfolgsabhängige Vergütung mit 66% der Kooperationen das Hauptvergütungsmodell darstellt (siehe Abbildung 4-14). Die provisionsbasierte Vergütung ist dabei mit 44% der Kooperationen die häufigste. Die Kombination aus rein erfolgsabhängigen Modellen und einem monatlichen Fixum, der eine häufige Verwendung bei strategischen Vertriebskooperationen unterstellt wurde, besteht immerhin bei 34% der Kooperationen.

Abbildung 4-14: Vergütungsmodell der strategisch wichtigsten Kooperation

Quelle: Eigene Erstellung

---

[316] Zur Erläuterung der Vergütungsmodell siehe Kapitel 2.1.5.
[317] Das bedeutet, dass bei einem Wert der Variable von 1 ein rein erfolgsabhängiges Vergütungsmodell gewählt wurde, bei einem Wert von null eine Kombination aus erfolgsabhängiger und fixer Vergütung stattfindet.

Der Machtverteilung zwischen den Kooperationspartnern wird weiterhin ein Einfluss auf die Verteilung des Aufwands für die Kooperation unterstellt. Damit die Richtung der Auswirkung deutlich ist, ist das Konstrukt nachteilig für den E-Commerce-Anbieter formuliert: Mit steigendem Wert des Konstrukts steigt also der Aufwandsanteil, den der E-Commerce-Anbieter im Rahmen der Kooperation tragen muss. Deshalb wird das Konstrukt „**Aufwandverteilung (nachteilig)**" benannt. Der zu verteilende Aufwand entsteht bei der Implementierung und Pflege der Kooperationslösung. Möglichkeiten der unterschiedlichen Verteilung des Aufwands bestehen in zwei wesentlichen Bereichen:

- *der Programmierung der Kooperationslösung*: Bei der Programmierung des Angebots stellt sich die Frage, ob der E-Commerce-Anbieter eine fertige und an die Website des Kooperationspartners angepasste Lösung zur Verfügung stellt, oder ob der Kooperationspartner mit den Inhalten des E-Commerce-Anbieters eine solche Lösung selbst erstellt oder sich zumindest an den Kosten für die Erstellung der angepassten Lösung beteiligt.

- *dem Hosting des Angebots*: Es besteht die Möglichkeit, das Angebot auf einem Server des E-Commerce-Anbieters zu hosten und die Kooperationslösung über einen Partnerlink zur Verfügung zu stellen. Damit liegen die Kosten auf Seiten des E-Commerce-Anbieters, diese Möglichkeit bietet ihm jedoch auch den Vorteil, dass Aktualisierungen des Angebots jederzeit durch den E-Commerce-Anbieter eingespielt werden können. Die zweite Möglichkeit besteht in dem Hosting durch den Kooperationspartner, womit die Kosten beim Kooperationspartner liegen, er jedoch auch unabhängig von technischen und inhaltlichen Problemen des E-Commerce-Anbieters ist. Eine dritte Möglichkeit besteht in dem geteilten Hosting des Angebots, wobei der statische Teil des Angebots auf dem Server des Kooperationspartners und der dynamische Teil des Angebots auf dem Server des E-Commerce-Anbieters liegen. Dabei teilen sich die Kosten des Hostings auf beide Partner auf.

Die Operationalisierung findet somit durch zwei Indikatoren statt, die beide unabhängig voneinander zur Erklärung des Konstrukts beitragen und damit formativen Charakter besitzen.

Die Antworten zur Aufwandverteilung zeigen, dass die Kosten der individuellen Anpassung größtenteils vollständig oder zumindest teilweise durch den E-Commerce-Anbieter getragen werden. Das Hosting der Kooperationslösung findet dagegen zu etwa gleichen Teilen bei den verschiedenen Partnern oder durch geteiltes Hosting statt.

Abbildung 4-15: Verteilung des Hostings und der Anpassungskosten

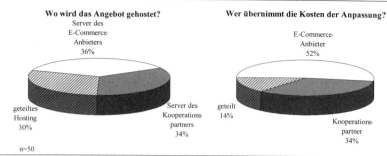

Quelle: Eigene Erstellung

Das Konstrukt „**Kompatibilität der Partner**" beschreibt den Fit der Kooperationspartner in allen für das Geschäft relevanten Bereichen. Die Kompatibilität der Partner umfasst drei wichtige Bereiche:[318]

- *Komplementarität der Angebote*: Die Komplementarität der Angebote bezieht sich auf die Inhalte der Websites. Nur wenn das Angebot des E-Commerce-Anbieters und die Inhalte des Kooperationspartners komplementär sind, ist die Wahrscheinlichkeit hoch, dass dem Nutzer der Partner-Website ein seinen Bedürfnissen entsprechendes Angebot unterbreitet wird. So wird beispielsweise ein Besucher einer Website zum Thema Musik Interesse an Musik-CDs haben.

- *Übereinstimmung der Zielgruppen*: Die angesprochenen Zielgruppen der beiden Kooperationspartner sollten wenigstens zum Teil übereinstimmen. So wird ein Besucher einer Musik-Themenseite, die junge Menschen mit geringer Preisbereitschaft anspricht, in der Regel keine exklusiven und hochpreisigen CDs kaufen.

- *Ähnlichkeit der Kundensprache*: Die Aufmachung der Partner-Website sollte ebenfalls mit dem Angebot des E-Commerce-Anbieters kompatibel sein. Beispielsweise ist eine sehr bunt und jugendlich gestaltete Website ungeeignet, um ein exklusives und hochpreisiges Angebot zu unterbreiten.

Das Konstrukt wird also mit drei Indikatoren messbar gemacht, die durch die befragten E-Commerce-Anbieter auf einer siebenstufigen Likert-Skala bewertet werden. Da

---

[318] Vgl. Benkenstein und Beyer (2003), S. 712.

die Indikatoren durch die Kompatibilität zwischen den Partnern verursacht werden und miteinander korrelieren, handelt es ich um ein Konstrukt mit reflektivem Charakter. Ein Blick auf die Ergebnisse zeigt, dass die Komplementarität der Angebote und die Übereinstimmung der Zielgruppen überwiegend als gut bezeichnet werden. Die Ähnlichkeit der Kundenansprache wird insgesamt nur schwach positiv beurteilt, hier sind größere Schwankungen in der Beurteilung zu erkennen.

Abbildung 4-16: Beurteilung der Kompatibilität der Partner

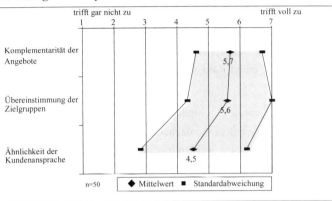

Quelle: Eigene Erstellung

Das Konstrukt „**Individualisierung**" der Kooperation wird durch die Messung des Grads der Individualisierung der einzelnen Gestaltungsmerkmale operationalisiert. Individualisierbare Gestaltungsmerkmale sind:

- die Tiefe der Einbindung der Kooperationslösung,
- die Anpassung der Einbindung an die Website des Kooperationspartners,
- die Kommunikation zwischen den Kooperationspartnern sowie
- Maßnahmen zur Unterstützung der Kooperation.

Der erste Indikator besteht aus der *Tiefe der Einbindung* der Kooperationslösung. Da mit zunehmender Tiefe der Einbindung die Anpassung des Angebots an die Website des Kooperationspartners steigt, nimmt der Individualisierungsgrad der Kooperation mit der Tiefe des Einbindung zu. Die Möglichkeiten der Einbindung bestehen aus:

- *der Integration der Kooperation in das Warenkorbsystem des Kooperationspartners*: Hierbei wird das Angebot des E-Commerce-Anbieters vollständig in das Angebot des Partners aufgenommen. Die Transaktion läuft vollständig bis hin zur Bezahlung über die Website des Kooperationspartners ab. Diese Möglichkeit der Einbindung stellt den maximalen Grad der Anpassung dar.

- *Implementierung einer Shoplösung*: Bei der Implementierung einer Shoplösung wird ein Modul in die Partner-Website integriert, über die der Nutzer eine Transaktion beim E-Commerce-Anbieter tätigen kann, ohne die Website des Partners zu verlassen.

- *Verlinkung durch Banner oder ähnliches*: Die Verlinkung durch Banner, Einzelproduktempfehlungen oder ähnliches ist die einfachste und am wenigsten aufwändige Lösung der Kooperation. Der Nutzer erreicht das Angebot des E-Commerce-Anbieters über einen Link, für die Transaktion verlässt er also die Partner-Website und wickelt einen Kauf vollständig über die Website des E-Commerce-Anbieters ab.

Der Grad der Tiefe der Einbindung ist mit der Integration in den Warenkorb des Partners am stärksten, mit der einfachen Verlinkung am geringsten ausgeprägt. Diese abgestuften Möglichkeiten werden in einer Rating-Skala abgebildet, bei der die Warenkorblösung den höchsten Wert für die Individualisierung und für die Verlinkung den niedrigsten Wert aufweist.

Die deskriptive Auswertung der Frage (Abbildung 4-17) zeigt, dass zunächst 46% der Kooperationslösungen integrativ gestaltet sind, die Produkte des E-Commerce-Anbieters also als Shop oder direkt in das Warenkorbsystem des Partners eingebunden werden und der Nutzer die Website des Kooperationspartner beim Kauf eines Produktes des E-Commerce-Anbieters nicht verlässt. Dagegen werden 54% der Kooperationen linkbasiert eingebunden, der Großteil der Kooperation weist somit bezüglich der Tiefe der Einbindung einen geringen Individualisierungsgrad auf.

Abbildung 4-17: Einbindung der Kooperationslösung

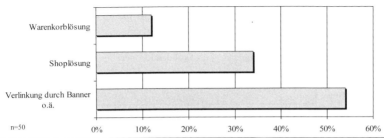

Quelle: Eigene Erstellung

Der zweite Indikator misst über die Tiefe der Einbindung hinaus die individuelle Anpassung des Angebots an das Look and Feel des Kooperationspartners. Die Möglichkeiten der individuellen Anpassung bestehen aus:

- *vollständig individuell programmierten Kooperationslösungen*: Hierbei wird die Kooperationslösung exklusiv für den Partner programmiert, wobei die Anpassung an das Aussehen und den Auftritt der Partner-Website vorgenommen wird.

- *Standardlösungen mit individuellen Anpassungen*: Es werden Standardlösungen verwendet, die mit geringem Aufwand an das Look and Feel des Kooperationspartners angepasst werden können. Dazu werden einer Standardlösung die Style-Sheets, also die verwendete Farbpalette des Partners, hinterlegt, um so eine farbliche Anpassung der Kooperationslösung an den Partner zu erreichen.

- *Verzicht auf individuelle Anpassungen*: In diesem Fall wird auf individuelle Anpassungen der Kooperationslösung an die Partner-Website vollständig verzichtet.

Auch diesen Antwortmöglichkeiten bezüglich der individuellen Anpassung der Kooperationslösung liegt eine Rating-Skala zu Grunde, bei der die individuelle Anpassung den höchsten Wert aufweist, der Verzicht auf eine Anpassung den geringsten Wert. Mit steigendem Wert nimmt somit der Individualisierungsgrad der Kooperation zu.

Die Antworten (Abbildung 4-18) zeigen, dass in 72% der Fälle eine individuelle Anpassung an das Look and Feel des Kooperationspartners vorgenommen wird. Nur 6% der E-Commerce-Anbieter verwenden Standardlösungen mit individuellen Anpassungen. Grund für die geringe Wahl dieser Lösung können mangelndes technisches

Know-how zum Erstellen solcher Lösungen sein. Nur 22% der Befragten verzichten auf eine individuelle Anpassung an das Look and Feel des Kooperationspartners. Bei diesen Lösungen handelt es sich ausschließlich um linkbasierte Kooperationslösungen.

Abbildung 4-18: *Anpassung der Kooperationslösung an das Look and Feel des Kooperationspartners*

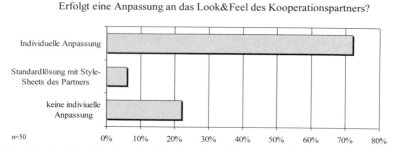

Quelle: Eigene Erstellung

Der dritte Indikator, der die Individualisierung der Kooperation beschreibt, misst den Grad der *Kommunikation* zwischen den Kooperationspartnern. Die Möglichkeiten der Kooperation bestehen in:

- *persönlicher Kommunikation*: Der intensivste Grad der Kommunikation ist die Abstimmung in persönlichen Treffen. Persönliche Treffen finden nur dann statt, wenn der Kooperation ein hoher Stellenwert beigemessen wird, da sie einen hohen zeitlichen und personellen Aufwand erfordert. Sie ermöglicht die Absprache individueller Aktionen und trägt zu einem positiven Verhältnis zwischen den Kooperationspartnern bei.

- *telefonischer Kommunikation*: Auch die Kommunikation per Telefon ermöglicht die Absprache individueller Vereinbarungen, allerdings in geringerem Maße als die persönliche Kommunikation, bindet dafür aber auch deutlich weniger Ressourcen.

- *Elektronische Kommunikation:* Diese Kommunikationsform ist die preisgünstigste und einfachste. Allerdings verhindert sie das Eingehen auf den Gesprächspartner und lässt nur in Ausnahmefällen die Absprache individueller Vereinbarungen zu.

Diese Abstufungen der Kommunikationsmöglichkeiten werden ebenfalls in eine Rating-Skala überführt, wobei die persönliche Kommunikation den höchsten Wert aufweist und die elektronische Kommunikation den geringsten, die Individualisierung steigt also mit der Art der Kommunikation. Die Fragestellung ist so formuliert, dass der höchste Grad der Kommunikation angegeben wird: Die Angabe persönlicher Kommunikation bedeutet somit nicht, dass ausschließlich in persönlichen Treffen kommuniziert wird, sondern dass zusätzlich die Kommunikation per Telefon oder Mail möglich ist.

Die Ergebnisse in Abbildung 4-19 zeigen, dass mit 72% der Großteil der Kommunikation in persönlichen Treffen erfolgt. Diese Tatsache zeigt wieder den hohen Stellenwert, der strategischen Vertriebskooperation beigemessen wird. Nur 4% der Kommunikation wird über elektronische Kanäle geregelt.

Abbildung 4-19: Art der Kommunikation zwischen den Kooperationspartnern

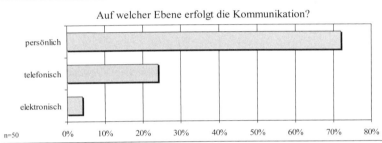

Quelle: Eigene Erstellung

Als vierter Indikator zur Erklärung der Individualisierung der Kooperation wird die *Unterstützung der Kooperation* verwendet. Kooperationsunterstützende Maßnahmen bestehen beispielsweise in dem Versenden von E-Mail-Newslettern, der Ankündigung der Kooperation auf der Homepage oder anderen Stellen der Partner-Website sowie gemeinsamen Werbeaktionen der Kooperationspartner. Aufgrund der Vielzahl und Vielseitigkeit der Möglichkeiten zur Unterstützung der Kooperation wurden die Maßnahmen nicht einzeln betrachtet, sondern zusammenfassend durch die Bewertung des Ausmaßes, in dem kooperationsunterstützende Maßnahmen ergriffen werden, gemessen.

Die Bewertung der Aussage erfolgt anhand einer siebenstufigen Likert-Skala. Der Mittelwert der Bewertung von 5,3 sagt aus, dass überwiegend kooperationsunterstützende Maßnahmen ergriffen werden, die Standardabweichung von 2,0 zeigt aber auch, dass die verschiedenen Anbieter diese Maßnahmen in sehr unterschiedlichem hohen Maße ergreifen.

Da die vier herangezogenen Indikatoren gemeinsam dazu beitragen, den Individualisierungsgrad der Kooperation zu erklären, handelt es sich um ein Konstrukt mit formativem Charakter.

Das Konstrukt „**lose Kopplung**" wird durch den Grad der vertraglichen Regelung der Kooperation operationalisiert, es enthält somit nur einen Indikator. Der Grad der vertraglichen Regelung wird anhand des Detaillierungsgrads der Kooperationsverträge gemessen. Die kooperationsrelevanten Möglichkeiten der vertraglichen Regelung bestehen in:

- *individuellen Verträgen*: Im Rahmen individueller Verträge werden alle die Kooperation betreffenden Vereinbarungen festgehalten.

- *Standardverträge mit individuellen Anpassungen*: Die Regelung durch Standardverträge mit individuellen Anpassungen beinhaltet ähnlich wie die individuellen Verträge eine sehr detaillierte Beschreibung der Kooperationsvereinbarungen.

- *Standardverträge ohne individuelle Anpassungen*: Die Verwendung von Standardverträgen ohne individuelle Anpassungen bedeutet, dass individuelle Vereinbarungen nicht festgehalten werden. Die Verträge lassen Raum für außervertragliche Absprachen.

- *Lose vertragliche Regelungen*: Die lockerste Form der vertraglichen Regelung besteht aus lose vertraglichen Regelungen, die nur unvollständige Verträge beinhalten oder teilweise nur aus mündlichen Absprachen bestehen. Die lose vertragliche Regelung lässt am meisten Freiraum für außervertragliche Absprachen zwischen den Partnern.

Die Abstufungen des Detailliertheitsgrads der Verträge werden in einer Rating-Skala abgebildet, die ihren höchsten Wert in der losen vertraglichen Regelung und ihren niedrigsten Wert in der individuellen Regelung besitzt, mit steigendem Wert des Konstrukts nimmt also der Grad der losen Kopplung der Kooperation zu.

Die deskriptive Darstellung der Ergebnisse in Abbildung 4-20 zeigt, dass 92% aller E-Commerce-Anbieter individuelle Verträge oder Standardverträge mit individuellen Anpassungen abschließen, der Grad der vertraglichen Regelung also bei strategischen Vertriebskooperationen sehr hoch ist. Reine Standardverträge oder lose gekoppelte

Partnerschaften kommen bei der Gestaltung der strategisch wichtigsten Kooperation allerdings vor und gehen in die Analyse ein.

Abbildung 4-20: Vertragliche Regelung der strategisch wichtigsten Kooperation

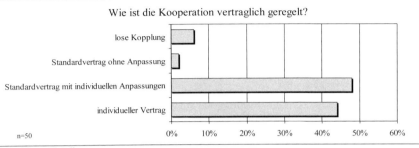

Quelle: Eigene Erstellung

Das Konstrukt „**Vertrauen**" wurde für empirische Studien bereits häufig operationalisiert.[319] Da das Vertrauen in diesem Fall auf ein neues Kooperationsphänomen angewendet wird, sind die bestehenden Skalen allerdings nicht anwendbar. Für die Operationalisierung wird in diesem Fall die Beurteilung der Zusammenarbeit zwischen den Partnern herangezogen. Dabei wird durch die befragten E-Commerce-Anbieter auf einer siebenstufigen Likert-Skala eingeschätzt, ob die Zusammenarbeit freundschaftlich ist oder der Partner seine Stärke ausnutzt. Da die Ausnutzung der Stärke nicht zwingend die Freundschaftlichkeit der Zusammenarbeit beeinflusst (und vice versa) können die Indikatoren als unabhängig betrachtet werden, es handelt sich also um ein formatives Konstrukt. Die Freundschaftlichkeit der Zusammenarbeit beeinflusst das Vertrauen positiv, die Ausnutzung der Stärke ist negativ formuliert, so dass mit steigendem Wert das Vertrauen ebenfalls positiv beeinflusst wird.

Ein Blick auf die Antworten in Abbildung 4-21 zeigt, dass die Zusammenarbeit in einem Großteil der Kooperationen als überdurchschnittlich freundschaftlich eingeschätzt wird und die Ausnutzung der Stärke nur in seltenen Fällen vorliegt. Die relativ hohe Streuung deutet jedoch darauf hin, dass in Einzelfällen das Vertrauen durch die Ausnutzung des Machtvorteils beeinträchtigt wird.

---

[319] Vgl. beispielsweise Kale et al. (2000), S. 237, Ebers (2002), S. 18.

Abbildung 4-21: Beurteilung des Vertrauens und der externen Unsicherheit

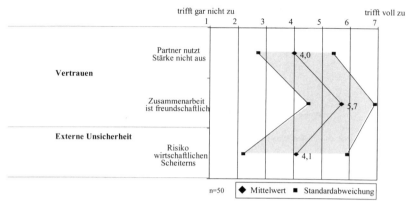

Quelle: Eigene Erstellung

Das Konstrukt „**Externe Unsicherheit**" wird durch zahlreiche äußere Umstände der Kooperation beeinflusst. Da diese nicht für alle Kooperationen erfasst werden können und keine vergleichbare Größe besteht, werden als Indikatoren die subjektive Einschätzung der externen Unsicherheit und die Wettbewerbsintensität in der Branche des E-Commerce-Anbieters herangezogen. Da beide Indikatoren zur Erklärung der externen Unsicherheit beitragen, weist das Konstrukt formativen Charakter auf.

Die subjektive Einschätzung der Unsicherheit ist mit der Einschätzung der Gefahr wirtschaftlichen Scheiterns sehr allgemein formuliert, um alle Umstände zu erfassen. Die Bewertung des Items erfolgt anhand einer siebenstufigen Likert-Skala.

Die Ergebnisse der subjektiven Einschätzung in Abbildung 4-21 zeigen, dass die Gefahr des wirtschaftlichen Scheiterns insgesamt unterdurchschnittlich eingeschätzt wird, die hohe Standardabweichung deutet jedoch darauf hin, dass die Wahrnehmung der externen Unsicherheit bei den verschiedenen Anbietern sehr unterschiedlich eingeschätzt wird.

Der Grad der Wettbewerbsintensität wird durch die Anzahl der direkten Wettbewerber des E-Commerce-Anbieters gemessen. Mit steigender Anzahl der Wettbewerber erhöht sich der Wettbewerbsdruck auf die Kooperation, der wiederum die externe Unsicherheit erhöht. Abbildung 4-22 zeigt, dass die Anzahl der direkten Wettbewerber in der Stichprobe eher hoch ist, 86% der E-Commerce-Anbieter haben mindestens zwei direkte Wettbewerber in ihrem Umfeld.

Abbildung 4-22: Anzahl der direkten Wettbewerber der Anbieter strategischer Vertriebskooperationen

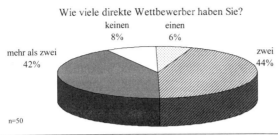

Quelle: Eigene Erstellung

Tabelle 4-2 gibt abschließend eine Übersicht über die Operationalisierung der Konstrukte, die verwendeten Skalen mit ihren Dimensionen sowie die unterstellte Wirkungsrichtung.

Tabelle 4-2:   Operationalisierung der Konstrukte für strategische Vertriebskooperationen

Konstrukt Indikator	Skalenart	Dimension	Wirkungsrichtung
Wirtschaftlicher Erfolg (single Item)			
Zufriedenheit Umsatz	Likert	siebenstufig	positiv
Qualitativer Erfolg (reflektiv)			
Zufriedenheit Bekanntheit	Likert	siebenstufig	positiv
Zufriedenheit Image	Likert	siebenstufig	positiv
Vergütung (erfolgsabhängig) (formativ)			
Pay-per-Click	Binär	zweistufig	positiv
Pay-per-Lead	Binär	zweistufig	positiv
Provision	Binär	zweistufig	positiv
Aufwandverteilung (nachteilig) (formativ)			
Kosten der Anpassung	Rating	dreistufig	positiv
Hosting des Angebots	Rating	dreistufig	positiv
Machtverteilung (nachteilig) (single Item)			
starke Partnerposition	Likert	siebenstufig	positiv
Alternativen EC-Anbieter (formativ)			
Anderer Partner	Likert	siebenstufig	positiv
Andere Werbemaßnahmen	Likert	siebenstufig	positiv
Alternativen Kooperationspartner (formativ)			
Eigenes Angebot	Likert	siebenstufig	positiv
Anderer Partner	Likert	siebenstufig	positiv

Konstrukt Indikator	Skalenart	Dimension	Wirkungs- richtung
Individualisierung (formativ)			
Individuelle Anpassung	Rating	dreistufig	positiv
Tiefe der Einbindung	Rating	dreistufig	positiv
Kommunikation	Rating	dreistufig	positiv
Kooperationsunterstützende Maßnahmen	Likert	siebenstufig	positiv
Ressourceneinsatz E-Commerce-Anbieter (formativ)			
Leistungsangebot	Likert	siebenstufig	positiv
Image	Likert	siebenstufig	positiv
Ressourceneinsatz Kooperationspartner (formativ)			
Besucherfrequenz	Likert	siebenstufig	positiv
Image	Likert	siebenstufig	positiv
Zielgruppe	Likert	siebenstufig	positiv
Kompatibilität (reflektiv)			
Komplementarität der Angebote	Likert	siebenstufig	positiv
Kundenansprache	Likert	siebenstufig	positiv
Zielgruppe	Likert	siebenstufig	positiv
Lose Kopplung (single Item)			
Vertraglich Regelung	Rating	vierstufig	positiv
Ext. Unsicherheit (formativ)			
Wettbewerbsintensität	Rating	vierstufig	positiv
Wirtschaftliches Scheitern	Likert	siebenstufig	positiv
Vertrauen (formativ)			
Freundschaftliche Zusammenarbeit	Likert	siebenstufig	positiv
Keine Ausnutzung der Stärke	Likert	siebenstufig	positiv

Quelle: Eigene Erstellung

Abbildung 4-23 zeigt eine graphische Veranschaulichung des Erklärungsmodells für strategische Vertriebskooperationen einschließlich der Operationalisierung der verwendeten Konstrukte. Die Kreise repräsentieren die hypothetischen Konstrukte, die Kästen stellen die korrespondierenden Indikatoren dar. Die Richtung der Pfeile gibt Auskunft über den Charakter der Konstrukte. Die Vorzeichen zeigen die Richtung des erwarteten Einflusses der unabhängigen Variablen auf die endogenen Konstrukte an.

Abbildung 4-23: Operationalisierung des Erklärungsmodells für strategische Vertriebskooperationen

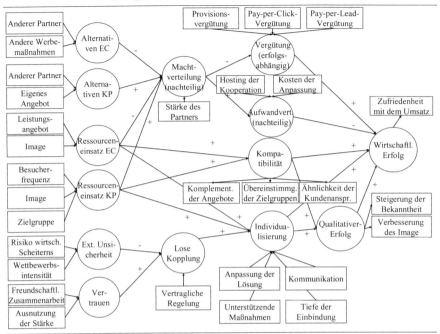

Quelle: Eigene Erstellung

4.3.2 Affiliate-Programme

In diesem Abschnitt wird analog zum vorherigen Abschnitt die Operationalisierung der in Kapitel 3.5.2 abgeleiteten Erfolgsfaktoren von Affiliate-Programmen erläutert und die deskriptiven Ergebnisse der Konstrukte dargestellt.

Als abhängige Variable des Modells wird der **Erfolg** der Affiliate-Programme operationalisiert. Der Erfolg von Affiliate-Programmen setzt sich ebenso wie der Erfolg der strategischen Vertriebskooperationen aus den Dimensionen „wirtschaftlicher Erfolg" und „qualitativer Erfolg" zusammen.

Die Operationalisierung der Erfolgsdimensionen erfolgt aus denselben Gründen wie bei strategischen Vertriebskooperationen auf Basis der subjektiven Einschätzung der Erhebungsteilnehmer. Der **wirtschaftliche Erfolg** von Affiliate-Programmen wird durch zwei Indikatoren operationalisiert:

143

- *Zufriedenheit mit dem Umsatz:* Es wird die Zufriedenheit mit dem Umsatz des Affiliate-Programms beurteilt. Die Fragestellung impliziert die Kostenseite, da die Zufriedenheit mit dem Umsatz im Verhältnis zum Aufwand der Kooperationen beurteilt wird.

- *Erweiterung des Programms*: Zusätzlich wird als Indikator für den wirtschaftlichen Erfolg die Planung der zahlenmäßigen Erweiterung des Programms verwendet. Die Ausdehnung des Programms um zusätzliche Partnerschaften basiert nach Aussage der E-Commerce-Anbieter auf der Zufriedenheit mit dem Umsatz und ist daher ein geeignetes Maß für den ökonomischen Erfolg des gesamten Programms.

Da beide Indikatoren durch den wirtschaftlichen Erfolg erklärt werden und miteinander korrelieren, besitzt das Konstrukt „wirtschaftlicher Erfolg" reflektiven Charakter. Die Items werden auf siebenstufigen Likert-Skalen durch die befragten E-Commerce-Anbieter eingeschätzt.

Der **qualitative Erfolg** der Affiliate-Programme wird ebenfalls durch zwei Indikatoren operationalisiert, die subjektiv durch die befragten E-Commerce-Anbieter beurteilt werden:

- *Steigerung des Bekanntheitsgrads*: Dieser Indikator misst die Einschätzung der Befragten, wie stark der Bekanntheitsgrad des E-Commerce-Anbieters durch die Kooperationen des Affiliate-Programms gestiegen ist.

- *Steigerung der Qualität*: Die Steigerung der Qualität des Programms ist ebenfalls ein Maß für den qualitativen Erfolg, da sie Investitionen erfordert, die nur bei Zufriedenheit mit dem Erfolg des Programms getätigt werden. Durch die Steigerung der Qualität können vor allem qualitative Ziele wie die Verbesserung der Bekanntheit erreicht werden.

Die Verbesserung des Images ist im Gegensatz zu strategischen Vertriebskooperationen deshalb keine Messgröße für den qualitativen Erfolg von Affiliate-Programmen, weil durch die große Anzahl der Kooperationen nicht gefolgert werden kann, ob und durch welche der Partnerschaften ein positiver Imagetransfer erfolgt ist. Ein Imagetransfer durch das Programm als Ganzes findet somit nicht statt.

Da die Indikatoren durch den qualitativen Erfolg erklärt werden und abhängig voneinander sind, weist das Konstrukt reflektiven Charakter auf.

Ein Blick auf die Antworten in Abbildung 4-24 zeigt, dass der Großteil der E-Commerce-Anbieter mit dem Erfolg seiner Affiliate-Programme zufrieden ist. Die Zufriedenheit mit dem Erreichen der Erfolgsdimensionen ist ebenfalls hoch. Die Standardabweichung zeigt jedoch, dass es auch mit dem Erfolg unzufriedene Anbieter gibt und starke Schwankungen in der Beurteilung des Erfolgs bestehen, die eine ausreichende Differenzierung für die Schätzung des Erfolgsmodells gewährleisten.

Abbildung 4-24: Beurteilung des Erfolgs der Affiliate-Programme

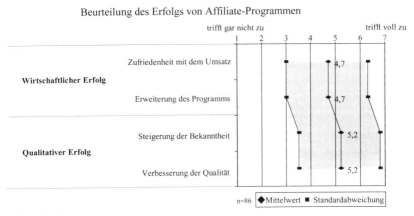

Quelle: Eigene Erstellung

Als wichtiger Einflussfaktor auf die Gestaltung der Affiliate-Programme gilt zunächst die **Organisationsform**. Es bestehen die Möglichkeiten der Organisation eines Programms in Eigenlösung oder in Fremdlösung. Das Konstrukt wird nur durch einen einzigen, binär skalierten Indikator gemessen. Das Konstrukt ist so formuliert, dass im Erklärungsmodell die Auswirkung der „Organisation in Eigenleistung" gemessen wird.[320]

---

[320] Liegt also ein Programm in Eigenlösung vor, nimmt der Indikator den Wert eins an, wird ein Programm über einen Netzwerkbetreiber organisiert, so besitzt er den Wert null.

Die Ergebnisse dieser Fragestellung (Abbildung 4-25) zeigen, dass in der Stichprobe die Organisation über Netzwerkbetreiber überwiegt.[321] 26% der Erhebungsteilnehmer betreiben Affiliate-Programme in beiden Organisationsformen. Für die Schätzung des Modells wurden die Teilnehmer gebeten, sofern sie mehrere Programme betreiben, die Antworten auf das Programm in Eigenleistung zu beziehen. So ergibt sich eine Aufteilung der Stichprobe von 45% für Programme in Eigenleistung und 55% für Programme in Fremdleistung.

Abbildung 4-25: Organisationsform der Affiliate-Programme

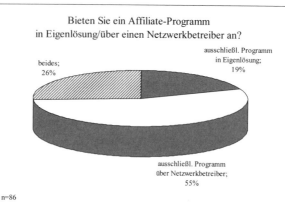

Quelle: Eigene Erstellung

Der Organisationsform wird ein starker Einfluss auf die Gestaltung der Affiliate-Partnerschaften unterstellt. Ein wichtiger Gestaltungsfaktor ist das Konstrukt „**Individualisierungsgrad**". Das Konstrukt wird durch die Indikatoren „vertragliche Regelung", „Einbindung der Kooperationslösung" und „Unterstützung der Affiliate-Partnerschaften" operationalisiert, weil diese Gestaltungskriterien Raum für das individuelle Eingehen auf die Kooperationspartner lassen.

---

[321] Das Überwiegen der Programme über Netzwerkbetreiber liegt möglicherweise an der Rekrutierung der Erhebungsteilnehmer über Netzwerkbetreiber und gibt kein repräsentatives Bild. Da lediglich die Auswirkungen der unterschiedlichen Organisationslösungen gemessen werden sollen, ist diese Tatsache zu vernachlässigen.

Der Indikator „*vertragliche Regelung*" wird durch die Ausprägung der Vertragsmöglichkeiten gemessen. Die Ausprägungen bestehen analog zu strategischen Vertriebskooperationen in:

- vollständig individualisierten Verträgen
- Standardverträgen mit individuellen Anpassungen
- Standardverträgen ohne individuelle Anpassungen
- losen vertraglichen Regelungen oder
- Partnerschaften ohne Verträge.

Die Ausprägungen werden in einer Rating-Skala abgebildet, die die vollständige vertragliche Regelung als höchsten Wert und die Regelung ohne Verträge als geringsten Wert vorsieht.

Ein Blick auf die Antworten in Abbildung 4-26 zeigt, dass die Verträge einen hohen Standardisierungsgrad aufweisen:

- Nur 8% der E-Commerce-Anbieter schließen individuelle Verträge mit den Affiliates.
- 80% der Verträge sind Standardverträge, die zum Teil individuelle Anpassungen zulassen.
- 12% der Partnerschaften sind nur lose gekoppelt oder kommen vollständig ohne Verträge aus.

Betrachtet man die Differenzierung nach der Organisationsform der Programme, so ist zu erkennen, dass hinsichtlich der vertraglichen Regelung kaum Unterschiede zwischen den Programmen in Eigenleistung und Fremdleistung bestehen.

Abbildung 4-26: Vertragliche Regelung der Affiliate-Programme

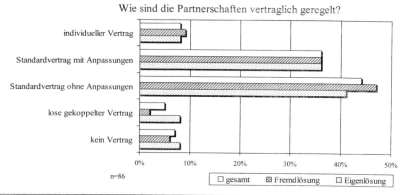

Quelle: Eigene Erstellung

Der zweite Indikator besteht aus der *Tiefe der Einbindung* der Kooperationslösung. Die Möglichkeiten der Einbindung sind geringer als bei strategischen Vertriebskooperationen und beinhalten:

- *die Integration einer Shoplösung*: Die Integration einer Shoplösung ist eine integrative Einbindungsart und bedeutet die stärkste Anpassung des Angebots an die Partnerwebsite.

- *die Integration von Bannern und anderen Verlinkungsmöglichkeiten wie Deeplinks*: Die Verlinkung (beispielsweise durch Deeplinks) ist zwar eine linkbasierte Einbindungsmethode, bedeutet aber eine stärkere inhaltliche Anpassung als die reine Verlinkung durch Banner. Dabei wird durch themenspezifische Banner oder ähnliches direkt auf ein spezielles Angebot des E-Commerce-Anbieters verlinkt.

- *die ausschließliche Integration von Bannern*: Die reine Verlinkung durch Banner besitzt den höchsten Standardisierungsgrad, indem durch einfache Banner auf die Homepage oder eine Themenseite des E-Commerce-Anbieters verlinkt wird.

Auch diese Antworten werden in eine Rating-Skala überführt, die als höchsten Wert die Integration einer Shoplösung und den geringsten Wert für die Integration von Bannern annimmt, so dass mit steigendem Wert des Indikators der Individualisierungsgrad zunimmt.

Die Antworten zu dieser Frage in Abbildung 4-27 zeigen, dass 74% der Einbindungen linkbasiert sind, davon 43% ausschließlich über Banner. Hier zeigt sich eine starke Diskrepanz zwischen den Programmen über Netzwerkbetreiber und Programmen in Eigenleistung. Während 85% der Anbieter über Netzwerke rein linkbasierte Lösungen anbieten, wird dies nur von 62% der selbst organisierten Programmanbieter praktiziert. Hier zeigt sich der größere Spielraum zu individuellen Lösungsmöglichkeiten für die selbst organisierten Programmanbieter.

Abbildung 4-27: Einbindungsmöglichkeiten der Kooperationslösung

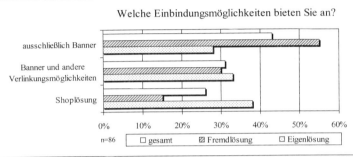

Quelle: Eigene Erstellung

Der dritte Indikator misst diejenigen Maßnahmen, die zur *Unterstützung der Partnerschaften* herangezogen werden. Diese Maßnahmen können nicht direkt abgefragt werden, da die Vielzahl der Partnerschaften und die ungleiche Verteilung keine eindeutigen Antworten zulässt. Die Messung des Indikators erfolgt durch Abfrage der Art der kooperationsunterstützenden Maßnahmen. Die Antwortmöglichkeiten bestehen in:

- *individuellen Absprachen*: Individuelle Absprachen können zwischen dem E-Commerce-Anbieter und ausgewählten wichtigen Partnern getroffen werden. Dazu ist eine direkte Kommunikation zwischen den Partnern erforderlich. Individuelle Maßnahmen erhöhen die Erfolgswahrscheinlichkeit der Partnerschaften, verursachen aber auch erhöhten Kooperationsaufwand.

- *E-Mail-Newslettern*: Im Rahmen von Partner-Newslettern werden allgemeine Informationen an alle Partner verschickt. Diese Newsletter enthalten Möglichkeiten zur Steigerung des Kooperationserfolg, deren Realisierung aber den Affiliates überlassen ist.

- *keinen kooperationsunterstützenden Maßnahmen*: Die Anbieter haben die Möglichkeit, keine Maßnahmen zur Unterstützung der Partnerschaften zu ergreifen.

Hierbei sparen sie personellen und zeitlichen Aufwand für die Koordination der Maßnahmen.

Die Antworten werden in einer Rating-Skala abgebildet. Der höchste Wert wird der Alternative, individuelle Maßnahmen zu ergreifen, zugeordnet, bei der der höchste Individualisierungsgrad erreicht ist.

Die Antworten in Abbildung 4-28 zeigen, dass auch im Bereich der kooperationsunterstützenden Maßnahmen starke Diskrepanzen zwischen den Programmen in Eigenlösung und Fremdlösung auftreten. Während 39% der Programmanbieter über Netzwerkbetreiber ihre Affiliates gar nicht mit weiteren Informationen versorgen, bieten 80% der Anbieter in Eigenleistung zusätzliche Maßnahmen an, 35% sogar im Rahmen individueller Absprachen.

Abbildung 4-28: Unterstützung der Affiliate-Partnerschaften

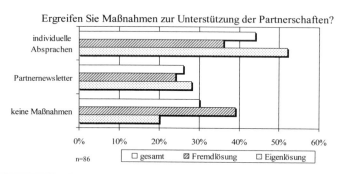

Quelle: Eigene Erstellung

Da alle drei beschriebenen Indikatoren zur Erklärung des Standardisierungsgrads beitragen, besitzt das Konstrukt formativen Charakter.

Ein weiterer wichtiger Gestaltungsfaktor besteht in dem **Vergütungsmodell** der Affiliate-Programme. Die Möglichkeiten der Vergütung von Affiliate-Partnerschaften bestehen aus reinen Provisionsmodellen oder anderen erfolgsabhängigen Modellen wie Pay-per-Click-Vergütung, Pay-per-Lead-Vergütung oder Kombinationen der Modelle. Da im Rahmen von Affiliate-Programmen die fixe Vergütung der Partner quasi nicht auftritt, kann diese Alternative vernachlässigt werden.

Das Konstrukt wird durch einen einzigen Indikator gemessen. Da unterstellt wurde, dass die Provisionsvergütung die für den E-Commerce-Anbieter vorteilhafteste Vergütungsmethode ist, wurde das Konstrukt so formuliert, dass der Einfluss der Provisionsvergütung auf den Erfolg gemessen wird. Die Variable ist binär skaliert.[322]

In Abbildung 4-29 ist zu erkennen, dass sich die Vergütungsmethoden stark nach den Organisationsformen unterscheiden: Während entgegen der Annahmen aus Kapitel 3 Affiliate-Programme in Fremdlösung die als vorteilhaft unterstellte Provisionsvergütung bevorzugen, herrscht bei Programmen in Eigenlösung die Pay-per-Click- und Pay-per-Lead-Vergütung vor. Dieses Ergebnis der deskriptiven Auswertung wird in der statistischen Analyse zu überprüfen sein.

Abbildung 4-29: Vergütungsmodelle der Affiliate-Programme

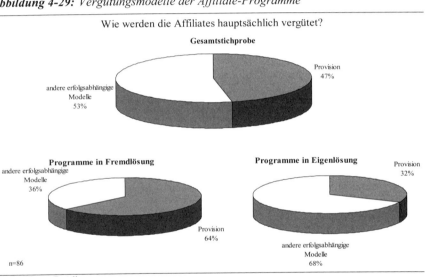

Quelle: Eigene Erstellung

Als weiterer zentraler Einflussfaktor auf die Gestaltung der Affiliate-Programme wurde die Kommunikation zwischen den Partnern identifiziert. Das Konstrukt „**Kommu-**

---

[322] Für den Fall der reinen Provisionsvergütung nimmt somit die Variable den Wert eins an, im Alternativfall wird der Einfluss von Pay-per-Lead- und Pay-per-Click-Modellen beziehungsweise der Kombination aus diesen gemessen.

nikation" wird mit Hilfe von zwei Indikatoren operationalisiert: Auftreten und Art der Kommunikation.

Der erste Indikator misst, ob und wie häufig Kommunikation zwischen den Kooperationspartnern besteht. Die Möglichkeiten bestehen nach absteigender Kommunikationshäufigkeit aus:

- *regelmäßiger Kommunikation*

- *Kommunikation bei Bedarf*: Die Kooperationspartner treten in Kontakt, wenn die Situation es erfordert, beispielsweise bei der Implementierung der Kooperationslösung, aber auch zur Absprache von Maßnahmen zur Förderung der Kooperation.

- *Kommunikation ausschließlich bei der Anbahnung und Implementierung*: Die Partner treten ausschließlich bei der Anbahnung und Implementierung der Kooperationslösung in Kontakt.

- *keiner Kommunikation*: Es findet überhaupt keine direkte Kommunikation zwischen den Partnern statt, die Organisation der Kooperationen erfolgt ausschließlich über automatisierte Prozesse.

Auch diese Antwortmöglichkeiten werden in eine Rating-Skala überführt, wobei der regelmäßigen Kommunikation der höchste Wert zugeordnet wird.

Die Antworten zeigen (Abbildung 4-30), dass 86% der E-Commerce-Anbieter zwar in Kontakt mit ihren Affiliates treten, allerdings erfolgt dies nur in 16% der Fälle regelmäßig. Die übrigen E-Commerce-Anbieter treten nur bei Bedarf mit ihren Affiliates in Kontakt, wenn Schwierigkeiten oder Unklarheiten im Kooperationsprozess auftreten oder die Kommunikation bei der Anbahnung und Implementierung der Partnerschaft notwendig ist.

Abbildung 4-30: Häufigkeit der Kommunikation mit den Affiliates

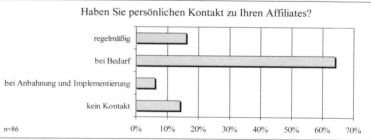

Quelle: Eigene Erstellung

Der zweite Indikator gibt an, auf welche Art kommuniziert wird. Die Möglichkeiten bestehen analog zu strategischen Vertriebskooperationen aus persönlicher, telefonischer oder elektronischer Kommunikation. Daneben besteht natürlich die Möglichkeit, dass keine Kommunikation zu den Partnern unterhalten wird. Auch die Art der Kommunikation wird in eine Rating-Skala überführt, die als höchsten Wert die persönliche Kommunikation aufweist.

Betrachtet man die Antworten in Abbildung 4-31, so lässt sich festhalten, dass der Großteil der Kommunikation in allen Programmen per Mail erfolgt, was den geringsten Zeit- und Kostenaufwand bedeutet, allerdings auch den geringsten Genauigkeitsgrad bietet. Einen höheren Genauigkeitsgrad hat die zusätzliche Kommunikation per Telefon, die von einem Drittel der E-Commerce-Anbieter in Anspruch genommen wird, persönliche Treffen gehören zur Ausnahme, allerdings wählen immerhin 9% der Anbieter diese Form der Kommunikation, die meist für die Anbahnung einer Kooperation in Anspruch genommen wird.

Abbildung 4-31: Art der Kommunikation zwischen E-Commerce-Anbieter und Affiliates

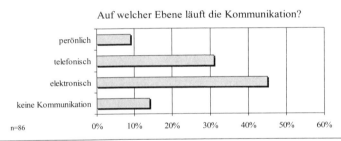

Quelle: Eigene Erstellung

Da die Indikatoren durch das Konstrukt erklärt werden und voneinander abhängig sind, besitzt das Konstrukt „Kommunikation" reflektiven Charakter.

Der Kommunikation wird ein Einfluss auf die **Auswahl der Partner** unterstellt, die wie bei den strategischen Vertriebskooperationen als zentraler Einflussfaktor auf den Erfolg der Kooperationen gilt. Da jedoch aufgrund der Vielzahl der Partner nicht jeder Partner sorgfältig ausgewählt werden kann, wird für die Affiliate-Programme der Prozess der Auswahl der Partner untersucht.

Das Konstrukt „Partnerauswahl" wird operationalisiert durch den Aufwand, der für die Suche und Auswahl geeigneter Partner betrieben wird. Da sich die Indikatoren „Anbahnung der Partnerschaft" und „Kriterien der Partnerwahl" ergänzen und für die Erklärung der latenten Variablen notwendig sind, handelt es sich um ein formatives Konstrukt.

Bei der Anbahnung der Partnerschaften wird differenziert, ob der E-Commerce-Anbieter passiv auf die Bewerbung der Affiliates wartet oder aktiv attraktive Partner anspricht. Die Möglichkeiten bestehen nach ihrem Aufwand aus:

- *der Bewerbung der Partner auf der Website*: In diesem Fall wird die Bewerbung geeigneter Partner passiv abgewartet. Die Anbahnung funktioniert in einem automatisierten Prozess über die entsprechende Website ohne direkten Kontakt zum E-Commerce-Anbieter.

- *der Anwerbung der Partner durch E-Mail-Aktionen oder ähnlichem*: Es wird eine größere Zahl ausgewählter Partner durch standardisierte Aktionen aktiv zur Teilnahme am Programm aufgefordert.

- *der individuellen Ansprache potenzieller Partner*: Ausgewählte Partner werden persönlich zur Teilnahme am Programm aufgefordert.

Auch diese Antwortmöglichkeiten werden in einer Rating-Skala mit dem höchsten Wert für die individuelle Ansprache potenzieller Partner abgebildet. Bei der Beantwortung der Frage waren Mehrfachantworten möglich.

Die Ergebnisse in Abbildung 4-32 zeigen, dass sich in 95% aller Fälle die Partner auf der Website des E-Commerce-Anbieters oder des Netzwerkbetreibers für die Teilnahme am Affiliate-Programm bewerben. Zusätzliche Maßnahmen zur Anwerbung attraktiver Partner werden zu 31% durch E-Mail-Aktionen oder ähnliches und sogar zu 48% durch die individuelle Ansprache ausgewählter Partner vorgenommen.

Abbildung 4-32: Anbahnung der Partnerschaften

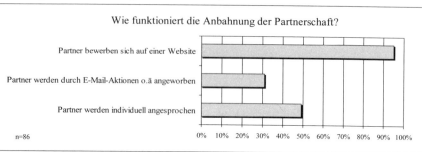

Quelle: Eigene Erstellung

Der zweite Indikator beinhaltet die Kriterien, die bei der Auswahl der Partner angelegt werden. Die Kriterien bestehen abgestuft nach ihrer Schärfe aus:

- *der Zielgruppe des Partners*: Die Auswahl der Partner erfolgt danach, ob die Nutzer der Partner-Website durch das E-Commerce-Angebot besonders wirksam angesprochen werden. Da die Analyse der Zielgruppe der potenziellen Partner am meisten Aufwand erfordert, gilt dies als schärfstes Auswahlkriterium.

- *dem Image des Partners*: Die Auswahl erfolgt danach, ob der E-Commerce-Anbieter vom Image des Partners profitieren kann.

- *der Qualität der Website*: Die Beurteilung der Qualität der Website ist durch einfaches Betrachten der Website möglich.

- *der Annahme fast aller Partner*: In diesem Fall werden fast alle Bewerber akzeptiert, ausgeschlossen werden dabei in der Regel nur Seiten mit pornographischen und rechtsradikalen Inhalten.

Auch diese Antwortmöglichkeiten werden in eine Rating-Skala überführt, die mit der Qualität der Zielgruppe als schärfstem Kriterium den höchsten Wert aufweist. Auch hier sind Mehrfachantworten möglich.

Die Ergebnisse in Abbildung 4-33 zeigen, dass nur 34% der E-Commerce-Anbieter fast alle Bewerber ohne Rücksicht auf Qualität und Inhalte akzeptieren. Die übrigen E-Commerce-Anbieter wählen ihre Affiliates vor allem nach der Qualität der Website aus, die am einfachsten zu beurteilen ist. Ein Großteil der E-Commerce-Anbieter legt mehrere Kriterien bei der Auswahl seiner Partner an.

Abbildung 4-33: Kriterien der Partnerwahl

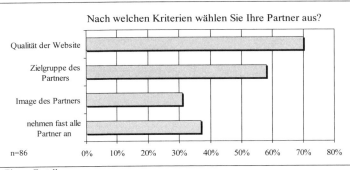

Quelle: Eigene Erstellung

Als weiterer wichtiger Einflussfaktor, der direkt auf den Erfolg der Programme wirkt, wurde das **Commitment** für das Programm ermittelt. Das Commitment wird durch zwei Indikatoren operationalisiert: Die subjektive Einschätzung der Bedeutung des Programms für das Gesamtgeschäft des E-Commerce-Anbieters sowie (als objektives Kriterium) die Anzahl der Mitarbeiter, die ausschließlich für die Organisation der Programme zuständig sind.

Die Einschätzung der strategischen Bedeutung erfolgt auf einer siebenstufigen Likert-Skala. Der Mittelwert von 5,1 zeigt, dass den Programmen insgesamt eine relativ hohe strategische Bedeutung beigemessen wird. Die verhältnismäßig hohe Standardabweichung von 1,7 macht jedoch deutlich, dass die Auffassung über die strategische Bedeutung zwischen den E-Commerce-Anbietern schwankt.

Der zweite Indikator misst die Anzahl der Mitarbeiter, die für die Organisation der Programme zuständig sind. Je höher diese Mitarbeiterzahl ist, desto höher ist das Commitment für das Programm.

In Abbildung 4-34 ist zu erkennen, dass 63% der E-Commerce-Anbieter keinen Mitarbeiter explizit für die Organisation der Programme beschäftigen, allerdings stehen dem 37% der Anbieter gegenüber, die mindestens einen Mitarbeiter für ihre Affiliate-Programme abstellen. Die Antworten verdeutlichen, dass das Commitment für die Affiliate-Programme bei den E-Commerce-Anbietern sehr unterschiedlich ausgeprägt ist.

Abbildung 4-34: *Beschäftigung von Mitarbeitern für die Organisation erfolgsabhängiger Kooperationen*

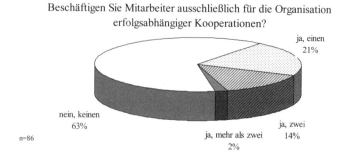

Quelle: Eigene Erstellung

Da die Indikatoren unabhängig voneinander zur Erklärung des Commitments beitragen, weist das Konstrukt formativen Charakter auf.

Tabelle 4-3 zeigt eine Übersicht über die Operationalisierung der Konstrukte, die verwendeten Skalen mit ihren Dimensionen sowie die unterstellte Wirkungsrichtung.

Tabelle 4-3: Operationalisierung der Konstrukte für Affiliate-Programme

Konstrukt Indikator	Skalenart	Dimension	Wirkungsrichtung
Wirtschaftlicher Erfolg (reflektiv)			
Steigerung der Anzahl Affiliates	Likert	siebenstufig	positiv
Zufriedenheit mit dem Umsatz	Likert	siebenstufig	positiv
Qualitativer Erfolg (reflektiv)			
Steigerung der Bekanntheit	Likert	siebenstufig	positiv
Verbesserung der Qualität	Likert	siebenstufig	positiv
Organisationslösung (Eigenlösung) (single Item)			
Organisation in Eigenlösung	Binär	zweistufig	positiv
Kommunikation (reflektiv)			
Art der Kommunikation	Rating	vierstufig	positiv
Häufigkeit der Kommunikation	Rating	vierstufig	positiv
Vergütungsmodell (Provision) (single Item)			
Provisionsvergütung	Binär	zweistufig	positiv
Individualisierung (formativ)			
Einbindungstiefe	Rating	dreistufig	positiv
Information der Partner	Rating	dreistufig	positiv
Vertraglich Regelung	Rating	fünfstufig	positiv
Partnerauswahl (formativ)			
Intensität der Anbahnung	Rating	dreistufig	positiv
Sorgfalt der Auswahl	Rating	vierstufig	positiv
Commitment (formativ)			
Strategischer Stellenwert	Likert	siebenstufig	positiv
Personeller Einsatz	Rating	vierstufig	positiv

Quelle: Eigene Erstellung

Abbildung 4-35 gibt abschließend einen Überblick über das Erklärungsmodell für Affiliate-Programme, in dem die Operationalisierung der Konstrukte enthalten ist. Die Kreise stehen wiederum für Konstrukte, Kästchen für Indikatoren. Die Vorzeichen geben Aufschluss über die unterstellte Wirkungsrichtung auf das endogene Konstrukt. Die Richtung der Pfeile enthält die Information über den Charakter des Konstrukts.

Abbildung 4-35: Operationalisierung des Erklärungsmodells für Affiliate-Programme

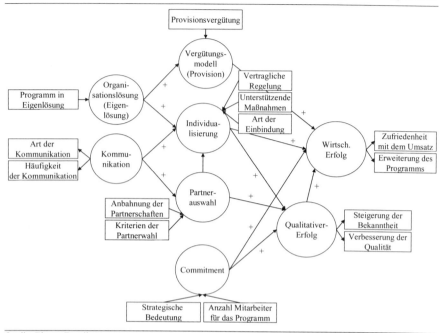

Quelle: Eigene Erstellung

4.3.3 Maßnahmen zur Vermeidung eines Common Method Bias

Ein mögliches Problem bei der Operationalisierung der Variablen besteht in der Verzerrung der Ergebnisse durch einen **Common Method Bias**, der aus Varianz besteht, die nicht durch die Variablen eines Modells, sondern durch die Messmethode erklärt wird. Der Common Method Bias gehört in der empirischen Forschung zu den Hauptquellen von Messfehlern, die die Validität von Schlussfolgerungen aus empirischen Forschungsarbeiten gefährden. Wird beispielsweise aufgrund theoretischer Überlegungen ein Einfluss eines Konstrukts A auf ein Konstrukt B unterstellt, so wird eine Korrelation der Messungen erwartet. Teilen Konstrukt A und B aber auch die Messmethoden, so besteht die Gefahr, dass die Methoden die Korrelation zwischen den Konstrukten beeinflussen.[323] In einer Untersuchung von 70 empirischen Studien fanden Cote und Buckley heraus, dass durchschnittlich 26,3% der Varianz auf einen Common Method Bias zurückzuführen sind, im Bereich der Marketing-Studien sind es 15,8%.[324] Podsakoff, MacKenzie, Lee und Podsakoff haben Quellen für den Common Method Bias identifiziert. Methodische Verzerrungen lassen sich im wesentlichen auf zwei Ursachen zurückführen: die Erhebung abhängiger und unabhängiger Variablen durch denselben Befragten („Common Source Effects") und die Konzeption der Befragung.

Common Source Effects resultieren aus der Erhebung abhängiger und unabhängiger Variablen durch dieselbe Person, die aus verschiedenen Gründen in der Realität nicht existierende Korrelationen verursachen kann.[325] Gründe für diese nicht existierenden Korrelationen bestehen beispielsweise aus

- dem Bedürfnis der Befragten, rational und konsistent in ihrem Antwortverhalten zu sein,[326]
- dem Wunsch der Befragten, unabhängig von ihrer tatsächlichen Meinung in positivem Licht dazustehen (soziale Erwünschtheit),[327]
- der Beantwortung der Fragen unabhängig von der Fragestellung,
- der Vorstellung der Befragten über Zusammenhänge zwischen Variablen,[328]
- der positiven oder negativen Grundeinstellung der Befragten.

Verzerrungen durch die Konzeption der Untersuchung können mehrer Ursachen haben. Sie können durch die Form und den Kontext entstehen, in der die Items den Befragten präsentiert werden. Ursachen für einen Bias sind beispielsweise:

- die unklare oder mehrdeutige Formulierung von Fragen, die den Befragten zur eigenen Interpretation der Frage zwingen. Dadurch werden zufällige Antworten oder systematische Fehlinterpretationen begünstigt.
- die Verwendung des gleichen Skalenformats für abhängige und unabhängige Variablen. Dies kann zu Verzerrungen führen, da die Beantwortung der Fragen eine geringere kognitive Leistung erfordert als bei unterschiedlichen Skalen und durch die

---

[323] Vgl. Podsakoff et al (2003), S. 879.
[324] Vgl. Cote und Buckley (1987)
[325] Vgl. Podsakoff et al. (2003), S. 881.
[326] Vgl. Podsakoff und Organ (1986).
[327] Vgl. Ganster et al. (1983).
[328] Vgl. Berman und Kenny (1976), S. 264.

Beantwortung auf gleichen Skalenproportionen einen Zusammenhang zwischen diesen Variablen herbeiführen kann, der in der Realität nicht existiert.
- die Verwendung von negativ formulierten Fragen. Diese kann einen methodischen Bias dadurch verursachen, dass Befragte ihr Antwortverhalten für positive Fragen nicht in negativ formulierte Fragen überführen können,[329]
- dem Kontext, in dem die Fragen gestellt werden. Dieser kann Verzerrungen verursachen, wenn die Befragten Variablen aufgrund des Kontexts einen Einfluss unterstellen.[330] Dies kann durch die Reihenfolge der Items im Fragebogen oder durch Stimmungen, die durch einzelnen Fragen hervorgerufen werden, verursacht werden,
- der Skalenlänge. Diese kann einen Bias verursachen, da kurze Skalen besser im Gedächtnis bleiben und bei der Beantwortung anderer Fragen leichter wieder abgerufen werden können,
- den Zeitpunkt der Messung. Durch die Messung abhängiger unabhängiger Variablen zum selben Zeitpunkt können ebenfalls Verzerrungen entstehen, da Bewertungen aus dem Kurzzeitgedächtnis abgerufen werden können,
- die Erhebungsmethode. Computergestützte und schriftliche Befragungen weisen einen geringeren Bias auf, weil persönliche Interviews häufig durch den Einfluss des Befragenden verzerrt werden.[331]

Die Einflussmöglichkeiten der Untersuchungskonzeption haben gezeigt, dass es wichtig ist, die Umstände, unter denen Daten erhoben werden, sorgfältig zu bewerten und Verzerrungen zu vermeiden.[332]

Der *Common Source Bias* kann vermieden werden, indem eine Trennung der Befragung in verschiedene Quellen für die Erhebung von abhängigen und unabhängigen Variablen vorgenommen wird.[333] Ideal ist eine Befragung von zwei verschiedenen Personen, die allerdings in der vorliegenden Erhebung nicht möglich ist, da es sich bei den befragten Unternehmen häufig um kleine Unternehmen handelt, in denen es nur

---

[329] Vgl. Schmitt und Stults (1986).
[330] Vgl. Wainer und Keily (1987), S. 187.
[331] Vgl. beispielsweise Richman et al. (1999).
[332] Zu den Maßnahmen zur Vermeidung eines Common Method Bias vgl. Podsakoff et al. (2003), S. 887 f.
[333] Vgl. Podsakoff et al. (2003), S. 887.

einen Verantwortlichen für Online-Marketing-Kooperationen gibt.[334] Alternativ besteht die Möglichkeit, eine zeitliche, psychologische oder methodologische Trennung der Erhebung der abhängigen und unabhängigen Variablen vorzunehmen.[335] Da eine zeitliche und psychologische Trennung in der vorliegenden Erhebung nicht praktikabel war,[336] wurde versucht, durch die methodologische Trennung den Common Method Bias zu reduzieren. Eine methodologische Trennung kann durch die Verwendung unterschiedlicher Skalenarten oder Erhebungsmethoden für abhängige und unabhängige Variablen erreicht werden.

In der vorliegenden Erhebung wurde versucht, eine methodologische Trennung durch die Verwendung unterschiedlicher Skalenarten zu erlangen. Der Verwendung unterschiedlicher Skalen steht jedoch die Vereinfachung der Beantwortung der Fragen bei Verwendung gleicher Skalentypen gegenüber, weil diese eine geringere kognitive Leistung der Befragten erfordern. Nach Abwägung der Vor- und Nachteile der Verwendung gleicher Skalen für die Erhebung der abhängigen und unabhängigen Variablen wurde keine vollständige Trennung vorgenommen. Die Erfolgsgrößen der Untersuchung wurden auf siebenstufigen Likert-Skalen erhoben. Für die Messung der unabhängigen Variablen wurde, sofern Gestaltungskriterien erhoben wurden, Rating-Skalen unterschiedlicher Dimensionen verwendet. Da diese Fragen den Befragten als geschlossene Fragen mit verschiedenen Antwortmöglichkeiten vorgelegt wurden, unterscheiden sie sich aus Sicht der Befragten deutlich von der Einschätzung von Aussagen auf Likert-Skalen. Wurde jedoch die subjektive Bewertung von Kooperationseigenschaften erfragt, wurde aus Vereinfachungsgründen wie bei der Erhebung der Erfolgsgrößen auf siebenstufige Likert-Skalen zurückgegriffen, da die Gefahr der Verwirrung der Befragten durch die Verwendung einer anderen Skalendimension stärker bewertet wurde als die Verzerrung durch einen methodischen Bias. Durch die Verwendung von zumindest teilweise unterschiedlichen Skalenarten wird zumindest eine Verringerung des Common Source Bias erwartet.

Der Verzerrung der Ergebnisse durch die *Erhebungskonzeption* wurde durch verschiedene Maßnahmen begegnet. Zunächst wurde die Anonymität der Befragten zugesi-

---

[334] Dies war auch der Grund die Verwendung der Key-Informant-Methode, siehe Abschnitt 4.1.
[335] Vgl. Podsakoff et al. (2003), S. 887.
[336] Es war wichtig, dass der Befragte Antworten zu einer bestimmten Kooperation beziehungsweise zu einem bestimmten Programm geben sollte, die er möglicherweise nach einer zeitlichen Trennung nicht erinnert hätte.

chert, um, um Effekte sozialer Erwünschtheit auszuschließen. Außerdem wurde die Reihenfolge der Fragen so gewählt, dass die Beurteilung der jeweiligen Kooperationstypen am Schluss erfolgte und somit eine Ausstrahlung der Erfolgsbeurteilung auf die Erhebung der Kontext- und Gestaltungsvariablen ausgeschlossen werden konnte. Eine weitere wichtige Maßnahme war die Sorgfalt bei der Konstruktbildung. Durch die einfache und allgemein verständliche Formulierung der Fragen wurde eine Verzerrung durch unklare und mehrdeutige Fragestellungen vermieden. Durch die Durchführung des Pre-Tests wurde die allgemeine Verständlichkeit und Eindeutigkeit der Fragenformulierungen abgesichert. Weiterhin wurden als Erhebungsmethoden die schriftliche und webgestützte Befragung gewählt, um Verzerrungen durch den Einfluss des Interviewers zu verhindern. Diese Maßnahmen wurden bei der Erhebungskonzeption zur Vermeidung eines Common Method Bias angewendet.

Eine Methode, um die Ergebnisse der Erhebung auf das Vorliegen eines Common Method Bias zu untersuchen, besteht in der Durchführung von *Harman's Single Factor Test*.[337] In diesem Test wird eine explorative Faktorenanalyse durchgeführt, in die alle Indikatoren der Untersuchung aufgenommen werden.[338] Anschließend wird die unrotierte Faktorlösung auf die Anzahl der Faktoren untersucht, die für die Erklärung der Varianz notwendig sind. Die Grundannahme dieses Verfahrens ist, dass bei einem substanziellen Anteil an Methodenvarianz nur ein einziger Faktor extrahiert wird. Allerdings bedeutet die Extraktion eines einzelnen Faktors nicht zwangsläufig das Vorliegen eines Common Method Bias, sondern deutet lediglich auf die Möglichkeit hin, dass ein Großteil der Varianz durch das methodische Vorgehen verursacht wird. Auf der anderen Seite ist die Extraktion mehrerer Faktoren kein Beweis dafür, dass die Untersuchung frei von methodischen Verzerrungen ist. Harman's Single Factor Test ist somit eine Methode, mit der ein möglicherweise vorliegender Common Method Bias aufgedeckt, aber nicht ausgeschlossen werden kann.

Der Harman Single Factor Test für die vorliegenden Datensätze ergibt keine Anhaltspunkte für das Vorliegen eines Common Method Bias. Die Anzahl der extrahierten Faktoren für die Daten zu strategischen Vertriebskooperationen beträgt 11, der größte Anteil der erklärten Varianz durch einen Faktor beträgt 16%. Die Anzahl der extrahierten Faktoren für Affiliate-Programme beträgt 5, der größte Anteil an erklärter Va-

---

[337] Vgl. Podsakoff et al. (2003), S. 889.
[338] Vgl. beispielsweise Greene und Organ (1973), Organ und Greene (1981).

rianz durch einen Faktor beträgt hier 22%.[339] Damit deuten die Ergebnisse des Harman Single Factor Test weder für die Erhebungsergebnisse von strategischen Vertriebskooperationen noch von Affiliate-Programmen auf das Vorliegen eines Common Method Bias hin.

Zusammenfassend lässt sich festhalten, dass verschiedene Maßnahmen ergriffen wurden, um methodische Verzerrungen der Erhebungsergebnisse zu vermeiden. Da eine Trennung der Befragung in die Erhebung abhängiger und unabhängiger Variablen nicht möglich war, kann ein Common Method Bias jedoch nicht vollständig ausgeschlossen werden.

4.4 Auswertungsmethode

Inhalt dieses Abschnitts ist die Methodik zur Schätzung der in Kapitel 3.5 aufgestellten Erklärungsmodelle. Dazu wird zunächst auf Mehrgleichungsstrukturmodelle und ihre Schätzverfahren eingegangen. Anschließend werden als verwendete Auswertungsmethode der Partial-Least-Squares-Ansatz (PLS) sowie die Gütekriterien der Schätzung dargestellt.

4.4.1 Mehrgleichungsstrukturmodelle

Da die Erklärungsmodelle eine Reihe mehrstufiger Zusammenhänge zwischen verschiedenen hypothetischen Konstrukten enthalten, die mit Hilfe von Indikatoren gemessen werden, bietet sich die Darstellung und Überprüfung der Erklärungsmodelle mit Hilfe von Mehrgleichungsstrukturmodellen[340] an.

Ein Mehrgleichungsstrukturmodell besteht aus nicht messbaren hypothetischen Konstrukten (latente Variablen) und messbaren Indikatoren (manifeste Variablen).[341] Die Konstruktion eines Mehrgleichungsstrukturmodells erfolgt über zwei Gleichungssysteme, das so genannte Strukturmodell oder Inner Model und das so genannte Messmo-

---

[339] Das Kriterium für die Anzahl der extrahierten Faktoren war Eigenwert >1. Die vollständigen Ergebnisse der explorativen Faktorenanalyse finden sich in Anhang IV.
[340] Analog werden die Begriffe „Strukturgleichungsmodell" und „Structural Equation Models (SEM)" verwendet.
[341] Zu Mehrgleichungsstrukturmodellen vgl. beispielsweise Fornell und Bookstein (1982a), Lohmöller (1989), und Chin (1998a).

dell oder Outer Model.³⁴² Das Strukturmodell beschreibt die Beziehungen der hypothetischen Konstrukte untereinander, das Messmodell erfasst die Beziehungen zwischen den messbaren Indikatoren und den hypothetischen Konstrukten.³⁴³

Mehrgleichungsstrukturmodelle kombinieren die Modellierung latenter Variablen mit Hilfe beobachtbarer manifester Variablen mit ökonometrischen Prognoseverfahren und ermöglichen somit die simultane Schätzung des Mess- und Strukturmodells.³⁴⁴ Darüber hinaus berücksichtigen Mehrgleichungsstrukturmodelle Messfehler des Modells und erlauben unterschiedliche Gewichte oder Ladungen der Indikatoren.³⁴⁵ Aus diesen Gründen eignen sich Mehrgleichungsstrukturmodelle für die Überprüfung der a priori abgeleiteten Zusammenhänge.

Mehrgleichungsstrukturmodelle lassen sich mit zwei divergierenden Verfahren schätzen:³⁴⁶

- *Kovarianzbasierter Ansatz:* Der aus den Arbeiten von Jöreskog³⁴⁷ hervorgegangene kovarianzbasierte Ansatz minimiert den Abstand zwischen der empirischen und theoretischen Kovarianzmatrix und verwendet dazu die Maximum-Likelihood-Schätzung.³⁴⁸ Für Marketingprobleme ist der kovarianzbasierte Ansatz jedoch häufig ungeeignet, da er hohe Anforderungen an die Daten stellt wie eine hohe Fallzahl aufgrund der gleichzeitigen Schätzung der Parameter, die Normalverteilung der Daten und die ausschließliche Verwendung reflektiver Indikatoren. Der kovarianzbasierte Ansatz findet beispielsweise in den Softwarepaketen LISREL, A-MOS oder EQS Anwendung.

---

[342] Vgl. Cool et al. (1989), S. 514.
[343] Vgl. Betzin und Hensler (2005), S. 50 f.
[344] Vgl. Fornell und Cha (1994), S. 52.
[345] Vgl. Chin (1998a), S. 297.
[346] Für eine ausführliche Gegenüberstellung von LISREL und PLS vgl. Fornell und Bookstein (1982a), Fornell und Bookstein (1982b), Dijkstra (1983), Schneeweiß (1990), Chin (1995), Bliemel et al. (2005).
[347] Vgl. u.a. Jöreskög (1967), (1970), (1979), Jöreskög und Sörbom (1982).
[348] Zum LISREL-Ansatz vgl. beispielsweise. Förster et al. (1984), Hayduk (1987), Diamantopoulos und Siguaw (2000), Backhaus et al. (2003), S. 390 ff.

- *Partial-Least-Squares-Ansatz:* Der von Wold entwickelte Partial-Least-Squares-Ansatz (PLS) beruht auf Kleinstquadrat-Schätzung.[349] Er wird beispielsweise in der Software PLS-Graph oder SmartPLS angewendet.[350]

Da die Anforderungen des LISREL-Ansatzes für das vorliegende Forschungsproblem nicht erfüllt werden können, kommt das bisher wenig verwendete PLS-Verfahren zur Anwendung. Aufgrund der Kleinstquadratschätzung kommt das Verfahren ohne Verteilungsannahmen aus. Da PLS nach einem iterativen Algorithmus vorgeht, in dem jeweils nur eine Gleichung geschätzt wird unter der Annahme, dass alle anderen Variablen fix sind, ist das Verfahren auch für kleine Stichproben mit wenigen Freiheitsgraden anwendbar.[351] Während für LISREL eine minimale Stichprobe von 200 Fällen gilt,[352] nennt Chin bei PLS als Richtwert für die benötigte Fallzahl entweder die größte Anzahl an Konstrukten, die ein endogenes Konstrukt erklären, oder die größte Anzahl an formativen Indikatoren, die ein Konstrukt erklären, multipliziert mit zehn.[353] Für das Erklärungsmodell für strategische Vertriebskooperationen bedeutet dies eine minimale Fallzahl von 50 Fällen, für das Affiliate-Modell eine minimale Fallzahl von 40. Die Stichproben von 50 beziehungsweise 86 Fällen erfüllen die Mindestfallzahl also in beiden Fällen.

Ein weiterer Vorteil des PLS-Modells gegenüber dem LISREL-Ansatz ist die Möglichkeit der Schätzung der in den vorliegenden Modellen vorkommenden formativen Konstrukte. Da die Pfadkoeffizienten der Indikatoren simultan mit dem Strukturmodell geschätzt werden, können formative genau wie reflektive Konstrukte geschätzt werden, während beim LISREL-Ansatz aufgrund des Ziels der Erklärung der Kovarianz aller Items ausschließlich reflektive Konstrukte berücksichtigt werden können.[354]

---

[349] Vgl. u.a. Wold (1980), (1982a), (1982b), (1985).
[350] Eine Übersicht über die Softwareanwendungen von PLS geben Temme und Kreis (2005), S. 193 ff.
[351] Vgl. Fornell und Bookstein (1982a), S. 294, Barclay et al. (1995), S. 292.
[352] Vgl. Hair et al. (1998), S. 605.
[353] Vgl. Chin (1998a).
[354] Vgl. Barclay et al. (1995), S. 301.

Über die genannten Vorteile hinaus erweist sich der PLS-Ansatz als vorteilhafter für die Erklärung komplexer Beziehungen.[355] Der LISREL-Ansatz besitzt eher konfirmatorischen Charakter, während der PLS-Ansatz häufig in explorativen Studien zur Erklärung komplexer Zusammenhänge zum Einsatz kommt.[356]

Tabelle 4-4 gibt einen Überblick über die wesentlichen Unterschiede zwischen PLS und LISREL.

Tabelle 4-4:   *Vergleich zwischen PLS und LISREL*

Kriterium	LISREL	PLS
Modell	Kovarianz-Struktur-Modell	Daten-Struktur-Modell
Vorgehen	Schätzung der Parameter durch Annäherung der modelltheoretischen Korrelationsmatrix an die empirische Korrelationsmatrix	Schätzung der Parameter durch Minimierung der Residualvarianz im linearen Modell
Schätzmethode	Maximum-Likelihood	Kleinste Quadrate
Anforderungen an die Daten	- ausschließlich reflektive Konstrukte - multivariate Verteilungsannahmen - große Stichproben (>200) - Intervall-Skalenniveau	- formative und reflektive Konstrukte - keine Verteilungsannahmen - kleine Stichproben - Nominal-, Ordinal- und Intervallskalenniveau

Quelle: Eigene Erstellung in Anlehnung an Fornell und Bookstein (1982b).

Kritik am PLS-Ansatz ergibt sich aus den geringen Voraussetzungen, mit denen das Verfahren auskommt. Aufgrund der fehlenden Verteilungsannahmen können Messfehler des Modells nicht quantifiziert und für die Beurteilung der Güte des Modells nur heuristische Verfahren herangezogen werden.[357] Ein weiteres Problem des PLS-Verfahrens besteht in der Konsistenz der Schätzer, die im Gegensatz zu LISREL zwar nicht konsistent sind, aber zumindest als „consistent at large" bezeichnet werden kön-

---

[355] Vgl. Fornell und Bookstein (1982b), Fornell et al. (1990), S. 1250.
[356] Vgl. beispielsweise Knepel (1981), S. 251.
[357] Vgl. Chin (1998a), S. 316.

nen, das heißt, dass sich die geschätzten Werte mit steigender Stichprobengröße und steigender Zahl Indikatoren pro Konstrukt den wahren Parameterwerten annähern. Die Gegenüberstellung der Verfahren hat gezeigt, dass die für Online-Marketing-Kooperationen abgeleiteten Erklärungsmodelle mit den vorliegenden Daten nur mit Hilfe des Partial-Least-Squares-Verfahrens geschätzt werden können. Dieses Verfahren wird daher im folgenden Abschnitt näher beschrieben.[358]

4.4.2 Der Partial-Least-Squares-Ansatz (PLS)

Das Strukturmodell umfasst die Beziehungen der hypothetischen Konstrukte und ihre Wirkungsbeziehungen untereinander, das Messmodell beschreibt die Beziehungen zwischen den latenten Variablen und ihren Indikatoren. Die Beziehungen werden im PLS-Ansatz als linear angekommen. Abbildung 4-36 gibt einen Überblick über das PLS-Grundmodell.

Abbildung 4-36: PLS-Grundmodell

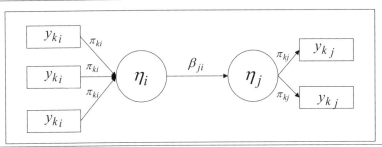

Quelle: In Anlehnung an Betzin & Henseler (2005), S. 51.

Im Modell stellt η_i die exogenen Konstrukte des Modells dar. y_{k_i} und y_{k_j} steht für die Indikatoren des Modells, β_{ji} für die Pfadkoeffizienten des Strukturmodells und π_{ki} und π_{kj} für die Regressionskoeffizienten des Messmodells.

---

[358] Die Analysen wurden mit Hilfe der von Hansmann und Ringle entwickelten und von Temme und Kreis empfohlenen Software SmartPLS durchgeführt. Vgl. Temme und Kreis (2005). S. 207 f.

Die Beziehungen zwischen den latenten Variablen im *Strukturmodell* werden als kausale Abhängigkeiten interpretiert und in einem System aus Regressionsgleichungen formuliert:

(1) $$\eta_j = \sum_i \beta_{ji}\eta_i + \upsilon_j$$

Dabei bezeichnet η_j ein endogenes hypothetisches Konstrukt, das von den Konstrukten η_i determiniert wird, β_{ji} bezeichnet die Regressionskoeffizienten und v_j die innere Residualvariable. Die Fehlerterme vj werden als unabhängig von den Prädiktorvariablen η_i angenommen:[359]

(2) $$\text{cov}(\eta_i; \upsilon_j) = 0$$

so dass

(3) $$E(\upsilon_j) = 0$$

Die latente Variable η_j erscheint als Regressand ihrer im Pfadmodell auftretenden exogenen latenten Variablen η_i. Als exogene latente Variablen werden dabei alle Konstrukte betrachtet, die im Strukturmodell nach der Pfeilnotation vor einer latenten Variablen η_j auftreten. Das Strukturmodell muss zusätzlich ein rekursives Modell sein, das heißt, dass keine der latenten Variablen auf sich selbst zurückwirken kann.

Das *Messmodell* spezifiziert die Beziehungen zwischen den latenten Variablen und den Indikatorvariablen. Grundsätzlich bestehen zwei Möglichkeiten, mit denen die latenten Variablen und die Indikatorvariablen miteinander verbunden sein können: Reflektive Konstrukte werden indirekt durch ein Set von Indikatorvariablen gemessen, die durch das Konstrukt erklärt werden. Jede reflektive Indikatorvariable kann durch eine einfache lineare Beziehung zu ihrem Konstrukt beschrieben werden (Mode A):

(4) $$y_{k_j} = \pi_{k_j}\eta_j + \varepsilon_{k_j} \qquad \text{Mode A}$$

Formative Konstrukte werden dagegen durch ihre Indikatoren erklärt und sind eine lineare Kombination ihrer Indikatorvariablen (Mode B):[360]

(5) $$\eta_j = \sum_{k_j} \pi_{k_j} y_{k_j} + \varepsilon_{k_j} \qquad \text{für k=1,..,K} \qquad \text{Mode B}$$

---

[359] Vgl. beispielsweise Chin (1998), S. 313.
[360] Vgl. Fornell und Bookstein (1982b), S. 441.

Während die Schätzung von Mode A aus einer Serie einfacher Regressionen mit den Indikatoren als abhängigen Variablen besteht, basiert die Schätzung von Mode B auf einer multiplen Regression mit den Indikatoren eines Konstruktes als unabhängigen Variablen.[361] Die Pfadkoeffizienten sind für reflektive Konstrukte als Ladungskoeffizienten zu interpretieren, während sie für formative Konstrukte Gewichte darstellen.[362]

Die *Berechnung der Modellparameter* erfolgt über einen zweistufigen Algorithmus:

- In der ersten Stufe werden die Konstrukte über einen Iterationsalgorithmus geschätzt.
- Im zweiten Schritt werden die Modellparameter mit Kleinstquadratschätzungen berechnet.[363] Der Ablauf des Iterationsalgorithmus ist in Abbildung 4-37 dargestellt:

Abbildung 4-37: Ablauf des Schätzalgorithmus

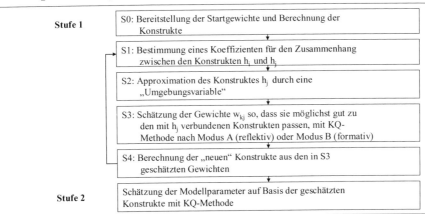

Quelle: Eigene Darstellung in Anlehnung an Lohmöller (1989), S. 29

Der Schätzung der Parameter liegt die Annahme zugrunde, dass die Konstrukte Linearkombinationen der zugehörigen Indikatorvariablen sind:

(6) $\quad \eta_j = \sum_{k_j} \omega_{k_j} y_{k_j}$

---

[361] Vgl. Seltin und Keeves (1994), S. 4355.
[362] Vgl. Fornell und Bookstein (1982b), S. 441.
[363] Vgl. Lohmöller (1989), S. 29.

Dabei bezeichnen ω_{kj} Schätzungen der Pfadkoeffizienten π_{kj}, die zunächst unbekannt sind und im Iterationszyklus geschätzt werden. y_{kj} sind die Beobachtungen des k-ten Indikators des Konstrukts j.[364]

Für die Schätzung werden zunächst beliebige Startgewichte ω_{kj} vorgegeben, aus denen die Konstrukte berechnet werden.[365] Im ersten Schritt des Iterationsalgorithmus wird ein Koeffizient v_{ji} für den Zusammenhang zwischen den Konstrukten bestimmt. Für die Bestimmung des Zusammenhangs bestehen drei Verfahren. Das *Centroid-Weighting* bezieht nur die Vorzeichenrichtung der zu berechnenden latenten Variablen und den benachbarten latenten Variablen ein. Die Stärke und Richtung des Zusammenhangs wird nicht berücksichtigt. Das Centroid-Weighting wird wegen des hohen Informationsverlustes kaum verwendet.

(7) $\begin{cases} signCOV(\hat{\eta}_j; \hat{\eta}_i) & \text{wenn } \eta_j \text{ und } \eta_i \text{ verbunden} \\ v_{ji}=0 & \text{sonst} \end{cases}$

Das *Factor-Weighting* bezieht zusätzlich die Stärke des Zusammenhangs in die Beziehungsvariable ein, indem es den Korrelationskoeffizienten zwischen den verbundenen Konstrukten verwendet.

(8) $\begin{cases} CORR(\hat{\eta}_j; \hat{\eta}_i) & \text{wenn } \eta_j \text{ und } \eta_i \text{ verbunden} \\ v_{ji}= 0 & \text{sonst} \end{cases}$

Das *Path-Weighting* berücksichtigt zusätzlich, in welchem Zusammenhang die Konstrukte zueinander stehen. Die unabhängigen Variablen werden daher mit ihren Regressionskoeffizienten gewichtet, während die abhängigen Variablen mit ihren Korrelationskoeffizienten gewichtet werden.[366] Das Path-Weighting wird häufig verwendet, wenn Hypothesen über die Richtung des Zusammenhangs zwischen den Konstrukten vorliegen. Liegen keine Annahmen über die Beziehungen zwischen den Konstrukten vor, ist das Factor-Weighting die geeignete Methode. Im Rahmen dieser Arbeit wird

---

[364] Vgl. Seltin und Keeves (1994), S. 4354.
[365] Vgl. Fornell und Cha (1994), S. 64.
[366] Vgl. Lohmöller (1989), S. 42.

aufgrund der vorliegenden Richtungsannahmen der Beziehungen das Path-Weighting-Verfahren angewendet.

Im zweiten Schritt des Iterationsalgorithmus (S2) wird eine so genannte „Umgebungsvariable" berechnet, bei der es sich um eine Approximation des Konstruktes η_j aus den mit dem Koeffizienten υ_{ji} gewichteten verbundenen Konstrukten handelt.

(9) $$\tilde{\eta}_j := \sum_i \upsilon_{ji} \hat{\eta}_i$$

Mit $\hat{\eta}$ wird dabei die Umgebungsvariable bezeichnet.

Aus dieser Umgebungsvariable werden im dritten Schritt des Iterationsalgorithmus (S3) die Gewichte ω berechnet. Hierbei kommen die beiden Schätzmodi A und B zum Tragen.

Diese Gewichte werden für eine neue Berechnung der Konstrukte (S4) berechnet, der Iterationsalgorithmus wird von neuem gestartet. Die Iteration endet, wenn keine Verbesserung mehr erreicht werden kann.

In der zweiten Stufe des Schätzalgorithmus werden aus den in der ersten Stufe geschätzten Konstrukten die Modellparameter berechnet. Alle Berechnungen erfolgen auf der Basis von Kleinstquadrat-Schätzungen.

4.4.3 Gütekriterien zur Beurteilung des PLS-Modells

Da das PLS-Verfahren ohne Verteilungsannahmen auskommt, können für die Beurteilung der Güte keine parametrischen Signifikanztests herangezogen werden. Aus diesem Grund kommen heuristische Verfahren zur Anwendung.[367]

Die Beurteilung der Güte des Erklärungsmodells erfolgt in zwei Schritten:

(1) Im ersten Schritt wird die Güte des Messmodells oder Outer Model festgestellt, da die Validität des Strukturmodells nur gegeben ist, wenn die Indikatoren die hypothetischen Konstrukte valide erklären.[368]

---

[367] Vgl. Chin (1998a), S. 213.
[368] Vgl. Anderson und Gerbing (1988), S. 417, Hulland (1999), S. 198, Birkenshaw et al. (1995), S. 647.

(2) Wenn die Validität des Messmodells sichergestellt ist, kann die Güte des Strukturmodells beurteilt werden. Nur so kann gewährleistet werden, dass die Interpretation der Ergebnisse auf Basis reliabler und valider Ergebnisse erfolgt.[369]

Für die Bewertung des Mehrgleichungsstrukturmodells werden Methoden eingesetzt, die auf der einen Seite den Erklärungsgehalt des Struktur- und des Messmodells, auf der anderen Seite die Robustheit der Schätzer bestimmen.[370] Die Beurteilung der Güte des Messmodells muss differenziert werden nach reflektiven und formativen Indikatoren.

Die **Güte des reflektiven Messmodells** kann anhand der Ladungen der Indikatoren auf das zugehörige Konstrukt beurteilt werden.[371] Die Indikatoren sollten die Varianz des Konstruktes möglichst gut erklären. Dazu werden die Faktorladungen betrachtet, die die Beziehungsstärke zwischen dem Faktor und seiner Ausgangsvariablen angeben.[372] Die Empfehlung ist, nur Variablen mit einer Faktorladung größer 0,707 in die Untersuchung einzubeziehen.[373] Ergänzend wird eine Hauptkomponentenanalyse durchgeführt, die ebenfalls Werte für die Ladungen zwischen Indikatoren und Konstrukt ergibt.

Zwei weitere Beurteilungsmaße reflektiver Messmodelle sind der IC-Wert und der AVE-Wert. Der von Werts, Linn und Jöreskog entwickelte IC-Wert ist ähnlich wie Cronbachs Alpha ein Maß für die innere Konsistenz der Schätzer.[374] Der IC-Wert berechnet sich:

(10) $$IC = \frac{(\sum_{i=1}^{k} \lambda_i)^2}{(\sum_{i=1}^{k} \lambda_i)^2 + k - \sum_{i=1}^{k} \lambda_i^2}$$

---

[369] Vgl. Anderson und Gerbing (1988), S. 453.
[370] Vgl. Chin (1998b), S. 316.
[371] Vgl. Hulland (1999), S. 210, Rossiter (2002), S. 311.
[372] Vgl. Chin und Gopal (1995), S. 54, Hulland (1999), S. 198.
[373] 0,707 ist die Wurzel aus 0,5. Vgl. dazu beispielsweise Venaik et al. (2004).
[374] IC steht für Internal Consistency. Zum IC-Wert vgl. Werts et al. (1974).

mit λ_i für die Faktorladung des Indikators i sowie k für die Anzahl der das Konstrukt messenden Indikatoren.

Der IC-Wert unterscheidet sich von Cronbachs Alpha durch die Berücksichtigung der individuellen Ladungen der Indikatoren, während Cronbachs Alpha von gleichen Ladungen der Indikatoren ausgeht.[375] Der IC-Wert kann daher unter der Voraussetzung, dass die geschätzten Parameterwerte korrekt sind, als exakteres Maß angesehen werden.[376]

Ein weiteres Verfahren zur Beurteilung reflektiver Messmodelle ist die von Fornell und Larcker vorgeschlagene Bestimmung der durchschnittlich erfassten Varianz, das AVE-Maß.[377] Das AVE-Maß lässt sich aus den mit PLS geschätzten Ladungen ermitteln:

(11) $$AVE = \frac{\sum_{i=1}^{k} \lambda_i^2}{\sum_{i=1}^{k} \lambda_i^2 + k - \sum_{i=1}^{k} \lambda_i^2}$$

mit λ_i für die Faktorladung des Indikators i sowie k für die Anzahl der das Konstrukt messenden Indikatoren. Es kann somit überprüft werden, wie hoch der durch einen Faktor erklärte Varianzanteil manifester Variablen ist.

Die Werte der Gütemaße liegen zwischen null und eins, wobei ein höherer Wert auf eine bessere Qualität der Messung schließen lässt. Für den IC-Wert gelten Werte höher 0,7 und für das AVE-Maß Werte höher 0,5 als akzeptabel.

Da formative Konstrukte die Kausalrichtung der Indikatoren umkehren, können die Gütemaße für reflektive Messmodelle nicht auf formative Messmodelle übertragen werden.[378] Für die Beurteilung der **Güte des formativen Messmodells** müssen andere Kriterien herangezogen werden, da die Indikatoren nicht miteinander korreliert sein

---

[375] Vgl. Barclay et al. (1995), S. 297.
[376] Vgl. Chin (1998a), S. 320.
[377] AVE steht für Average Variance Extracted. Zu dem AVE-Maß vgl. Fornell und Larcker (1981), S. 45.
[378] Vgl. Diamantopoulos (1999), S. 453 f.

müssen.[379] Zudem müssen formative Indikatoren nicht zwangsläufig eine starke Beziehung zum zugehörigen Konstrukt aufweisen.[380]

Die Güte ist zunächst anhand ihrer *Inhaltsvalidität* beziehungsweise der *Indikatorrelevanz* zu überprüfen. Hierzu sind zunächst Vorzeichen und Größe der Pfadkoeffizienten zu beurteilen.[381] Die Vorzeichen sollen die erwartete Richtung aufweisen und eine adäquate Größe besitzen. Geringe Gewichte formativer Indikatoren dürfen allerdings nicht voreilig als „dürftiges" Messmodell interpretiert werden, da der PLS-Ansatz die Höhe der erklärten Varianz der abhängigen Variablen maximiert und somit bei nichtkorrelierten formativen Indikatoren häufig geringe Gewichte auftreten.[382] Während in reflektiven Messmodellen die Eliminierung von Indikatoren mit geringen Ladungen empfohlen wird, darf diese Regel nicht unreflektiert bei formativen Messmodellen angewendet werden. Aus diesem Grund müssen bei der Reduktion formativer Items neben statistischen Aspekten auch inhaltliche Überlegungen berücksichtigt werden.[383] Dafür bestehen zwei Gründe: Erstens sind formative Indikatoren auf Basis theoretisch-konzeptioneller Überlegungen dem Konstrukt zugeordnet worden. Zweitens weisen formative Konstrukte aufgrund der Tatsache, dass die Indikatoren nicht miteinander korreliert sein müssen, häufig geringe Gewichte auf und besitzen somit nur geringes Gewicht im Messmodell. Trotzdem kann ihre Eliminierung eine inhaltliche Verfälschung des Messmodells zur Folge haben.[384]

Da eine hohe Korrelation zwischen formativen Indikatoren zur Verzerrung der Ergebnisse führen kann, müssen formative Indikatoren auf *Multikollinearität* überprüft werden.[385] Bei vorliegender Multikollinearität kann der singuläre Einfluss eines Schätzers nicht isoliert werden, so dass er mit hoher Wahrscheinlichkeit redundante Informationen enthält.[386] Dabei wird unter Kollinearität der Grad der linearen Abhängigkeit der Indikatoren verstanden. Um lineare Abhängigkeiten innerhalb der formativen Indika-

---

[379] Vgl. Krafft (1999), S. 124 f.
[380] Vgl. Krafft et al. (2005), S. 76. Der PLS-Ansatz unterstellt generell eine fehlerfreie Messung des formativen Messmodells, die jedoch nicht immer möglich ist.
[381] Vgl. beispielsweise Chin (1998a),
[382] Vgl. Chin (1998a), S. 307.
[383] Vgl. Krafft et al. (2005), S. 78.
[384] Vgl. Bollen und Lennox (1991), S.308, Jarvis et al. (2003), S. 202.
[385] Zu den Auswirkungen von Multikollinearität in Mehrgleichungsstrukturmodellen vgl. Grewal et al. (2004).
[386] Vgl. Diamantopoulos und Winklhofer (2001), S. 272.

toren aufzudecken, werden die Toleranz- und Varianzinflationswerte der Schätzer sowie der Konditionsindex überprüft.[387]

Die Varianzinflation gibt an, um welchen Faktor sich die Varianz eines Parameterschätzers aufgrund von Multikollinearität erhöht. Der Minimalwert der Varianzinflation und der Maximalwert der Toleranz ist 1, wenn die Indikatoren vollkommen unabhängig voneinander sind. Ein hoher Wert für die Varianzinflation beziehungsweise ein geringer Wert für die Toleranz deuten auf das Vorliegen von Multikollinearität hin. Ein exakter Grenzwert für das Vorliegen von Multikollinearität besteht nicht. Die häufig angewendete Regel, dass bei Varianzinflationswerten größer 10 und Toleranzwerten kleiner 0,1 von Multikollinearität auszugehen ist,[388] muss kritisch betrachtet werden, da beispielsweise ein Varianzinflationswert von 10 bereits einem sehr hohen multiplen Korrelationskoeffizienten von 0,9 entsprechen würde, was bedeutet, dass 90% der Varianz durch die anderen unabhängigen Variablen erklärt werden.[389] Da es bei Varianzinflationswerten größer 2 bereits zu Multikollinearitätsproblemen kommen kann, wird dieser Wert als obere Grenze für die Multikollinearitätsdiagnose verwendet. Entsprechend wird für den Toleranzwert als untere Grenze ein Wert von 0,5 akzeptiert, da bei kleineren Werten bereits Multikollinearitätsprobleme auftreten können.[390]

Der Konditionsindex ist ein Maß der Sensitivität der Lösung linearer Gleichungen auf Veränderung einzelner Elemente. Der Konditionsindex ξ_i berechnet sich folgendermaßen:

(12) $$\xi_i = \sqrt{\frac{\lambda_{max}}{\lambda_j}},$$

wobei λ_{max} den größten Eigenwert eines Schätzers und λ_j den Eigenwert der einzelnen Schätzer bezeichnet.

---

[387] Der Varianzinflationswert ist der Kehrwert der Toleranz, vgl. Eckey et al. (2001), S. 93.
[388] Vgl. Chatterjee und Price (1977), S. 182.
[389] Vgl. Schneider (2005), S. 6.
[390] Vgl. Morrow-Howell (1994), S. 249.

Ein hoher Konditionsindex deutet auf das Vorliegen von Multikollinearität hin. Als Richtwert für den Konditionsindex gilt, dass bei Werten größer 30 von Multikollinearität auszugehen ist.[391]

Abschließend wird sowohl das formative als auch das reflektive Messmodell anhand der *t-Werte und Signifikanzen* beurteilt. Da keine Verteilungsannahmen bestehen, werden für die Bestimmung der t-Werte und Signifikanzen so genannte Resampling-Methoden herangezogen, die approximierte t-Statistiken liefern.[392] Die bekanntesten Resampling-Methoden sind das Jacknife-Verfahren und das Bootstrap-Verfahren. Da das Bootstrap-Verfahren einen geringen Standardfehler aufweist, ist es dem Jacknife-Verfahren zur Gütebeurteilung vorzuziehen.[393] Aus diesem Grund wird in dieser Arbeit das Bootstrap-Verfahren angewendet. Mit Hilfe des Bootstrapping werden Teile der Datenmatrix für die Schätzung zunächst ausgeschlossen und im Anschluss anhand der geschätzten Parameter rekonstruiert. Dies wird iterativ für jeden Datenpunkt der Matrix durchgeführt, so dass auf Basis der Ergebnisse die Standardfehler und t-Werte der Parameter ermittelt werden können.[394] Da für den Einfluss der Indikatoren auf die Konstrukte eine Wirkungsrichtung unterstellte wurde, wird für die Ermittlung der Signifikanzen ein einseitiger t-Test durchgeführt.

Erweist sich das Messmodell als geeignet zur Erklärung der Konstrukte, so wird im nächsten Schritt die **Güte des Strukturmodells** und somit die Gültigkeit der aufgestellten Hypothesen überprüft. Auch hier müssen die Parameter des Modells überprüft werden. Darüber hinaus soll in einem weiteren Schritt die Stabilität und Prognosefähigkeit des jeweiligen Erklärungsmodells untersucht werden.

Im ersten Schritt wird das *Bestimmtheitsmaß R^2* der latenten Variablen begutachtet. Das R^2 gibt an, welcher Teil der Varianz durch die exogenen Variablen erklärt wird.[395] Je höher also der Wert des R^2 ausfällt, desto mehr Streuung wird durch das Modell

---

[391] Vgl. Belsley et al. (1980), S. 104 f.
[392] Vgl. Chin (1998a), S. 318 ff.
[393] Vgl. Efron (1979).
[394] Zur ausführlichen Beschreibung der Bootstrap-Methode vgl. Efron (1979), Efron und Gong (1983), Efron (2000).
[395] Die Interpretation des Bestimmtheitsmaßes entspricht der klassischen Regressionsanalyse. Vgl. dazu Backhaus et al. (2003), S. 63.

erklärt. Da die Anzahl der unabhängigen Variablen den Wert des R² beeinflusst, wird für die Beurteilung des Modells zusätzlich das um die Anzahl der Variablen korrigierte Bestimmtheitsmaß R²$_{korr}$ verwendet. Das korrigierte R² berechnet sich wie folgt:

(13) $$R^2_{korr} = R^2 - \frac{I*(1-R^2)}{N-I-1},$$

wobei N für die Anzahl der Beobachtungswerte und I für die Anzahl direkt vorgeschalteter exogener Variablen steht.[396]

Weiterhin werden auch im Strukturmodell die Schätzparameter anhand ihrer *t-Werte* und *Signifikanzen* beurteilt, die mit Hilfe des Bootstrap-Verfahrens generiert wurden.[397] Darüber hinaus sollte die *Einflussstärke* der einzelnen unabhängigen Variablen überprüft werden. Seltin und Keeves (1994) geben an, dass alle Pfadkoeffizienten mit einem Wert größer 0,1 einen nicht vernachlässigbaren Einfluss im Modell besitzen.[398] Um den Einfluss der einzelnen latenten Variablen auf die abhängigen Variablen beurteilen zu können, wird zusätzlich die *Effektstärke f²* herangezogen. Die Effektstärke gibt die Änderung des R² bei Eliminierung oder Hinzufügung von Variablen an:[399]

(14) $$f^2 = \frac{R^2_{incl} - R^2_{excl}}{1 - R^2_{incl}}$$

Die Effektstärke wird berechnet, indem das Strukturmodell einmal inklusive (R²$_{incl}$) und einmal exklusive (R²$_{excl}$) der betrachteten unabhängigen Variablen gerechnet wird. Dabei deuten Werte für das f² von 0,02, 0,15 und 0,35 darauf hin, ob eine unabhängige latente Variable einen schwachen, moderaten oder substanziellen Einfluss auf die zu ihr in Bezug stehende endogene Variable ausübt.[400]

Um die gesamte Beziehungsstruktur des Modells erfassen zu können, werden die Gesamteffekte der unabhängigen Variablen betrachtet, die neben den direkten Effekten auch die indirekten Beziehungen zwischen den Variablen berücksichtigen. Die so genannten „Total Effects" werden durch Addition der direkten und indirekten Effekte

---

[396] Vgl. Backhaus et al. (2003), S. 24.
[397] Vgl. Venaik et al. (2003), S. 96.
[398] Vgl. Seltin und Keeves (1994), S. 4356.
[399] Vgl. Cohen (1988), S. 410 ff.
[400] Vgl. Chin (1998a), S. 316 f.

berechnet, wobei sich die indirekten Effekte aus der Multiplikation der hintereinander geschalteten direkten Effekte ergeben.[401]

Abschließend wird die Prognosegüte der Modelle mit Hilfe der *Kreuzvalidierung* überprüft. Für die Kreuzvalidierung können entweder zwei unabhängige Stichproben verwendet oder die vorhandene Stichprobe geteilt werden.[402] Aufgrund des in diesem Forschungsprojekt vorliegenden kleinen Datensatzes wird die vorhandene Stichprobe geteilt. Dabei werden die Fälle in der Regel zufällig einem Estimation-Sample und einem Holdout-Sample zugeordnet, wobei als Empfehlung für die Aufteilung die Zuordnung von 75% der Fälle zum Estimation-Sample und 25% zum Holdout-Sample gilt. Das Estimation-Sample dient der Schätzung des Modells,[403] während die Werte der latenten Variablen aus den Daten des Holdout-Samples und den mit dem Estimation-Sample geschätzten Parametern berechnet werden. Anschließend wird der Korrelationskoeffizient r zwischen der berechneten Werten aus dem Holdout-Sample mit den tatsächlichen Beobachtungswerten berechnet. Ein hoher Wert für die Korrelation r bedeutet einen hohen Teil an erklärter Varianz r^2 durch das Modell. Je geringer die Differenz zwischen dem R^2 und dem r^2 ist, desto höher ist die Prognosekraft des Modells.[404]

4.5 Ergebnisse der empirischen Analyse

Nachdem die Auswertungsmethodik beschrieben wurde, werden nun die Ergebnisse der PLS-Analyse dargestellt. Die Darstellung erfolgt getrennt für strategische Vertriebskooperationen und Affiliate-Programme.

4.5.1 Strategische Vertriebskooperationen

Inhalt dieses Abschnitts sind die Ergebnisse der Schätzung des in Kapitel 3.5.1 abgeleiteten Erklärungsmodells für strategische Vertriebskooperationen. Da die Wirkungsbeziehungen der hypothetischen Konstrukte nur dann sinnvoll auf ihre Gültigkeit ü-

---

[401] Vgl. Roth und Gosslar (1979), S. 53 ff., Birkenshaw et al. (1995), S. 649.
[402] Vgl. Cooil et al. (1987), S. 271.
[403] Bei der Schätzung des Modells mit dem Estimation-Sample werden nur Parameter mit einem t-Wert größer 1 verwendet, vgl. Hansen (1987), S. 523.
[404] Vgl. Chin und Todd (1995), S. 238.

berprüft werden können, wenn sich das Messmodell als geeignet für die Messung der latenten Variablen erweist, wird zunächst die Güte des Messmodells überprüft, um anschließend auf die Ergebnisse des Strukturmodells einzugehen.

4.5.1.1 Güte des Messmodells für strategische Vertriebskooperationen

Zur Beurteilung des Messmodells werden zunächst in Tabelle 4-5 die *Gewichte beziehungsweise Ladungen* der Indikatoren, die mit Hilfe des Bootstrap-Verfahrens ermittelten t-Werte und die zugehörigen Signifikanzen, dargestellt.[405]

Tabelle 4-5:   *Ergebnisse des Messmodells für strategische Vertriebskooperationen*

Konstrukt Indikator	Ladung/ Gewicht	Beobachteter t-Wert	Signifikanz- niveau
Wirtschaftlicher Erfolg (single Item)			
Zufriedenheit Umsatz	1		
Qualitativer Erfolg (reflektiv)			
Zufriedenheit Bekanntheit	0,922	5,526	0,000*
Zufriedenheit Image	0,832	6,444	0,000*
Vergütung (erfolgsabhängig) (formativ)			
Pay-per-Click	0,157	0,528	0,300
Pay-per-Lead	0,955	3,976	0,000*
Provision	0,792	2,824	0,003*
Aufwandverteilung (nachteilig) (formativ)			
Kosten der Anpassung	0,220	0,579	0,283
Hosting des Angebots	0,915	3,894	0,000*
Machtverteilung (nachteilig) (single Item)			
starke Partnerposition	1		
Alternativen E-Commerce-Anbieter (formativ)			
Anderer Partner	0,896	1,507	0,069
Andere Werbemaßnahmen	0,500	0,852	0,199
Alternativen Kooperationspartner (formativ)			
Eigenes Angebot	0,781	5,142	0,000*
Anderer Partner	0,479	2,582	0,007*

---

[405] Auf dem 5%-Niveau signifikante Ergebnisse wurden mit * gekennzeichnet.

Konstrukt Indikator	Ladung/ Gewicht	Beobachteter t-Wert	Signifikanz- niveau
Individualisierung (formativ)			
Individuelle Anpassung	0,198	0,542	0,295
Tiefe der Einbindung	0,131	0,581	0,282
Kommunikation	0,715	1,556	0,063
Kooperationsunterstützende Maßnahmen	0,327	0,751	0,228
Ressourceneinsatz E-Commerce-Anbieter (formativ)			
Leistungsangebot	0,158	0,354	0,362
Image	0,963	2,320	0,012*
Ressourceneinsatz Kooperationspartner (formativ)			
Besucherfrequenz	0,381	2,293	0,013*
Image	0,338	1,903	0,032*
Zielgruppe	0,770	4,842	0,000*
Kompatibilität (reflektiv)			
Komplementarität der Angebote	0,842	10,826	0,000*
Kundenansprache	0,774	8,539	0,000*
Zielgruppe	0,788	9,321	0,000*
Lose Kopplung (single Item)			
Vertragliche Regelung	1		
Externe Unsicherheit (formativ)			
Wettbewerbsintensität	0,540	1,250	0,109
Wirtschaftliches Scheitern	0,881	1,903	0,032*
Vertrauen (formativ)			
Freundschaftliche Zusammenarbeit	0,881	3,691	0,000*
Keine Ausnutzung der Stärke	0,953	4,423	0,000*

Quelle: Eigene Erstellung

Die Beurteilung des Messmodells muss aufgrund der unterschiedlichen Wirkungsweisen für reflektive und formative Konstrukte getrennt erfolgen.

Im ersten Schritt wird *die Güte des reflektiven Messmodells* überprüft. Bei der Betrachtung der Ergebnisse in Tabelle 4-5 fällt auf, dass die reflektiven Konstrukte „Qualitativer Erfolg" und „Kompatibilität der Partner" hochsignifikant durch ihre Indikatoren erklärt werden.

Um die reflektiven Indikatoren weitergehend auf ihre Eignung zur Erklärung der Konstrukte überprüfen zu können, werden sie anhand ihrer Ladungen auf das zugehörige Konstrukt beurteilt. Dazu werden in Tabelle 4-6 die Ladungen der PLS-Analyse sowie einer separat durchgeführten Hauptkomponentenanalyse betrachtet. Die Indikatoren werden dann als geeignet zur Erklärung des Konstrukts angesehen, wenn ihre Ladung den Wert von 0,707 überschreitet, da in diesem Fall mehr als 50% der Varianz eines

Indikators durch das Konstrukt erklärt wird.[406] Da die Ladungen aller reflektiver Indikatoren diesen Wert überschreiten, können sie als geeignet für die Messung angesehen werden.

Tabelle 4-6: *Faktorladungen der reflektiven Indikatoren des Messmodells für strategische Vertriebskooperationen*

Konstrukt	Indikator	Ladung PLS	Ladung HKA
Qualitativer Erfolg	Steigerung der Bekanntheit	0,922	0,881
	Verbesserung des Image	0,832	0,881
Kompatibilität	Komplementarität der Angebote	0,842	0,852
	Zielgruppe	0,774	0,779
	Kundenansprache	0,788	0,772

Quelle: Eigene Erstellung

Weitere Maße für die Güte des reflektiven Messmodells sind der IC-Wert und das AVE-Maß. In Tabelle 4-7 wird deutlich, dass der IC-Wert für beide reflektiv gemessenen Konstrukte über dem erwünschten Wert von 0,7 und der AVE-Wert höher als der geforderte Wert von 0,5 liegt.

Tabelle 4-7: *IC-Wert und AVE-Wert der reflektiven Konstrukte des Erklärungsmodells für strategische Vertriebskooperationen*

Konstrukt	IC-Wert	AVE-Wert
Qualitativer Erfolg	0,870	0,771
Kompatibilität	0,844	0,643

Quelle: Eigene Erstellung

Insgesamt können die reflektiven Indikatoren somit als geeignet für die Messung der Konstrukte angesehen werden.

Für das *formative Messmodell* gilt dies nur mit Einschränkungen, wie die folgenden Ausführungen zeigen. Die Güte des formativen Messmodells wird zunächst auf der Basis inhaltlicher Überlegungen festgestellt. Dazu werden die Ergebnisse aus Tabelle 4-5 herangezogen. Insbesondere bei formativen Indikatoren können schwache Einflüsse auftreten, da inhaltliche Überlegungen zur Bildung der Indikatoren geführt haben.

---

[406] Der Wert 0,707 ist die Wurzel aus 0,5.

Dies führt dazu, dass auch nicht signifikante Indikatoren nicht aus dem Modell eliminiert werden, da auch diese zur inhaltlichen Erklärung der Konstrukte beitragen können und anderenfalls Konstrukte nur unvollständig beschrieben würden.[407]

Da bei der Beurteilung der Schwerpunkt stärker auf der Erklärungskraft beziehungsweise Prognosekraft des Modells als auf einem signifikanten Modell liegt, steht nicht die Signifikanz der Einzelbeziehungen im Vordergrund, sondern die Stärke des Zusammenhangs, weil damit beurteilt werden kann, inwiefern die Indikatoren zur Erklärung der formativen Konstrukte beitragen. Daher wird als Richtwert für den Einfluss der Indikatoren nicht die Signifikanz herangezogen, sondern der t-Wert, da Beziehungen mit einem t-Werte größer 1 zu Prognosezwecken herangezogen werden können.[408]

Die folgenden Beziehungen besitzen nicht den erwarteten Einfluss oder weisen Besonderheiten auf:

Das Konstrukt „*erfolgsabhängige Vergütung*" wird nur durch die Modelle der Provisionsvergütung und Pay-per-Lead-Vergütung signifikant erklärt. Die Pay-per-Click-Vergütung besitzt dagegen keinen signifikanten Einfluss und einen t-Wert kleiner 1 und trägt damit nicht zur Erklärung des Konstrukts bei. Die Pay-per-Click-Vergütung wird allerdings auch nur in 12% der strategischen Vertriebskooperationen eingesetzt, der größte Teil der Kooperationen basiert bereits auf Provisionsvergütung. Die geringe Bedeutung der Pay-per-Click-Vergütung liegt möglicherweise darin begründet, dass diese Vergütungsform die am wenigsten transaktionsgebundene ist, da die Vergütung bereits beim Click auf die Kooperationslösung stattfindet. Außerdem wurde die Pay-per-Click-Vergütung in der Entstehungsphase von Online-Marketing-Kooperationen häufig verwendet, wird aber zunehmend durch die stärker transaktionsgebundenen Modelle Pay-per-Lead und Pay-per-Sale abgelöst.

Das Konstrukt „*Aufwandverteilung*" weist nur für das Hosting der Anpassung signifikante Werte auf. Die Verteilung der Kosten für die Anpassung der Kooperationslösung trägt nicht zur Erklärung des Konstrukts bei. In zwei Dritteln der betrachteten Kooperationen übernimmt der E-Commerce-Anbieter die Kosten der Anpassung vollständig oder zumindest teilweise, die Übernahme der Kosten gilt somit bei einem Großteil der Kooperationen als der Normalfall für den E-Commerce-Anbieter. Mögli-

---

[407] Vgl. dazu die Ausführungen in Kapitel 4.4.3.
[408] Vgl. dazu Hansen (1987), S. 523.

cherweise wurde daher die Bedeutung der Verteilung der Anpassungskosten durch die in der qualitativen Analyse befragten Experten überschätzt.

Bei dem Konstrukt „*Individualisierung*" fällt auf, dass keiner der unterstellten Indikatoren einen signifikanten Einfluss ausübt. Lediglich der Indikator „Kommunikation zwischen den Partnern" besitzt den für Prognosezwecke relevanten t-Wert größer 1. Die Indikatoren „Tiefe der Einbindung", „Kooperationsunterstützende Maßnahmen" und „Anpassung der Kooperationslösung", die von den befragten Experten der qualitativen Analyse als besonders bedeutend erachtet und im Rahmen der Fallstudienerhebung als wichtige Organisationsmerkmale beobachtet wurden, besitzen keinen signifikanten Einfluss. Das Konstrukt wird demzufolge lediglich durch die Kommunikation zwischen den Partnern erklärt, Veränderungen des Konstrukts „Individualisierungsgrad" dürfen somit nur auf Änderungen im Kommunikationsverhalten bezogen werden.

Das Konstrukt „*Ressourceneinsatz des E-Commerce-Anbieters*" wird lediglich durch den Indikator „Image" erklärt, der Indikator „Leistungsangebot des E-Commerce-Anbieters" spielt nur eine geringe Rolle für die Gestaltung und den Erfolg der Kooperation. Dies deutet darauf hin, dass die Hauptzielsetzung des Partners nicht wie erwartet vor allem in der Erweiterung seines Leistungsangebots liegt, sondern in der Aufwertung seiner Website durch attraktive Partner. Das Konstrukt „*Ressourceneinsatz des Kooperationspartners*" wird dagegen durch alle Indikatoren signifikant erklärt, wobei die Zielgruppe des Partners den stärksten Einfluss aufweist. Dieser starke Einfluss korrespondiert mit der Zielsetzung von Online-Marketing-Kooperationen, neue Kunden zielgruppengenau anzusprechen.

Das Konstrukt „*Alternativen des E-Commerce-Anbieters*" wird nur durch den Indikator „Wahl eines anderen Partners" erklärt. Aufgrund der Besonderheiten von Online-Marketing-Kooperationen, die insbesondere in der erfolgsabhängigen Vergütung und der dauerhaften Zusammenarbeit mit einem Partner bestehen, stellen andere Werbemaßnahmen offenbar keine Alternative zu den Kooperationen dar. Das Konstrukt „*Alternativen des Kooperationspartners*" wird dagegen gut durch ihre Indikatoren erklärt, wobei der Einfluss der Möglichkeit, ein eigenes E-Commerce-Angebot aufzubauen, deutlich stärker ist als die Wahl eines anderen Partners. Dies deutet darauf hin, dass auch durch den Affiliate eine sorgfältige Partnerwahl getroffen wird und nur wenige Alternativen zu diesen gewählten Partnern bestehen.

Das Konstrukt „*Externe Unsicherheit*" wird durch die subjektive Einschätzung des Risikos wesentlich stärker erklärt als durch die Wettbewerbsintensität. Der Grund für den schwachen Einfluss der Wettbewerbsintensität liegt möglicherweise darin, dass strategische Vertriebskooperationen insbesondere in bereits etablierten Branchen im E-Commerce auftreten, die bereits eine Marktkonsolidierung durchlaufen haben.

Da das formative Messmodell auf Kleinstquadrat-Schätzung basiert, muss abschließend das Vorliegen von *Multikollinearität* überprüft werden. Multikollinearität lässt sich über die Ungenauigkeit eines Regressionskoeffizientenschätzers feststellen, indem die Toleranz- und Varianzinflationswerte sowie der Konditionsindex überprüft werden. Die Werte werden durch das Durchführen separater linearer Regressionsanalysen ermittelt. In Tabelle 4-8 ist zu erkennen, dass die Toleranzwerte den Grenzwert von 0,5 und die Varianzinflationswerte den Grenzwert von 2 bei weitem nicht erreichen. Die Betrachtung der Konditionsindizes ergibt, dass kein Wert die kritische Größe von 30 überschreitet. Daher kann ein Multikollinearitätsproblem für diese Analyse ausgeschlossen werden.

Tabelle 4-8: *Test auf Multikollinearität des formativen Messmodells für strategische Vertriebskooperationen*

	Toleranz	VIF	Konditionsindex
Vergütung (erfolgsabhängig)			11,519
Pay-per-Click	0,842	1,188	
Pay-per-Lead	0,903	1,107	
Provision	0,928	1,077	
Aufwandverteilung (nachteilig)			5,347
Kosten der Anpassung	0,919	1,088	
Hosting des Angebots	0,919	1,088	
Alternativen E-Commerce-Anbieter			6,717
Anderer Partner	0,992	1,008	
Andere Werbemaßnahmen	0,992	1,008	
Alternativen Kooperationspartner			5,347
Eigenes Angebot	0,919	1,088	
Anderer Partner	0,919	1,088	
Individualisierung			17,130
Individuelle Anpassung	0,876	1,141	
Tiefe der Einbindung	0,918	1,089	
Kommunikation	0,708	1,413	
Kooperationsunterstützende Maßnahmen	0,738	1,354	

	Toleranz	VIF	Konditionsindex
Ressourceneinsatz E-Commerce-Anbieter			11,053
Leistungsangebot	1,000	1,000	
Image	1,000	1,000	
Ressourceeinsatz Kooperationspartner			12,753
Besucherfrequenz	0,970	1,031	
Image	0,968	1,033	
Zielgruppe	0,990	1,010	
Externe Unsicherheit			7,474
Wettbewerbsintensität	0,995	1,005	
Wirtschaftliches Scheitern	0,995	1,005	
Vertrauen			14,665
Freundschaftliche Zusammenarbeit	0,834	1,199	
Keine Ausnutzung der Stärke	0,834	1,199	

Quelle: Eigene Erstellung

Zusammenfassend lässt sich festhalten, dass auch das formative Messmodell grundsätzlich für die Messung der Konstrukte geeignet ist, dass aber die beschriebenen Defizite und Besonderheiten in den Ergebnissen bei der Interpretation der Ergebnisse des Strukturmodells berücksichtigt werden müssen.

4.5.1.2 Güte des Strukturmodells für strategische Vertriebskooperationen

Auf dieser Basis soll im folgenden Abschnitt die Güte des Strukturmodells evaluiert werden. Anhand der Ergebnisse des Strukturmodells werden die aufgestellten Hypothesen auf ihre empirische Gültigkeit überprüft und der Erklärungsgehalt des Modells bestimmt.

Um den durch das Modell erklärten Anteil der Varianz bestimmen zu können, wird zunächst das *Bestimmtheitsmaß R^2* betrachtet, dessen Werte gemeinsam mit dem korrigierten Bestimmtheitsmaßes R^2_{korr} in Tabelle 4-9 dargestellt sind.

Tabelle 4-9: *Bestimmtheitsmaß und korrigiertes Bestimmtheitsmaß der endogenen Konstrukte des Erklärungsmodells für strategische Vertriebskooperationen*

	R^2	R^2_{korr}
Wirtschaftlicher Erfolg	0,382	0,312
Qualitativer Erfolg	0,048	0,007
Vergütung (erfolgsabhängig)	0,074	0,055
Aufwandverteilung (nachteilig)	0,120	0,102
Machtverteilung (nachteilig)	0,518	0,475
Individualisierung	0,392	0,352
Kompatibilität	0,503	0,482
Lose Kopplung	0,176	0,141

Quelle: Eigene Erstellung

Ein allgemeiner Richtwert, ab welcher Höhe das Bestimmtheitsmaß als gut zu betrachten ist, besteht nicht. Die Beurteilung muss daher spezifisch für jeden Fall erfolgen.[409] Die Erklärung der Erfolgsdimensionen durch das Modell fällt unterschiedlich aus: Der Erklärungsanteil der übergeordneten Erfolgsdimension „*Wirtschaftlicher Erfolg*" durch das Modell ist mit 38,2% insgesamt als sehr zufrieden stellend einzuschätzen. Die zweite, untergeordnete Erfolgsdimension „*Qualitativer Erfolg*" kann dagegen mit einem Anteil von 4,8% nur unzureichend durch das Modell erklärt werden.

Die übrigen Gestaltungsfaktoren, die ebenfalls durch das Modell erklärt werden, weisen zum größten Teil ein sehr zufrieden stellendes Bestimmtheitsmaß auf. Das als zentraler Einflussfaktor auf die Gestaltung der Kooperationen angenommene Konstrukt „Machtverteilung" wird ebenso wie die Konstrukte „Individualisierungsgrad" und „Kompatibilität der Partner" substanziell durch ihre exogenen Konstrukte erklärt. Die Erklärung des Konstrukts „Lose Kopplungen" sowie die Gestaltungsvariablen „Vergütungsmodell" und „Aufwandverteilung" ist dagegen nur moderat.

Um zu beurteilen, inwiefern die postulierten Zusammenhänge Gültigkeit besitzen und welche Bedeutung die einzelnen Faktoren für die Erklärung des Kooperationserfolgs aufweisen, wird anschließend das Strukturmodell anhand der Pfadkoeffizienten und ihrer zugehörigen t-Werte und Signifikanzen beurteilt (Tabelle 4-10).

---

[409] Vgl. Backhaus et al. (2003), S. 96.

Tabelle 4-10: *Ergebnisse des Strukturmodells für strategische Vertriebskooperationen*

Konstrukt unabhängiges Konstrukt	Pfadkoeffizient	Beobachteter t-Wert	Signifikanz- niveau
Wirtschaftlicher Erfolg			
Qualitativer Erfolg	0,183	1,583	0,060
Aufwandverteilung (nachteilig)	-0,219	1,495	0,071
Vergütung	0,291	2,459	0,009*
Individualisierung	0,266	1,722	0,046*
Kompatibilität	0,297	2,371	0,011*
Qualitativer Erfolg			
Individualisierung	0,020	0,084	0,467
Kompatibilität	0,219	1,538	0,065
Aufwandverteilung (nachteilig)			
Machtverteilung (nachteilig)	0,347	2,385	0,011*
Vergütung			
Machtverteilung (nachteilig)	0,272	1,769	0,042*
Machtverteilung (nachteilig)			
Alternativen E-Commerce-Anbieter	-0,134	1,124	0,133
Alternativen Kooperationspartner	0,420	3,845	0,000*
Ressourceneinsatz E-Commerce-Anbieter	-0,452	1,806	0,039*
Ressourceneinsatz Kooperationspartner	0,449	3,573	0,000*
Individualisierung			
Lose Kopplung	0,481	2,176	0,017*
Ressourceneinsatz E-Commerce-Anbieter	0,350	2,060	0,023*
Ressourceneinsatz Kooperationspartner	-0,108	0,366	0,358
Kompatibilität			
Ressourceneinsatz E-Commerce-Anbieter	0,187	1,520	0,068
Ressourceneinsatz Kooperationspartner	0,628	6,327	0,000*
Lose Kopplung			
Vertrauen	0,377	3,691	0,000*
Externe Unsicherheit	-0,185	1,301	0,100

Quelle: Eigene Erstellung

Aus den Ergebnissen lässt sich ablesen, dass die postulierten Zusammenhänge nur zum Teil Gültigkeit besitzen:

Auf Basis der Signifikanzen können nur elf der zwanzig Hypothesen bestätigt werden, acht Beziehungen erweisen sich als nicht signifikant, ein unterstellter Zusammenhang (Auswirkung der Machtverteilung auf das Vergütungsmodell) wirkt entgegen der unterstellten Richtung. Tabelle 4-11 gibt einen Überblick über die aufgestellten Hypothesen und ihre Bestätigung beziehungsweise Nicht-Bestätigung durch die Analyseergebnisse.[410]

Tabelle 4-11: Bestätigung der Hypothesen für strategische Vertriebskooperationen durch die Analyse

Hypothese		Erklärungsgrundlage	Analyseergebnis
H_1:	Je höher der qualitative Erfolg der Kooperation ist, desto höher ist der wirtschaftliche Erfolg.	Empirie	nicht bestätigt
H_2:	Je besser die Alternativen des E-Commerce-Anbieters zu dieser Kooperation sind, desto stärker ist seine Machtstellung innerhalb der Kooperation.	Spieltheorie	nicht bestätigt
H_3:	Je besser die Alternativen des Kooperationspartners zu dieser Kooperation sind, desto schwächer ist die Machtstellung des E-Commerce-Anbieters innerhalb der Kooperation.	Spieltheorie	bestätigt
H_4:	Je größer die Bedeutung der Ressourcen des Kooperationspartners für den E-Commerce-Anbieter ist, desto schwächer ist seine Machtstellung innerhalb der Kooperation.	Spieltheorie	bestätigt
H_5:	Je größer die Bedeutung der Ressourcen des E-Commerce-Anbieters für den Kooperationspartner ist, desto stärker ist seine Machtstellung innerhalb der Kooperation.	Spieltheorie	bestätigt
H_6:	Je schwächer die Machtstellung des E-Commerce-Anbieters innerhalb der Kooperation ist, umso weniger wird er ein rein erfolgsabhängiges Vergütungsmodell durchsetzen können.	Spieltheorie	andere Wirkungsrichtung
H_7:	Je schwächer die Machtstellung des E-Commerce-Anbieters innerhalb der Kooperation ist, umso nachteiliger wird für ihn die Verteilung des Kooperationsaufwands ausfallen.	Spieltheorie	bestätigt
H_8:	Eine rein erfolgsabhängige Vergütung wirkt sich gegenüber einem Hybridmodell aus erfolgsabhängiger und fixer Vergütung vorteilhaft auf den wirtschaftlichen Erfolg der Kooperation aus.	Spieltheorie	bestätigt
H_9:	Je höher der Anteil des E-Commerce-Anbieters am Kooperationsaufwand ist, desto geringer ist der wirtschaftliche Erfolg der Kooperation.	Spieltheorie	nicht bestätigt
H_{10}:	Je höher der Einsatz der relevanten Ressourcen des E-Commerce-Anbieters ist, desto stärker ist die Kompatibilität zwischen den Partnern ausgeprägt.	Ressourcenorientierter Ansatz	nicht bestätigt
H_{11}:	Je höher der Einsatz der relevanten Ressourcen des Kooperationspartners ist, desto stärker ist die Kompatibilität zwischen den Partnern ausgeprägt.	Ressourcenorientierter Ansatz	bestätigt
H_{12}:	Je stärker die Kompatibilität zwischen den Partnern ausgeprägt ist, desto höher ist der qualitative Erfolg der Kooperation.	Ressourcenorientierter Ansatz	nicht bestätigt
H_{13}:	Je stärker die Kompatibilität zwischen den Partnern ausgeprägt ist, desto höher ist der wirtschaftliche Erfolg der Kooperation.	Ressourcenorientierter Ansatz	bestätigt

---

[410] Die nicht bestätigten Hypothesen sind durch Schattierung gekennzeichnet.

Hypothese	Erklärungs-grundlage	Analyse-ergebnis
H_{14}: Je stärker der Ressourceneinsatz des E-Commerce-Anbieters ist, desto höher ist der Individualisierungsrad der Kooperation.	Ressourcen-orientierter Ansatz	bestätigt
H_{15}: Je stärker der Ressourceneinsatz des Kooperationspartners ist, desto höher ist der Individualisierungsrad der Kooperation.	Ressourcen-orientierter Ansatz	nicht bestätigt
H_{16}: Je höher der Individualisierungsgrad der Kooperation ist, desto höher ist der wirtschaftliche Erfolg der Kooperation.	Ressourcen-orientierter Ansatz	bestätigt
H_{17}: Je höher der Individualisierungsgrad der Kooperation ist, desto höher ist der qualitative Erfolg der Kooperation.	Ressourcen-orientierter Ansatz	nicht bestätigt
H_{18}: Je höher die externe Unsicherheit ist, desto geringer ist der Grad der losen Kopplung.	Transaktions-kostenansatz	nicht bestätigt
H_{19}: Je höher das Vertrauen zwischen den Kooperationspartnern ist, desto höher ist der Grad der losen Kopplung.	Transaktions-kostenansatz	bestätigt
H_{20}: Je höher der Grad der losen Kopplung ist, desto höher ist der Individualisierungsgrad der Kooperation.	Transaktions-kostenansatz	bestätigt

Quelle: Eigene Erstellung

Da allerdings die Ableitung von Handlungsempfehlungen zur Steigerung des Erfolgs im Vordergrund der Analyse steht, ist weniger die Signifikanz der Beziehungen von Interesse, sondern die Prognosekraft, die das Modell besitzt.[411] Daher steht neben dem Bestimmtheitsmaß der endogenen Konstrukte die Prognosekraft der exogenen Konstrukte im Vordergrund, zu deren Beurteilung das Kriterium des t-Werts größer 1 herangezogen wird.[412]

Die übergeordnete Erfolgsdimension „wirtschaftlicher Erfolg" wird durch alle unterstellten Einflussfaktoren mit einem t-Wert größer 1 erklärt, somit tragen alle Variablen zur Prognose des Erfolgs bei. Der qualitative Erfolg, der sich kaum durch das Modell erklären lässt, wird dagegen nur durch die Kompatibilität zwischen den Partnern beeinflusst, der Individualisierungsgrad besitzt entgegen den Erwartungen keine Bedeutung für die Prognose des qualitativen Erfolgs.

---

[411] Vgl. Albers und Hildebrandt (2006), S. 29.
[412] Vgl. dazu Hansen (1987), S. 523.

Die Gestaltungsfaktoren der Kooperation lassen sich alle durch die unterstellten Einflussfaktoren prognostizieren. Einzige Ausnahme ist der Einfluss des Ressourceneinsatzes des Kooperationspartners auf den Individualisierungsgrad der Kooperation, der keinen Beitrag zur Erklärung des Konstrukts leistet.

Abbildung 4-38 gibt einen Überblick über die Ergebnisse des Strukturmodells mit den Pfadkoeffizienten und Bestimmtheitsmaßen, wobei kursive Angaben auf Beziehungen mit t-Werten kleiner 1 hinweisen.

Abbildung 4-38: Ergebnisse des Strukturmodells für strategische Vertriebskooperationen

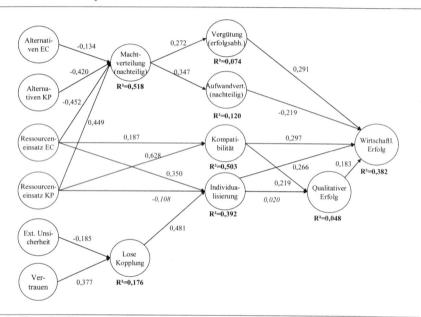

Quelle: Eigene Erstellung

Die Betrachtung der Pfadkoeffzienten und der zugehörigen t-Werte hat Aufschluss über die Prognosekraft der Wirkungsbeziehungen zwischen den exogenen und endogenen Konstrukten gegeben. Allerdings zeigen die Ergebnisse, dass die Pfadkoeffizienten der Einflussfaktoren eines Konstruktes teilweise sehr unterschiedlich hoch sind, die Variablen also einen unterschiedlich hohen Einfluss auf die endogenen Variablen ausüben. Daher wird im nächsten Schritt die *Effektstärke f^2* der exogenen Konstrukte betrachtet, die Informationen über die Stärke des Einflusses liefert (Tabelle 4-12).

Tabelle 4-12: Effektstärken des Modells für strategische Vertriebskooperationen

Konstrukt (unabhängiges Konstrukt)	Effektstärke	Beurteilung
Wirtschaftlicher Erfolg		
Qualitativer Erfolg	0,054	Schwach
Vergütung	0,118	Moderat
Aufwandverteilung (nachteilig)	0,072	Schwach
Individualisierung	0,084	Schwach
Kompatibilität	0,103	Moderat
Qualitativer Erfolg		
Individualisierung	0,000	Schwach
Kompatibilität	0,041	Schwach
Vergütung		
Machtverteilung (nachteilig)	0,074	Schwach
Aufwandverteilung (nachteilig)		
Machtverteilung (nachteilig)	0,120	Moderat
Machtverteilung (nachteilig)		
Alternativen E-Commerce-Anbieter	0,034	Schwach
Alternativen Kooperationspartner	0,256	Stark
Ressourceneinsatz E-Commerce-Anbieter	0,275	Stark
Ressourceneinsatz Kooperationspartner	0,249	Stark
Individualisierung		
Ressourceneinsatz E-Commerce-Anbieter	0,119	Moderat
Ressourceneinsatz Kooperationspartner	0,038	Schwach
Lose Kopplung	0,263	Stark
Kompatibilität		
Ressourceneinsatz E-Commerce-Anbieter	0,033	Schwach
Ressourceneinsatz Kooperationspartner	0,406	Stark
Lose Kopplung		
Externe Unsicherheit	0,040	Schwach
Vertrauen	0,147	Moderat

Quelle: Eigene Erstellung

Die Betrachtung der Effektstärke zeigt, dass die wichtigsten Einflussfaktoren auf den wirtschaftlichen Erfolg in dem Vergütungsmodell und der Kompatibilität zwischen den Partnern bestehen, die einen moderaten Einfluss ausüben. Der Einfluss der übrigen Variablen ist nur schwach, ein starker Treiber des wirtschaftlichen Erfolgs ist somit nicht auszumachen. Aufgrund der geringen Erklärung durch das Modell ist es nicht verwunderlich, dass die Stärke der Einflussgrößen auf den qualitativen Erfolg ebenfalls nur schwach sind.

Die Betrachtung der Effektstärken zeigt weiterhin, dass die losen Kopplungen einen starken Einfluss auf den Individualisierungsgrad ausüben, was die wichtige Bedeutung des Kopplungsgrads für den Individualisierungsgrad beziehungsweise die Kommunikation zwischen den Partnern bestätigt. Ein abnehmender Kopplungsgrad verstärkt also die Kommunikation zwischen den Partnern deutlich.

Ein weiteres zentrales Ergebnis der Betrachtung der Effektstärken ist die Erkenntnis, dass der Ressourceneinsatz sowohl des E-Commerce-Anbieters als auch des Kooperationspartners wichtige Einflussgrößen für die Gestaltung der Kooperationen sind. Sie beeinflussen die Machtverteilung zwischen den Partnern stark. Außerdem nimmt mit der Höhe der eingesetzten Ressourcen des Partners die Kompatibilität zwischen den Partnern stark zu, der Ressourceneinsatz des E-Commerce-Anbieters wirkt sich außerdem stark auf den Individualisierungsgrad der Kooperation aus.

Ferner bestätigt sich die spieltheoretische Herleitung des Machtverhältnisses der Partner, da alle Einflussfaktor, abgesehen von geringen Einfluss der Alternativen des E-Commerce-Anbieters, einen starken Einfluss auf das Machtverhältnis ausüben.

Da neben den direkten Beziehungen zwischen den latenten Variablen auch indirekte Verbindungen bestehen können, werden zur Beurteilung der Stärke der einzelnen Faktoren die *Gesamteffekte* betrachtet, die sich aus der Summe der direkten und indirekten Beziehungen zusammensetzen. Tabelle 4-13 zeigt sowohl den direkten Einfluss, den indirekten Einfluss und den gesamten Einfluss auf die abhängigen Variablen mit den zugehörigen t-Werten und Signifikanzen.

Tabelle 4-13: Gesamteffekte im Modell strategischer Vertriebskooperationen

	Direkte Effekte	Indirekte Effekte	Gesamte Effekte	Beobachteter t-Wert	Signifikanzniveau
Wirtschaftlicher Erfolg					
Qualitativer Erfolg	0,183		0,183	2,027	0,024*
Aufwandverteilung (nachteilig)	-0,219		-0,219	1,952	0,029*
Vergütung	0,291		0,291	3,939	0,000*
Individualisierung	0,266	0,004	0,270	2,175	0,018*
Kompatibilität	0,297	0,040	0,337	4,360	0,000*
Machtverteilung (nachteilig)		-0,076	-0,076	0,055	0,478
Alternativen E-Commerce-Anbieter		0,000	0,000	0,063	0,475
Alternativen Kooperationspartner		0,001	0,001	0,055	0,478
Ressourceneinsatz E-Commerce-Anbieter		0,156	0,156	2,292	0,013*
Ressourceneinsatz Kooperationspartner		0,184	0,184	2,233	0,015*

	Direkte Effekte	Indirekte Effekte	Gesamte Effekte	Beobachteter t-Wert	Signifikanzniveau
Wirtschaftlicher Erfolg (Fortsetzung)					
Lose Kopplung		0,130	0,130	2,264	0,014*
Vertrauen		0,049	0,049	1,858	0,035*
Externe Unsicherheit		-0,024	-0,024	0,533	0,298
Qualitativer Erfolg					
Individualisierung	0,020		0,020	0,125	0,451
Kompatibilität	0,219		0,219	2,230	0,015*
Lose Kopplung		0,010	0,010	0,146	0,442
Ressourceneinsatz E-Commerce-Anbieter		0,048	0,048	0,786	0,218
Vertrauen		0,037	0,037	0,141	0,444
Externe Unsicherheit		-0,001	-0,001	0,065	0,474
Ressourceneinsatz Kooperationspartner		0,135	0,135	1,782	0,041*
Aufwandverteilung (nachteilig)					
Machtverteilung (nachteilig)	0,347		0,347	3,535	0,000*
Alternativen E-Commerce-Anbieter		-0,046	-0,046	1,314	0,098
Alternativen Kooperationspartner		0,146	0,146	2,890	0,003*
Ressourceneinsatz E-Commerce-Anbieter		-0,157	-0,157	1,840	0,036*
Ressourceneinsatz Kooperationspartner		0,156	0,156	3,383	0,001*
Vergütung					
Machtverteilung (nachteilig)	0,272		0,272	2,533	0,007*
Alternativen E-Commerce-Anbieter		-0,036	-0,036	1,242	0,110
Alternativen Kooperationspartner		0,114	0,114	2,142	0,019*
Ressourceneinsatz E-Commerce-Anbieter		-0,123	-0,123	1,858	0,035*
Ressourceneinsatz Kooperationspartner		0,122	0,122	2,526	0,007*
Machtverteilung (nachteilig)					
Alternativen E-Commerce-Anbieter	-0,134		-0,134	1,445	0,078
Alternativen Kooperationspartner	0,420		0,420	5,309	0,000*
Ressourceneinsatz E-Commerce-Anbieter	-0,452		-0,452	2,319	0,012*
Ressourceneinsatz Kooperationspartner	0,449		0,449	5,076	0,000*
Individualisierung					
Lose Kopplung	0,481		0,481	2,674	0,005*
Ressourceneinsatz E-Commerce-Anbieter	0,350		0,350	2,434	0,009*
Ressourceneinsatz Kooperationspartner	-0,108		-0,108	0,446	0,329
Vertrauen		0,181	0,181	2,216	0,016*
Externe Unsicherheit		-0,030	-0,030	0,569	0,286
Lose Kopplung					
Vertrauen	0,377		0,377	4,468	0,000*
Externe Unsicherheit	-0,185		-0,185	1,301	0,100
Kompatibilität					
Ressourceneinsatz E-Commerce-Anbieter	0,187		0,187	1,940	0,029*
Ressourceneinsatz Kooperationspartner	0,628		0,628	8,640	0,000*

Quelle: Eigene Erstellung

Die Ergebnisse der Gesamteffekte unterstützen die bisherigen Ergebnisse. Der zusätzliche indirekte Effekt der Kompatibilität der Partner über den qualitativen Erfolg macht diese Variable zum stärksten Einflussfaktor auf den wirtschaftlichen Erfolg der strategischen Vertriebskooperationen. Signifikante indirekte Effekte üben der Ressourceneinsatz des E-Commerce-Anbieters und des Kooperationspartners sowie die losen Kopplungen zwischen den Partnern auf den wirtschaftlichen Erfolg aus, was ihre aus den bisherigen Ergebnissen abgeleitete zentrale Bedeutung für die Gestaltung und darüber auf den Erfolg strategischer Vertriebskooperationen bestätigt.

Der indirekte signifikante Einfluss des Ressourceneinsatzes des E-Commerce-Anbieters und des Kooperationspartners sowie der Alternativen des Partners auf die Wahl des Vergütungsmodells und die Verteilung des Kooperationsaufwands verdeutlichen die spieltheoretisch hergeleitete Bedeutung dieser Konstrukte für die Gestaltung der Kooperationen.

Da auch die Schätzung des Strukturmodells auf Kleinstquadratschätzung basiert, ist es notwendig, die exogenen Konstrukte ebenfalls auf *Multikollinearität* zu überprüfen. Tabelle 4-14 zeigt, dass kein Toleranzwert den kritischen Wert von 0,5 beziehungsweise kein Varianzinflationswert den kritischen Wert von 2 erreicht. Auch die Konditionsindizes überschreiten den kritischen Wert von 30 nicht. Daher kann ein Multikollinearitätsproblem ausgeschlossen werden.

Tabelle 4-14: *Test auf Multikollinearität des Strukturmodells für strategische Vertriebskooperationen*

	Toleranz	VIF	Konditionsindex
Wirtschaftlicher Erfolg			19,717
Qualitativer Erfolg	0,932	1,073	
Aufwandverteilung (nachteilig)	0,998	1,002	
Vergütung	0,973	1,028	
Individualisierung	0,980	1,021	
Kompatibilität	0,945	1,058	
Qualitativer Erfolg			13,880
Individualisierung	0,999	1,001	
Kompatibilität	0,999	1,001	
Machtverteilung (nachteilig)			20,019
Alternativen E-Commerce-Anbieter	0,936	1,069	
Alternativen Kooperationspartner	0,921	1,085	
Ressourceneinsatz E-Commerce-Anbieter	0,896	1,116	
Ressourceneinsatz Kooperationspartner	0,810	1,235	
Individualisierung			19,204
Lose Kopplung	0,973	1,028	
Ressourceneinsatz EC-Anbieter	0,887	1,127	
Ressourceneinsatz Kooperationspartner	0,911	1,098	

	Toleranz	VIF	Konditionsindex
Kompatibilität			15,634
Ressourceneinsatz EC-Anbieter	0,912	1,097	
Ressourceneinsatz Kooperationspartner	0,912	1,097	
Lose Kopplung			15,587
Vertrauen	1,000	1,000	
Externe Unsicherheit	1,000	1,000	

Quelle: Eigene Erstellung

Abschließend wird zur Feststellung der Prognosegüte des Erklärungsmodells für strategische Vertriebskooperationen eine Kreuzvalidierung durchgeführt. Dazu wurde der Datensatz nach dem Zufallsprinzip geteilt, wobei das Validierungs-Sample 25% der Fälle enthält. Für die Prognose wurden ausschließlich Pfadkoeffizienten mit einem t-Wert größer als 1 berücksichtigt. Tabelle 4-15 zeigt die Korrelationskoeffizienten r der berechneten Werte mit den beobachteten Werten, den Anteil der durch die Prognose erklärten Varianz r^2 und der durch das Modell erklärten Varianz R^2. Bei der Beurteilung der Prognosegüte auf Basis der Ergebnisse der Kreuzvalidierung ist allerdings zu berücksichtigen, dass bei einer Fallzahl von 50 Fällen eine aussagekräftige Kreuzvalidierung problematisch ist und die Ergebnisse daher kritisch betrachtet werden müssen.[413]

Tabelle 4-15: *Kreuzvalidierung der endogenen Konstrukte strategischer Vertriebskooperationen*

	R	r^2	R^2
Wirtschaftlicher Erfolg	0,454	0,206	0,382
Qualitativer Erfolg	0,112	0,013	0,048
Machtverteilung	0,606	0,368	0,518
Lose Kopplungen	0,239	0,057	0,176
Individualisierung	0,558	0,312	0,392
Kompatibilität	0,643	0,414	0,503
Vergütungsmodell	0,186	0,035	0,074
Aufwandverteilung	0,363	0,131	0,120

Quelle: Eigene Erstellung

Die Ergebnisse der Kreuzvalidierung zeigen, dass zum Teil starke Abweichungen zwischen dem durch das Modell ermittelten R^2 und der durch die Kreuzvalidierung erklärten Streuung r^2 bestehen. Die Werte für die Prognose des wirtschaftlichen Erfolgs, der

---

[413] Die Fallzahl von 50 Fällen bedeutet bei einer Teilung des Samples im Verhältnis 75% für das Estimation-Sample und 25% für das Holdout-Sample eine Fallzahl von 38 Fällen für das Estimation-Sample und 12 für das Holdout-Sample. Damit sind die Voraussetzungen für eine valide PLS-Schätzung nicht gegeben. Vgl. dazu Chin (1998a).

losen Kopplungen und der Machtverteilung weichen deutlich vom Bestimmtheitsmaß des Modells ab. Insbesondere für den wirtschaftlichen Erfolg als zentrale Erklärungsgröße kann dies auf eine mangelnde Prognosegüte hindeuten. Die Ergebnisse für die Prognose des qualitativen Erfolgs, der Individualisierung, der Kompatibilität des Vergütungsmodells und der Aufwandverteilung liegen nahe am Bestimmtheitsmaß des Modells und liefern damit eine gute Prognosegüte.

Die **Ergebnisse der empirischen Analyse** für strategisch Vertriebskooperationen zeigen, dass einerseits wesentliche Einflussfaktoren auf den Erfolg strategischer Vertriebskooperationen bestätigt wurden, dass sich auf der anderen Seite aber erwartete Einflussfaktoren als unwesentlich erwiesen haben und geringe Erklärungsanteile auf das Vorliegen weiterer unberücksichtigter Faktoren hinweisen:

Der *wirtschaftliche Erfolg* als übergeordnete Erfolgsdimension kann insgesamt mit einem Varianzanteil von 38,2% gut durch das Modell erklärt werden. Als zentrale Einflussfaktoren wurden dabei das Vergütungsmodell der Kooperation, die Kompatibilität und der Individualisierungsgrad identifiziert.

Ein rein erfolgsabhängiges *Vergütungsmodell* wirkt sich erwartungsgemäß positiv auf den wirtschaftlichen Erfolg aus, allerdings tragen nur die direkt transaktionsabhängigen Vergütungsmodelle, Pay-per-Sale und Pay-per-Lead, zur Erklärung des Konstruktes bei. Die Pay-per-Click-Vergütung, die bereits bei einem Besuch des E-Commerce-Angebot wirksam wird, besitzt für strategische Vertriebskooperationen nur geringe Bedeutung und wird voraussichtlich in der Zukunft immer geringeren Einsatz zu Gunsten der unmittelbar transaktionsgebundenen Vergütungsmodelle erfahren.

Auch die *Kompatibilität* zwischen den Partnern hat sich als wichtiger Einflussfaktor erwiesen. Je besser der Fit zwischen den Partnern ist, umso höher ist der wirtschaftliche Erfolg, wobei nicht nur die Komplementarität der Angebote einbezogen werden darf, sondern auch die Übereinstimmung der Zielkunden und der Kundenansprache berücksichtigt werden muss. Diese Erkenntnis wird untermauert durch die starke Bedeutung, den die angesprochene Zielgruppe als Ressource des Kooperationspartners besitzt.

Der *Individualisierungsgrad* der Kooperationen wirkt sich wie erwartet positiv auf den wirtschaftlichen Erfolg aus. Allerdings wird das Konstrukt nur durch die Kommunikation zwischen den Partnern erklärt. Die bei der Entwicklung des Modells als wichtig unterstellten Einflüsse der individuellen Anpassung der technischen Kooperationslösung an den Partner sowie das Ergreifen von Maßnahmen zur Unterstützung der Kooperation tragen nicht zur Erklärung des Individualisierungsgrads bei. Daher muss das Konstrukt eher als „Kommunikation zwischen den Partnern" interpretiert werden. Die Kommunikation zwischen den Partnern besitzt die erwartete, allerdings nur schwache Auswirkung auf den Erfolg.

Der Einfluss der weiteren Variablen „*qualitativer Erfolg*" und „*Aufwandverteilung*" hat sich als schwach erwiesen. Da die Pfadkoeffizienten der Konstrukte aber einen t-Wert größer 1 aufweisen, kann der Einfluss nicht vernachlässigt werden und wird für die Prognose des Erfolgs herangezogen. Insbesondere der Einfluss des qualitativen Erfolgs, der durch die Steigerung der psychographischen Ziele wie dem positiven Imagetransfer und Steigerung des Bekanntheitsgrads operationalisiert wurde, ist geringer als erwartet.

Um Empfehlungen aus den Ergebnissen ableiten zu können, werden die Einflussfaktoren des wirtschaftlichen Erfolgs in einer so genannten „Priority-Matrix" dargestellt.[414] Dazu werden auf der X-Achse zur Abbildung der Einflussstärke der exogenen Konstrukte die Gesamteffekte auf den wirtschaftlichen Erfolg abgezeichnet. Zur Abbildung der Höhe des Ergebnisses enthält die Y-Achse die Indexwerte der exogenen Konstrukte, die aus den Beobachtungswerten und ihren Gewichten berechnet werden.[415]

Die Trennung der Quadranten erfolgt nach dem durchschnittlichen Gesamteffekt beziehungsweise durchschnittlichen Indexwert der Analyse. Der obere rechte Quadrant beinhaltet diejenigen Erfolgsfaktoren, die stark ausgeprägt sind und einen hohen Einfluss auf den Erfolg besitzen. Hier befinden sich die wichtigsten Treiber des Erfolgs. Der obere linke Quadrant beinhaltet Konstrukte, die zwar eine starke Ausprägung besitzen, aber nur einen geringen Einfluss auf den Erfolg ausüben. Im unteren linken Quadranten befinden sich die Konstrukte, die wenig zur Erklärung des Erfolgs beitragen. Diese Variablen können bei der Bemühung um den Erfolg der Kooperation vernachlässigt werden. Der untere rechte Quadrant beinhaltet das stärkste Potenzial zur Steigerung des Erfolgs. Diese Konstrukte besitzen einen starken Einfluss auf den Ko-

---

[414] Vgl. Martensen und Gronholt (2003), S. 143.
[415] Die Beobachtungswerte wurden zur Vergleichbarkeit auf den Bereich von 0 bis 1 reskaliert.

operationserfolg, weisen aber nur einen geringen Indexwert auf. Die Steigerung dieser Faktoren birgt das größte Potenzial zur Verbesserung des Erfolgs.[416]

In Abbildung 4-39 sind die Erfolgsfaktoren für den wirtschaftlichen Erfolg strategischer Vertriebskooperationen abgebildet.

Abbildung 4-39: *Priority-Matrix für die Einflussfaktoren auf den wirtschaftlichen Erfolg strategischer Vertriebskooperationen*

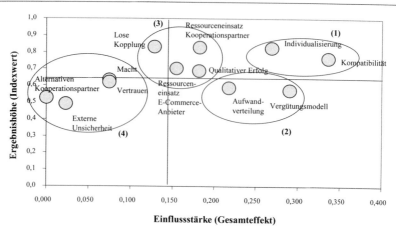

Quelle: Eigene Erstellung in Anlehnung an Martensen & Gronholdt (2003), S. 144.

Die Einflussfaktoren auf den wirtschaftlichen Erfolg lassen sich in vier Gruppen einteilen:

(1) Die *erste Gruppe* umfasst die Kompatibilität zwischen den Kooperationspartnern und den Individualisierungsgrad der Kooperation. Diese Konstrukte haben einen starken Einfluss und besitzen einen hohen Indexwert. Das bedeutet, dass die Kompatibilität und der Individualisierungsgrad in einem Großteil der Kooperationen bereits stark ausgeprägt sind. Somit stellen sie die wichtigsten Einflussfaktoren auf den wirtschaftlichen Erfolg strategischer Vertriebskooperationen dar.

---

[416] Vgl. Martensen und Gronholt (2003), S. 143 ff.

(2) Weitere wichtige Treiber des wirtschaftlichen Erfolgs mit einem hohen Verbesserungspotenzial bestehen in der *zweiten Gruppe*, die das Vergütungsmodell der Kooperation und die Verteilung des Kooperationsaufwands beinhaltet. Diese Konstrukte üben einen messbaren Einfluss auf den Kooperationserfolg aus, sind bisher in strategischen Vertriebskooperationen aber nur schwach ausgeprägt. Insbesondere durch die stärkere Etablierung rein erfolgsabhängiger Vergütungsmodelle kann der wirtschaftliche Erfolg der Kooperationen weiter gesteigert werden.

(3) Die Konstrukte der *dritten Gruppe* besitzen mittleren Einfluss auf den ökonomischen Erfolg und eine relativ starke Ausprägung der Indexwerte. Sie besteht aus dem qualitativen Erfolg, dem Ressourceneinsatz des E-Commerce-Anbieters und des Kooperationspartners sowie den losen Kopplungen zwischen den Partnern. Da diese Konstrukte bereits eine starke Ausprägung besitzen, können sie bezüglich des Kooperationserfolgs keine starken Veränderungen bewirken.[417]

(4) Die *vierte Gruppe* besteht aus Konstrukten, die nur einen geringen Einfluss auf den wirtschaftlichen Erfolg der Kooperationen ausüben. Sie umfasst die Machtverteilung zwischen den Partnern, das Vertrauen, die externe Unsicherheit sowie die Alternativen des E-Commerce-Anbieters und des Kooperationspartners. Eine Veränderung der Konstrukte würde nur geringfügig zu einer Verbesserung des Kooperationserfolgs beitragen.[418]

Der *qualitative Erfolg* der Kooperation lässt sich durch das Modell nur sehr schwach erklären. Der Grund für die geringe Erklärung durch das Modell liegt möglicherweise darin, dass die qualitativen Zielsetzungen strategischer Vertriebskooperationen sehr unterschiedlich sein können und im Modell nicht differenziert genug abgebildet werden. Neben den erfassten qualitativen Zielsetzungen „Steigerung der Bekanntheit" und

---

[417] Bezüglich des Ressourceneinsatzes des E-Commerce-Anbieters und des Kooperationspartners sowie der losen Kopplungen muss hinzugefügt werden, dass es sich um Konstrukte handelt, die indirekt auf den wirtschaftlichen Erfolg wirken und sich stark auf die Gestaltung der Kooperation auswirken.
[418] Auch zu diesen Konstrukten muss hinzugefügt werden, dass es sich ausschließlich um indirekt wirkende Einflussfaktoren handelt, die aber stark zur Erklärung der Gestaltung der Kooperation beitragen.

„Positiver Imagetransfer" können beispielsweise markenpolitische Ziele oder die Abwehr von Konkurrenten verfolgt werden, die aufgrund ihrer Vielfalt und Spezifität für einzelne Kooperationen nicht vollständig durch das Modell abgebildet werden können. Diese Annahme wird durch die Beurteilung der Zielsetzungen der Kooperationen untermauert, in denen den qualitativen Zielsetzungen eine deutlich geringere Bedeutung beigemessen wird als den wirtschaftlichen Zielen.[419]

Als weiteres zentrales Ergebnis lässt sich festhalten, dass sich die Herleitungen der Gestaltung der Kooperation auf Basis der kooperativen Nash-Lösung und des Ressourcenorientierten Ansatzes als geeignet für strategische Vertriebskooperationen erwiesen haben:

Die *kooperative Nash-Lösung* wurde zur Ableitung der Machtverteilung zwischen den Partnern und ihre Auswirkungen auf die Gestaltung und den Erfolg herangezogen. Die Machtverteilung wird mit 51,8% substanziell durch die unterstellten Einflussfaktoren erklärt:

Die Bedeutung der Ressourcen der Partner wirkt sich wie erwartet auf die strategische Bedeutung der Kooperation für die Teilnehmer aus und verbessert mit zunehmender Bedeutung der eigenen Ressourcen für den Partner auch die eigene Machtposition. Die Alternativen des Partners erhöhen sein Drohpotenzial, nicht zu kooperieren, und führen somit zu einer Verschlechterung der Machtposition des E-Commerce-Anbieters. Lediglich der Einfluss der Alternativen des E-Commerce-Anbieters auf die Machtverteilung ist nur gering, möglicherweise liegt dies in der Befragung der E-Commerce-Anbieter begründet, die den Einfluss ihrer eigenen Alternativen auf das Verhältnis zwischen den Partnern nicht einschätzen können.

Die Auswirkungen des Machtverhältnisses auf die Verteilung des Kooperationsgewinns und damit die Gestaltung des Vergütungsmodells und die Verteilung des Kooperationsaufwands sind ebenfalls signifikant:

Ein Partner mit einer starken Machtposition kann die Verteilung des Aufwands für die Kooperation, die allerdings nur in der Verteilung des Hostings der Kooperationslösung auf die Partner besteht, zu seinen Gunsten beeinflussen.

---

[419] Vgl. dazu Abbildung 4-8.

Die Auswirkung der Machtverteilung auf das Vergütungsmodell ist allerdings anders als erwartet: Unterstellt wurde bei einer starken Machtposition des Partners die Durchsetzung eines hybriden Vergütungsmodells aus erfolgsabhängiger Vergütung und einem zusätzlichen monatlichen Fixum. Die Analyse ergibt im Gegenteil, dass der Einfluss der Vormachtstellung des Partners ein rein erfolgsabhängiges Modell sogar begünstigt. Als mögliche Ursache wurde bereits die erhöhte Akzeptanz der rein erfolgsabhängigen Vergütungsmodelle bei den Affiliates angeführt. Die Vergangenheit hat gezeigt, dass erfolgsabhängige Vergütungsmodelle sehr erfolgreich eingeführt wurden und durch ihre Anreizwirkung zur Bemühung um die Kooperation vorteilhaft sind. Trotz der gegensätzlichen Wirkungsrichtung bestätigen die Ergebnisse der empirische Analyse aber zumindest die Annahme, dass ein Partner mit einer starken Machtstellung seine Forderungen hinsichtlich des Vergütungsmodells durchsetzen kann.

Die geringen Bestimmtheitsmaße der Aufwandverteilung und des Vergütungsmodells deuten allerdings darauf hin, dass weitere Einflussfaktoren vorliegen, die nicht in das Modell aufgenommen wurden. Die Ursache liegt vermutlich darin, dass die Gestaltung des Vergütungsmodells und der Aufwandverteilung eine Verhandlungssache zwischen den Kooperationspartnern darstellt, bei der häufig personelle Einflussfaktoren wie die Bekanntschaft zwischen den Partnern oder Verhandlungsgeschick eine Rolle spielen, die durch das Modell nicht erfasst werden können.

Durch den signifikanten Einfluss des Vergütungsmodells und die schwache Auswirkung der Aufwandsverteilung wirken das Machtverhältnis und seine Einflussfaktoren indirekt auf den Erfolg strategischer Vertriebskooperationen.

Die Ableitungen der Gestaltung der Kooperationen auf Basis des *Ressourcenorientierten Ansatzes* haben sich ebenfalls als gültig erwiesen:

Die unterstellten Auswirkungen des Ressourceneinsatzes des E-Commerce-Anbieters und des Kooperationspartners haben sich in der empirischen Analyse weitgehend bestätigt. Allerdings zeigen die Ergebnisse des Messmodells, dass die eingesetzten Ressourcen des E-Commerce-Anbieters für die Kooperation im wesentlichen aus dem Image des E-Commerce-Anbieters bestehen und sein Leistungsangebot nur eine untergeordnete Bedeutung besitzt. Dies deutet darauf hin, dass der Partner mit der Kooperation vor allem die Verbesserung der Kundenbindung durch attraktive Partner statt einer reinen Umsatzsteigerung erreichen will. Die Auswirkung des Ressourceneinsatzes auf den Individualisierungsgrad beziehungsweise die Kommunikation zwischen den

Partnern ist wie erwartet positiv. Mit zunehmendem Ressourceneinsatz des E-Commerce-Anbieters nehmen aufgrund der steigenden Bedeutung der Kooperation die Bemühungen um die Organisation und damit die Kommunikation zwischen den Partnern zu, die sich wiederum positiv auf den Erfolg auswirkt. Der Einfluss der Höhe der eingesetzten Ressourcen des Kooperationspartners auf die Individualisierung bestätigt sich dagegen nicht.

Der Einfluss des Ressourceneinsatzes auf die Kompatibilität zwischen den Partnern bestätigt sich ebenfalls. Mit der Höhe der eingesetzten Ressourcen des Kooperationspartners nimmt wie erwartet die Kompatibilität zwischen den Partnern zu. Je stärker die eingesetzten Ressourcen Besucherfrequenz, Zielgruppe und Image ausgeprägt sind, umso höher ist auch der Fit zwischen den Partnern, der neben der Komplementarität der Angebote auch die Übereinstimmung der Zielgruppen und die Ähnlichkeit der Kundenansprache umfasst. Der Ressourceneinsatz des E-Commerce-Anbieters wirkt sich dagegen nur schwach auf die Kompatibilität zwischen den Partnern aus, was möglicherweise wiederum an der Befragung der E-Commerce-Anbieter liegt, die den Einfluss ihres eigenen Ressourceneinsatzes auf die Kompatibilität nur schwer einschätzen können.

Auch der Einfluss der *losen Kopplungen* auf den Individualisierungsgrad und damit auf den Erfolg der Kooperation hat sich bestätigt. Der Grad der losen Kopplung, der erwartungsgemäß mit steigendem Vertrauen zwischen den Partnern abnimmt und bei erhöhter externer Unsicherheit zunimmt, wirkt sich wie erwartet positiv auf den Individualisierungsgrad beziehungsweise die Kommunikation zwischen den Partnern und darüber auf den wirtschaftlichen Erfolg strategischer Vertriebskooperationen aus. Damit sind lose Kopplungen ein wünschenswertes Phänomen bei der Gestaltung strategischer Vertriebskooperationen.

Zusammenfassend kann festgehalten werden, dass der Erfolg mit Einschränkungen durch das Modell erklärt werden kann und dass die verwendeten Theorien für die Herleitung der Gestaltung und des Erfolgs strategischer Vertriebskooperationen grundsätzlich geeignet sind. Allerdings wurden auch Beziehungen unterstellt, die sich im Modell als nicht signifikant erwiesen haben. Die Ursache dafür liegt vermutlich darin, dass einerseits Einflussfaktoren bei der Herleitung überschätzt wurden, andererseits durch die Befragung der E-Commerce-Anbieters einige Einflüsse nur schwer durch die Befragten eingeschätzt werden konnten.

4.5.2 Affiliate-Programme

In diesem Abschnitt werden nun die Ergebnisse der Analyse des in Kapitel 3.5.2 abgeleiteten Erklärungsmodells für Affiliate-Programme dargestellt.

4.5.2.1 Güte des Messmodells für Affiliate-Programme

Zur Bestimmung der Güte des Messmodells gibt Tabelle 4-16 einen Überblick über die *Ladungen beziehungsweise Gewichte* des Messmodells. Außerdem werden die mit dem Bootstrap-Verfahren ermittelten zugehörigen t-Werte und Signifikanzen aufgeführt.[420]

Tabelle 4-16: Ergebnisse des Messmodells für Affiliate-Programme

Konstrukt (Indikator)	Ladung/ Gewicht	Beobachteter t-Wert	Signifikanzniveau
Wirtschaftlicher Erfolg (reflektiv)			
Steigerung der Anzahl Affiliates	0,829	16,35	0,000*
Zufriedenheit mit dem Umsatz	0,861	22,401	0,000*
Qualitativer Erfolg (reflektiv)			
Steigerung der Bekanntheit	0,811	13,065	0,000*
Verbesserung der Qualität	0,848	17,888	0,000*
Organisationslösung (Eigenlösung) (single Item)			
Organisation in Eigenlösung	1,000		
Kommunikation (reflektiv)			
Art der Kommunikation	0,937	45,747	0,000*
Häufigkeit der Kommunikation	0,762	5,161	0,000*
Vergütungsmodell(Provision) (single Item)			
Provisionsvergütung	1,000		
Individualisierung(formativ)			
Einbindungstiefe	0,577	4,162	0,000*
Information der Partner	0,619	4,565	0,000*
Vertraglich Regelung	0,352	2,595	0,006*
Partnerauswahl (formativ)			
Intensität der Anbahnung	0,790	5,998	0,000*
Sorgfalt der Auswahl	0,445	2,453	0,008*
Commitment (formativ)			
Strategischer Stellenwert	0,978	38,454	0,000*
Personeller Einsatz	0,207	2,411	0,009*

Quelle: Eigene Erstellung

---

[420] Auf dem 5%-Niveau signifikante Beziehungen sind mit * gekennzeichnet.

Zunächst wird das *reflektive Messmodell* auf seine Güte überprüft. Die Ergebnisse in Tabelle 4-16 zeigen, dass alle Indikatoren die Konstrukte signifikant erklären. Um die Eignung der reflektiv gemessenen Konstrukte „Wirtschaftlicher Erfolg", „Qualitativer Erfolg" und „Kommunikation mit den Affiliates" beurteilen zu können, werden die Ladungen der PLS-Analyse sowie einer separat durchgeführten Hauptkomponentenanalyse betrachtet, die in Tabelle 4-17 dargestellt sind. Da alle Ergebnisse über dem geforderten Mindestwert von 0,707 liegen, können die Indikatoren als geeignet für die Messung des reflektiven Messmodells bezeichnet werden.

Tabelle 4-17: *Faktorladungen der reflektiven Indikatoren des Messmodells für Affiliate-Programme*

Konstrukt	Indikator	Ladung PLS	Ladung HKA
Wirtschaftlicher Erfolg	Steigerung der Anzahl Affiliates	0,829	0,845
	Zufriedenheit mit dem Umsatz	0,861	0,845
Qualitativer Erfolg	Steigerung der Bekanntheit	0,811	0,830
	Verbesserung der Qualität	0,848	0,830
Kommunikation	Art der Kommunikation	0,937	0,862
	Häufigkeit der Kommunikation	0,762	0,862

Quelle: Eigene Erstellung

Ein Blick auf den IC-Wert und das AVE-Maß bestätigen die Eignung der Indikatoren für die Messung der Konstrukte. Die Forderung nach einem Wert für die interne Konsistenz von mindestens 0,7 und für das AVE-Maß von mindestens 0,5 ist für alle reflektiven Konstrukte erfüllt.

Tabelle 4-18: *IC-Wert und AVE-Wert der reflektiven Konstrukte des Erklärungsmodells für Affiliate-Programme*

Konstrukt	IC-Wert	AVE-Wert
Wirtschaftlicher Erfolg	0,833	0,714
Qualitativer Erfolg	0,815	0,688
Kommunikation	0,842	0,729

Quelle: Eigene Erstellung

Nachdem die reflektiven Indikatoren als geeignet für die Messung der Konstrukte bewertet werden konnten, wird anschießend die *Güte des formativen Messmodells* beurteilt.

Die Güte der formativen Konstrukte „Standardisierung", „Partnerauswahl" und „Commitment" wird zunächst wieder auf Basis inhaltlicher Überlegungen beurteilt. In

Tabelle 4-16 ist zu erkennen, dass alle Indikatoren ihre Konstrukte signifikant erklären. Die Betrachtung der Gewichte gibt allerdings Hinweise auf die unterschiedliche Stärke der Erklärung durch die Indikatoren:

Das Konstrukt „*Commitment*" wir durch beide Indikatoren signifikant erklärt, allerdings ist der Erklärungsgehalt des Indikators „strategische Bedeutung", die die subjektive Einschätzung der strategischen Bedeutung des Programms für den E-Commerce-Anbieter beinhaltet, deutlich höher als der des Indikators „Personeller Einsatz", der die Anzahl der Mitarbeiter, die für die Organisation des Programms zuständig sind, umfasst. Dies liegt möglicherweise darin begründet, dass sich einerseits die Einschätzung der strategischen Bedeutung tatsächlich stärker auf die Bemühungen um die Affiliate-Programme auswirkt, auf der anderen Seite die Größe vieler befragter Unternehmen den Einsatz von Mitarbeitern ausschließlich für die Organisation von Affiliate-Programmen nicht zulässt.

Das Konstrukt „*Partnerauswahl*" wird ebenfalls signifikant durch beide Indikatoren beschrieben, allerdings ist der Erklärungsgehalt des Indikators „Intensität der Anbahnung" deutlich höher als der des Indikators „Sorgfalt bei der Auswahl". Der Schwerpunkt der Partnerwahl liegt somit also stärker auf dem Anbahnungsprozess als auf der Auswahl der Partner.

Bei der Betrachtung der Gewichte des Konstrukts „*Individualisierung*" fällt auf, dass die Indikatoren „Einbindungstiefe" und „Information der Partner" einen deutlich höheren Erklärungsanteil aufweisen als die „vertragliche Regelung". Dies ist nicht weiter verwunderlich, da die vertragliche Regelung im Rahmen von Affiliate-Programmen stark standardisiert ist und daher wenig Gestaltungsspielraum lässt. Hinsichtlich des Konstrukts fällt auf, dass die individuellen Gestaltungskriterien im Gegensatz zu strategischen Vertriebskooperationen einen deutlichen Einfluss auf den Individualisierungsgrad aufweisen und damit für Affiliate-Programme offensichtlich eine stärkere Bedeutung besitzen als für strategische Vertriebskooperationen.

Nachdem die inhaltliche Validität festgestellt wurde, muss das formative Messmodell auf möglicherweise vorliegende *Multikollinearität* überprüft werden. Dazu werden die in separat durchgeführten Regressionsanalysen ermittelten Toleranz- und Varianzinflationswerte sowie der Konditionsindex herangezogen. Die Ergebnisse in Tabelle 4-19 zeigen, dass die Werte für die Indikatoren deutlich oberhalb beziehungsweise unterhalb der geforderten Grenzwerte liegen. Damit kann Multikollinearität der formativen Indikatoren und damit eine Verzerrung der Schätzer ausgeschlossen werden.

Tabelle 4-19: Test auf Multikollinearität des formativen Messmodells für Affiliate-Programme

Konstrukt (Indikator)	Toleranz	VIF	Konditionsindex ξ
Individualisierung			7,987
Vertragliche Regelung	0,992	1,008	
Tiefe der Einbindung	0,976	1,024	
Information der Partner	0,970	1,031	
Partnerauswahl			5,853
Intensität der Anbahnung	0,937	1,068	
Sorgfalt der Auswahl	0,937	1,068	
Commitment			6,875
Strategischer Stellenwert	1,000	1,000	
Personeller Einsatz	1,000	1,000	

Quelle. Eigene Erstellung

Zusammenfassend kann festgehalten werden, dass sowohl das reflektive als auch das formative Messmodell ohne Einschränkungen für die Messung der hypothetischen Konstrukte geeignet sind.

4.5.2.2 Güte des Strukturmodells für Affiliate-Programme

Auf dieser Basis wird nun die Güte des Strukturmodells bewertet. Zur Beurteilung des Erklärungsgehalts des Strukturmodells wird zunächst das *Bestimmtheitsmaß* der endogenen Konstrukte betrachtet. In Tabelle 4-20 ist das Bestimmtheitsmaß R^2 sowie das um den Einfluss der Anzahl der exogenen Konstrukte bereinigte korrigierte Bestimmtheitsmaß R^2_{korr} abgebildet.

Tabelle 4-20: Bestimmtheitsmaß und korrigiertes Bestimmtheitsmaß der endogenen Konstrukte des Erklärungsmodells für Affiliate-Programme

	R^2	R^2_{korr}
Wirtschaftlicher Erfolg	0,590	0,570
Qualitativer Erfolg	0,402	0,380
Vergütungsmodell	0,116	0,105
Individualisierungsgrad	0,516	0,498
Partnerauswahl	0,146	0,136

Quelle. Eigene Erstellung

Die Ergebnisse zeigen, dass sich sowohl der wirtschaftliche Erfolg als auch der qualitative Erfolg der Affiliate-Programme sehr gut durch das Modell erklären lassen. Auch der Individualisierungsgrad der Affiliate-Programme wird substanziell durch das Modell abgebildet. Die Gestaltungsfaktoren „Vergütungsmodell" und „Partnerauswahl" werden dagegen nur moderat durch das Modell abgebildet.

Weiteren Aufschluss über die Gültigkeit der aufgestellten Hypothesen gibt die Betrachtung der *Pfadkoeffizienten* und der mit Hilfe des Bootstrap-Verfahrens generierten *t-Werte* und *Signifikanzen*. In Tabelle 4-21 sind die Ergebnisse des Strukturmodells dargestellt.[421]

Tabelle 4-21: Ergebnisse des Strukturmodells für Affiliate-Programme

Konstrukt (unabhängiges Konstrukt)	Pfadkoeffizient	Beobachteter t-Wert	Signifikanzniveau
Wirtschaftlicher Erfolg			
Qualitativer Erfolg	0,416	4,009	0,000*
Vergütung (Provision)	0,092	1,341	0,092
Individualisierung	0,012	0,157	0,438
Commitment	0,429	3,995	0,000*
Qualitativer Erfolg			
Individualisierung	0,019	0,224	0,412
Partnerauswahl	0,166	1,699	0,047*
Commitment	0,572	6,849	0,000*
Vergütung			
Organisationslösung	0,340	3,721	0,000*
Individualisierung			
Organisationslösung	0,187	2,189	0,016*
Kommunikation	0,483	5,937	0,000*
Partnerauswahl	0,302	3,473	0,000*
Partnerauswahl			
Kommunikation	0,382	3,556	0,000*

Quelle: Eigene Erstellung

Die Ergebnisse zeigen, dass auf Basis der Signifikanzen von den zehn aufgestellten Hypothesen sieben bestätigt werden können, drei der unterstellten Wirkungsbeziehun-

---

[421] Auf dem 5%-Niveau signifikante Ergebnisse sind mit * gekennzeichnet.

gen haben sich als nicht signifikant erwiesen. Tabelle 4-22 gibt einen Überblick über die aufgestellten Hypothesen und die Bestätigung beziehungsweise Nicht-Bestätigung durch das Modell.[422]

Tabelle 4-22: *Überblick über die Bestätigung beziehungsweise Nicht-Bestätigung der Hypothesen für Affiliate-Programme*

Hypothese		Erkärungsgrundlage	Analyseergebnis
H_{21}:	Je höher der qualitative Erfolg des Affiliate-Programms ausfällt, umso höher ist auch der wirtschaftliche Erfolg.	Empirie	bestätigt
H_{22}:	Die Organisation des Affiliate-Programms in Eigenlösung wirkt sich positiv auf den Individualisierungsgrad der Partnerschaften aus.	Netzwerkansatz	bestätigt
H_{23}:	Die Organisation des Affiliate-Programms in Eigenlösung fördert ein rein provisionsbasiertes Vergütungsmodell.	Netzwerkansatz	bestätigt
H_{24}:	Je höher der Individualisierungsgrad der Kooperationen ist, desto geringer ist der wirtschaftliche Erfolg des Programms.	Netzwerkansatz	nicht bestätigt
H_{25}:	Je höher der Individualisierungsgrad der Kooperationen ist, desto höher ist der qualitative Erfolg des Programms.	Netzwerkansatz	nicht bestätigt
H_{26}:	Die Wahl von provisionsbasierten Vergütungsmodellen beeinflusst den wirtschaftlichen Erfolg des Programms positiv.	Netzwerkansatz	nicht bestätigt
H_{27}:	Je stärker der E-Commerce-Anbieter mit seinen Affiliates kommuniziert, umso höher ist der Individualisierungsgrad der Kooperationen.	Empirie	bestätigt
H_{28}:	Je intensiver der E-Commerce-Anbieter mit seinen Affiliates kommuniziert, desto sorgfältiger werden die Partner ausgewählt.	Empirie	bestätigt
H_{29}:	Je sorgfältiger die Auswahl der Partner getroffen wird, desto höher ist der qualitative Erfolg des Affiliate-Programms.	Empirie	bestätigt
H_{30}:	Je stärker das Commitment des E-Commerce-Anbieters für das Affiliate-Programm ist, desto höher ist der qualitative Erfolg des Programms.	Ressourcenorientierter Ansatz	bestätigt
H_{31}:	Je stärker das Commitment des E-Commerce-Anbieters für das Affiliate-Programm ist, desto höher ist der wirtschaftliche Erfolg des Programms.	Ressourcenorientierter Ansatz	bestätigt

Quelle: Eigene Erstellung

Da im Rahmen der Erfolgsfaktorenforschung die Prognose des Erfolgs von höherem Interesse ist als die Signifikanz des Modells, sollen auch bei der Beurteilung des Strukturmodells die t-Werte größer 1 als Kriterium für die Eignung der Prognose der Einflussfaktoren auf die endogenen Konstrukte herangezogen werden.

---

[422] Die nicht bestätigten Hypothesen werden durch graue Schattierung hervorgehoben.

Der wirtschaftliche Erfolg lässt sich mit Ausnahme des Individualisierungsgrads durch die unterstellten Einflussfaktoren erklären. Allerdings wurde insbesondere dem Individualisierungsgrad, der hohen Aufwand in die Kooperationen erfordert, eine wesentliche Bedeutung für den Erfolg unterstellt, die sich in der Analyse nicht bestätigt. Der Einfluss des Vergütungsmodells besitzt außerdem mit einem Pfadkoeffzienten von 0,092 eine geringe Höhe.

Der qualitative Erfolg wird nur durch das Commitment und die Partnerauswahl beeinflusst, auch hier spielt der Individualisierungsgrad der Affiliate-Kooperationen keine Rolle.

Die Gestaltungsfaktoren lassen sich dagegen sehr gut durch das Modell abbilden. Sowohl die Organisationslösung der Programme als auch die Kommunikation zwischen den Partnern besitzen die erwarteten Auswirkungen, wobei insbesondere der Individualisierungsgrad wesentlich durch die Kommunikation erklärt wird.

Abbildung 4-40 gibt eine Übersicht über das Erklärungsmodell mit den Bestimmtheitsmaßen und Pfadkoeffizienten, wobei Beziehungen mit einem t-Wert kleiner 1 kursiv gekennzeichnet sind.

Abbildung 4-40: Ergebnisse des Strukturmodells für Affiliate-Programme

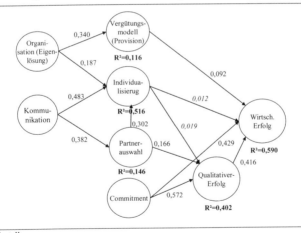

Quelle: Eigene Erstellung

Die Betrachtung der Pfadkoeffizienten mit den zugehörigen t-Werten und Signifikanzen hat Aufschluss über die Gültigkeit der aufgestellten Wirkungsbeziehungen gegeben. Die Unterschiede in der Höhe der Pfadkoeffizienten zeigen jedoch, dass der Einfluss der exogenen Konstrukte sehr unterschiedlich hoch ist. Informationen über die Stärke des Einflusses der einzelnen Faktoren gibt die Darstellung der *Effektstärke f²* in Tabelle 4-23.

Tabelle 4-23: Effektstärken des Modells für Affiliate-Programme

Konstrukt (unabhängiges Konstrukt)	Effektstärke	Beurteilung
Wirtschaftlicher Erfolg		
Qualitativer Erfolg	0,185	Moderat
Vergütung (Provision)	0,014	Schwach
Individualisierung	0,000	
Commitment	0,208	Moderat
Qualitativer Erfolg		
Individualisierung	0,000	
Partnerauswahl	0,034	Schwach
Commitment	0,333	Stark
Vergütung		
Organisationslösung	0,116	Moderat
Individualisierung		
Organisationslösung	0,058	Schwach
Kommunikation	0,261	Stark
Partnerauswahl	0,149	Moderat
Partnerauswahl		
Kommunikation	0,146	Moderat

Quelle. Eigene Erstellung

Die Effektstärke zeigt, dass die Treiber des wirtschaftlichen Erfolgs im wesentlichen im Commitment und dem qualitativen Erfolg der Programme bestehen. Auch der Einfluss des Commitments auf den qualitativen Erfolg ist stark, der Einfluss der Partnerauswahl ist dagegen nur schwach.

Die Betrachtung der Einflussstärke auf die Gestaltung der Programme bestätigt die bisherigen Ergebnisse: Die Kommunikation macht den stärksten Einfluss auf die Gestaltungsfaktoren aus, indem sie den Individualisierungsrad der Kooperationen stark und die Auswahl der Partner moderat beeinflusst. Aber auch die Organisationslösung ist mit einem moderaten Einfluss auf das Vergütungsmodell und einem schwachen Einfluss auf den Individualisierungsgrad bedeutend für die Erklärung der Gestaltung der Affiliate-Partnerschaften.

Um auch die indirekten Beziehungen zwischen den latenten Variablen zu berücksichtigen, werden die *Gesamteffekte* der unabhängigen Konstrukte betrachtet, die sich aus der Summer der direkten und der indirekten Effekte ergeben (Tabelle 4-24). Zusätzlich werden die mittels Bootstrapping errechneten t-Werte und Signifikanzen angegeben.

Tabelle 4-24: Gesamteffekte im Modell für Affiliate-Programme

	Direkte Effekte	Indirekte Effekte	Gesamte Effekte	Beobachteter t-Wert	Signifikanzniveau
Wirtschaftlicher Erfolg					
Qualitativer Erfolg	0,416		0,416	4,645	0,000*
Vergütung (Provision)	0,092		0,092	1,329	0,094
Individualisierung	0,012	0,008	0,020	0,243	0,405
Commitment	0,429	0,238	0,667	10,146	0,000*
Partnerauswahl		0,075	0,075	1,761	0,041*
Organisationslösung		0,035	0,035	1,162	0,124
Kommunikation		0,036	0,036	0,792	0,215
Qualitativer Erfolg					
Individualisierung	0,019		0,019	0,239	0,406
Partnerauswahl	0,166		0,166	2,075	0,021*
Commitment	0,572		0,572	8,109	0,000*
Organisationslösung		0,004	0,004	0,219	0,413
Kommunikation		0,073	0,073	1,463	0,074
Vergütung					
Organisationslösung	0,340		0,340	3,881	0,000*
Individualisierung					
Organisationslösung	0,187		0,187	2,050	0,022*
Kommunikation	0,483	0,115	0,598	9,353	0,000*
Partnerauswahl	0,302		0,302	3,900	0,000*
Partnerauswahl					
Kommunikation	0,382		0,382	4,317	0,000*

Quelle: Eigene Erstellung

Die Betrachtung der Gesamteffekte zeigt zunächst, dass das Commitment über den Einfluss auf den qualitativen Erfolg auch eine starke indirekte Auswirkung auf den wirtschaftlichen Erfolg der Affiliate-Programme besitzt.

Weiterhin bestätigt sich die große Bedeutung der Kommunikation zwischen den Partnern für die Gestaltung der Kooperationen, die neben dem direkten Einfluss auch über die Partnerwahl einen deutlichen indirekten Einfluss auf den Individualisierungsgrad der Partnerschaften besitzt.

Auch für das Strukturmodell der Affiliate-Programme muss ein Test auf *Multikollinearität* durchgeführt werden. Tabelle 4-25 gibt einen Überblick über die Toleranz- und Varianzinflationswerte der unabhängigen Variablen sowie den Konditionsindex.

Da die Toleranzwerte deutlich größer als 0,5 beziehungsweise die Varianzinflationswerte deutlich kleiner als 2 sind, außerdem kein Konditionsindex den Grenzwert von 30 überschreitet, kann Multikollinearität für das Modell ausgeschlossen werden.

Tabelle 4-25: *Test auf Multikollinearität des Strukturmodells für Affiliate-Programme*

Konstrukt (unabhängiges Konstrukt)	Toleranz	VIF	Konditionsindex ξ
Wirtschaftlicher Erfolg			13,444
Qualitativer Erfolg	0,607	1,649	
Vergütung (Provision)	0,949	1,054	
Individualisierung	0,924	1,082	
Commitment	0,618	1,617	
Qualitativer Erfolg			9,988
Individualisierung	0,761	1,313	
Partnerauswahl	0,754	1,327	
Commitment	0,970	1,031	
Individualisierung			7,633
Organisationslösung	0,954	1,048	
Kommunikation	0,836	1,196	
Partnerauswahl	0,873	1,145	

Quelle: Eigene Erstellung

Zur Feststellung der Prognosegüte wird eine Kreuzvalidierung durchgeführt, für die eine Teilung der Stichprobe vorgenommen wurde. Das Validierungs-Sample beinhaltet 25% der Fälle. Tabelle 4-26 zeigt die Korrelationskoeffizienten r zwischen den beobachteten und prognostizierten Werten. Außerdem werden der Anteil der erklärten Varianz durch die Prognose r^2 und das Bestimmtheitsmaß R^2 dargestellt.

Tabelle 4-26: *Kreuzvalidierung der endogenen Konstrukte von Affiliate-Programmen*

	r	r^2	R^2
Wirtschaftlicher Erfolg	0,509	0,259	0,590
Qualitativer Erfolg	0,191	0,036	0,402
Individualisierung	0,648	0,420	0,516
Partnerauswahl	0,454	0,206	0,146
Vergütungsmodell	0,336	0,113	0,116

Quelle: Eigene Erstellung

Die Ergebnisse der Kreuzvalidierung geben ein unterschiedliches Bild für die Prognosegüte ab. Während die Abweichungen zwischen r^2 und R^2 für die Gestaltungsfaktoren „Individualisierung", „Partnerauswahl" und „Vergütungsmodell" gering sind und damit auf eine hohe Prognosegüte hindeuten, sind die Abweichungen für die beiden Erfolgsdimensionen hoch, so dass ein Problem der Prognosegüte für den Erfolg von Affiliate-Programmen nicht ausgeschlossen werden kann.

Die **Ergebnisse der empirischen Analyse** für Affiliate-Programme zeigen, dass sowohl der Erfolg der Programme als auch die Gestaltungsfaktoren gut durch das Modell erklärt werden können, dass aber nicht alle unterstellten Einflussfaktoren die erwarteten Auswirkungen besitzen:

Der *wirtschaftliche Erfolg* wird mit einem Erklärungsanteil von 59,0% sehr gut durch das Modell abgebildet. Die wichtigsten Einflussfaktoren auf den wirtschaftlichen Erfolg bestehen aus dem Commitment für das Affiliate-Programm und dem qualitativen Erfolg. Insbesondere das Commitment wird durch den indirekten Einfluss über den qualitativen Erfolg zum wichtigsten Treiber des wirtschaftlichen Erfolgs der Programme.

Die Gestaltungsfaktoren „Vergütungsmodell" und „Individualisierungsgrad" üben dagegen nur einen schwachen beziehungsweise nicht messbaren Einfluss aus.

Die Darstellung der Einflussfaktoren auf den wirtschaftlichen Erfolg in der Priority-Matrix bestätigt diese Ergebnisse (Abbildung 4-41).

Abbildung 4-41: Priority-Matrix für die Einflussfaktoren auf den wirtschaftlichen Erfolg von Affiliate-Programmen

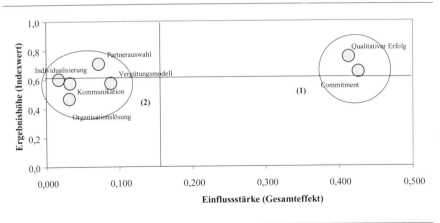

Quelle: Eigene Erstellung in Anlehnung an Martensen & Gronholdt (2003), S. 144

Die exogenen Konstrukte lassen sich in zwei Gruppen einteilen:

(1) Die *erste Gruppe* beinhaltet das Commitment und den qualitativen Erfolg. Sie sind die Treiber des Kooperationserfolgs. Beide Konstrukte weisen bereits relativ hohe Indexwerte auf, insbesondere mit einer Steigerung des Commitments könnte der wirtschaftliche Erfolg der Kooperation jedoch noch weiter verbessert werden.

(2) Die *zweite Gruppe* besteht aus den verbleibenden exogenen Konstrukten. Diese Konstrukte besitzen nur eine geringe Auswirkung auf den wirtschaftlichen Erfolg der Affiliate-Programme. Die direkten Einflussfaktoren „Vergütungsmodell" und „Individualisierungsgrad" besitzen nur einen schwachen beziehungsweise keinen Einfluss. Somit kann durch die Verbesserung dieser Gestaltungsmerkmale der wirtschaftliche Erfolg nicht oder nur geringfügig verbessert werden. Die übrigen Konstrukte dieser Gruppe (Organisationslösung, Kommunikation und Partnerauswahl) dienen der Erklärung der Gestaltung von Affiliate-Kooperationen und besitzen aufgrund des schwachen Einflusses der direkt wirkenden Variablen auch keinen oder nur schwachen Einfluss auf den wirtschaftlichen Erfolg.

Die *qualitative Erfolgsdimension* lässt sich mit einem Varianzanteil von 40,2% ebenfalls sehr gut durch das Modell abbilden. Treiber des qualitativen Erfolgs ist wiederum das Commitment für das Programm, das einen hohen Pfadkoeffizienten und eine starke Effektstärke besitzt. Signifikante Bedeutung besitzt außerdem die Auswahl der Partner, deren Einfluss jedoch deutlich schwächer ausfällt. Dem Individualisierungsgrad, der im Vorfeld als sehr wichtig für die Kooperationen erachtet wurde, lässt sich auch für die qualitative Erfolgsdimension kein Einfluss nachweisen.

Die Darstellung der Einflussfaktoren auf den qualitativen Erfolg in der Priority-Matrix unterstützt diese Ergebnisse. Abbildung 4-42 zeigt die Einflussfaktoren auf den qualitativen Erfolg mit ihren Gesamteffekten und Indexwerten.

Abbildung 4-42: Priority-Matrix für die Einflussfaktoren auf den qualitativen Erfolg von Affiliate-Programmen

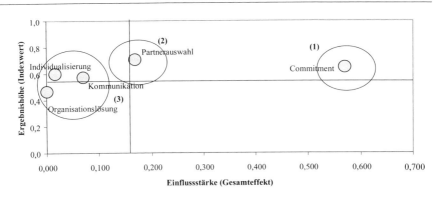

Quelle: Eigene Erstellung in Anlehnung an Martensen & Gronholdt (2003), S. 144

Die exogenen Konstrukte lassen sich in drei Gruppen einteilen:

(1) Die *erste Gruppe* beinhaltet nur ein Konstrukt: das Commitment des E-Commerce-Anbieters für das Affiliate-Programm. Das Commitment ist der stärkste Treiber des qualitativen Erfolgs. Obwohl es bereits relativ stark ausgeprägt ist, kann durch eine Steigerung des Engagements für das Programm auch der qualitative Erfolg deutlich gesteigert werden.

(2) Die *zweite Gruppe* besteht ebenfalls nur aus einem Konstrukt: der Auswahl der Partner. Sie besitzt einen schwachen, aber signifikanten Einfluss auf den qualitativen Erfolg. Da der Indexwert relativ hoch ist, lässt sich die qualitative Erfolgsdimension durch eine stärkere Sorgfalt bei der Partnerauswahl nur noch geringfügig verbessern.

(3) Die dritte Gruppe besteht aus den verbleibenden Konstrukten. Sie weisen nur einen geringen Einfluss auf den qualitativen Erfolg des Programms auf, ihre Veränderung kann somit kaum zur Verbesserung des qualitativen Erfolgs beitragen. Der schwache Einfluss der Kommunikation und der Organisationslösung lässt sich durch ihre indirekte Wirkung auf den Erfolg begründen, diese Konstrukte leisten in erster Linie einen Erklärungsbeitrag zur Gestaltung der Affiliate-Kooperationen.

Die Gestaltung der Affiliate-Programme wird durch die erwarteten wesentlichen Einflussfaktoren „Organisationslösung des Programms" und „Kommunikation zwischen den Partnern" gut erklärt.

Die *Organisationslösung* wirkt sich zunächst auf die Wahl des Vergütungsmodells aus. Der Einfluss ist signifikant und besitzt eine moderate Effektstärke, der angenommene Einfluss, dass die Organisation des Programms in Eigenlösung die Wahl eines provisionsbasierten Vergütungsmodells unterstützt, hat sich bestätigt. Allerdings deutet der Anteil der erklärten Varianz des Vergütungsmodells von 11,6% darauf hin, dass weitere Erklärungsfaktoren für das Vergütungsmodell vorliegen, die im Modell nicht berücksichtigt wurden.

Die Organisationslösung übt weiterhin einen schwachen, aber signifikanten Einfluss auf den Individualisierungsgrad der Kooperationen aus, der sich mit einem Anteil an erklärter Varianz von 51,8% sehr gut durch das Modell erklären lässt. Die Organisation der Programme in Eigenleistung lässt wie erwartet eine stärkere Individualisierung der Partnerschaften zu, da selbst organisierte Programme in der Regel weniger automatisierte Prozesse verwenden als Programme über Netzwerkbetreiber.

Der Individualisierungsgrad wird weiterhin stark durch die *Kommunikation* zwischen den Partnern beeinflusst. Die Kommunikation zwischen den Partnern fördert auch die Abstimmung individueller Gestaltungsmöglichkeiten wie die Art der Einbindung und die Anpassung der Kooperationslösung an die Partner-Website. Auch die Partnerauswahl wird durch die Kommunikation zwischen den Partnern beeinflusst, mit zunehmender Kommunikation zwischen den Partnern wird wie erwartet die Sorgfalt bei der Anwerbung und Auswahl der Affiliates gefördert. Die Sorgfalt bei der Partnerauswahl wirkt sich wiederum positiv auf den Individualisierungsgrad aus.

Zusammenfassend kann festgehalten werden, dass der Erfolg der Affiliate-Programme sowie die Gestaltung gut durch das Modell erklärt werden können. Da aber die Gestaltungsfaktoren nur keinen oder nur einen schwachen Einfluss auf die Erfolgsdimensionen ausüben, kann über eine Veränderung der Gestaltungsfaktoren der Erfolg nicht verbessert werden. Eine deutliche Veränderung des Erfolgs kann nur durch eine Steigerung des Commitments für die Programme bewirkt werden.

5 Implikationen

Aus den Ergebnissen lassen sich Handlungsempfehlungen für die unternehmerische Praxis sowie Implikationen für zukünftige Forschungsarbeiten ableiten.

5.1 Implikationen für die unternehmerische Praxis

Die Forschungsergebnisse geben dem Management von Online-Marketing-Kooperationen konkrete Hinweise auf die erfolgreiche Gestaltung. Insgesamt hat die Analyse ergeben, dass Online-Marketing-Kooperationen als eine erfolgreiche und wichtige Kundengewinnungsmaßnahme im E-Commerce betrachtet werden.

Für das **Management strategischer Vertriebskooperationen** kann zunächst festgehalten werden, dass das Verhältnis zwischen den Partnern sowie die Ressourcen, die von beiden Seiten in die Kooperation eingebracht werden, von elementarer Bedeutung für die Gestaltung und den Erfolg der Kooperationen sind.

Das *Machtverhältnis* zwischen den Partnern beeinflusst die Gestaltung der Kooperation, indem der stärkere Partner seine Vorstellungen hinsichtlich der Verteilung des Kooperationsgewinns durchsetzen kann. In Partnerschaften mit starker Machtasymmetrie sollte deshalb versucht werden, durch vertrauensbildenden Maßnahmen ein ausgewogenes Machtverhältnis zu erreichen, um eine faire Aufteilung des Kooperationsgewinns zu erwirken.

Als wichtige Komponente des Kooperationsgewinns hat sich dabei das *Vergütungsmodell* der Kooperation ergeben. Es wurde gezeigt, dass direkt transaktionsgebundene Vergütungsmodelle wie die Pay-per-Sale oder Pay-per-Lead-Vergütung den wirtschaftlichen Erfolg deutlich verbessern können. Die zukünftige Gestaltung strategischer Vertriebskooperationen sollte unbedingt ausschließlich auf rein erfolgsabhängigen Vergütungsmodellen basieren. Allerdings hat die Analyse gezeigt, dass die Akzeptanz der transaktionsgebundenen Modelle bereits so weit fortgeschritten ist, dass ein Affiliate mit einer starken Machtstellung ein erfolgsabhängiges Vergütungsmodell gegenüber einem monatlichen Fixum favorisiert. Dies deutet darauf hin, dass zukünftig die fixe Vergütung von Kooperationen nur noch eine Ausnahme bilden wird. Die Bedeutung der *Verteilung des Kooperationsaufwands* wurde dagegen überschätzt: Die Verteilung des Aufwands lässt sich zwar durch das Machtverhältnis zwischen den Partnern erklären, da sie sich aber nur geringfügig auf den Erfolg der Kooperationen auswirkt, sollte ihr bei der zukünftigen Gestaltung der Programme nur geringes Gewicht beigemessen werden.

Die Gestaltung der Kooperationen wird außerdem maßgeblich durch die *Ressourcen* beeinflusst, die von den Partnern in die Kooperation eingebracht werden. Eine sorgfältige Auswahl der strategischen Partner unter besonderer Berücksichtigung der für die Kooperation relevanten Ressourcen ist daher unerlässlich. Die Wahl des richtigen Partners erhöht deutlich die Kompatibilität zwischen den Partnern und wirkt sich darüber positiv auf den Erfolg der Kooperationen aus. Zusätzlich beeinflusst die Bedeutung der eingesetzten Ressourcen die Bemühungen um die Kooperation, die sich in einer verstärkten Kommunikation äußern, die sich ebenfalls positiv auf den Erfolg auswirkt.

Besondere Bedeutung bei der Gestaltung strategischer Vertriebskooperationen kommt dem *Grad der losen Kopplungen* zu, die zwischen den Kooperationspartnern bestehen. Lose Kopplungen erlauben eine Flexibilität in der Abstimmung zwischen den Kooperationspartnern, die im dynamischen Umfeld des E-Commerce eine schnelle Reaktion auf geänderte Umweltzustände oder Partnerbedingungen erlauben. Lose Kopplungen wirken sich daher positiv auf das Kommunikationsverhalten zwischen den Partnern und darüber auf den Erfolg der Kooperationen aus. Bei der vertraglichen Gestaltung strategischer Vertriebskooperationen sollte daher darauf geachtet werden, Raum für flexible Absprachen zwischen den Partnern zu lassen.

Dem *Individualisierungsgrad*, der im Rahmen der Expertengespräche und der Fallstudie als besonders bedeutend für den Erfolg strategischer Vertriebskooperationen erachtet wurde, konnte dagegen keine elementare Auswirkung auf den Erfolg strategischer Vertriebskooperationen nachgewiesen werden. Den individuellen Gestaltungsmerkmalen, die aus der Art der Einbindung der Kooperationslösung, der individuellen Anpassung an die Website des Partners und der Absprache spezifischer Maßnahmen zur Unterstützung der Kooperationen bestehen, konnte kein Einfluss auf die Gestaltung und den Erfolg nachgewiesen werden. Die Bemühungen und der finanzielle Aufwand, die in die individuelle Gestaltung fließen, wirken sich somit nicht auf einen erhöhten Erfolg aus. Daher sollte der Fokus bei der Gestaltung strategischer Vertriebskooperationen zukünftig weniger auf Individualität gelegt werden, sondern es sollte eher auf Standardlösungen mit individuellen Anpassungen zugegriffen werden.

Ein wichtiger Befund der Analyse ist, dass der qualitative Erfolg strategischer Vertriebskooperationen kaum durch das Modell erklärt werden kann und somit auch keine wichtigen Treiber des qualitativen Erfolgs ermittelt werden konnten. Als mögliche

Ursache wurde die Komplexität der qualitativen Zielsetzungen angeführt: Da es zahlreiche Möglichkeiten der Zielsetzung für strategische Vertriebskooperationen gibt und diese sehr spezifisch für einzelne Kooperationen ausfallen können, ist es nicht möglich, diese in einem Modell zu erfassen. Mögliche qualitative Zielsetzungen sind neben dem Imagetransfer und der Steigerung der Bekanntheit die Positionierung der Marke, ein schneller Markteintritt oder die Abwehr von Konkurrenten. Daher ist es wichtig, dass die qualitativen Zielsetzungen bei der Bildung einer Kooperation klar definiert und die Maßnahmen auf die Zielsetzungen abgestimmt werden. Stehen beispielsweise markenpolitische Ziele im Vordergrund der Kooperation, muss die Gestaltung und Erfolgsmessung die Auswirkung der markenpolitischen Maßnahmen wie dem Branding der Kooperation oder gemeinsamen Werbemaßnahmen mit dem Partner berücksichtigen.

Die Ableitung von Handlungsempfehlungen für das **Management von Affiliate-Programmen** ist schwieriger, da als zentraler Treiber des Erfolgs das Commitment für die Programme ermittelt wurde und die Gestaltungsfaktoren nur schwachen Einfluss auf den Erfolg besitzen. Eine Verbesserung des Erfolgs der Programme kann somit im wesentlichen nur durch eine Steigerung des Commitment erreicht werden, konkrete Gestaltungshinweise sind auf Basis der Erhebungsergebnisse nicht möglich.

Das *Commitment* beinhaltet das Engagement und den strategischen Stellenwert, der den Affiliate-Programmen im Unternehmen eingeräumt wird. Die Freistellung personeller Ressourcen und die Behandlung als wichtige Marketing-Maßnahme ermöglichen eine Verbesserung der ökonomischen und qualitativen Ziele.

Für die Wahl der *Organisationsform* kann keine konkrete Empfehlung gegeben werden: Die Organisation eines Programms in Eigenlösung fördert zwar ein provisionsbasiertes Vergütungsmodell und den Individualisierungsgrad der Partnerschaften, da aber wesentliche Auswirkungen auf den Erfolg nicht festgestellt werden kann, ist auch die Vorteilhaftigkeit einer Form der Organisation nicht erklärbar.

Für den *qualitativen Erfolg* der Affiliate-Programme gilt, dass er eine deutlich stärkere Bedeutung besitzt als bei strategischen Vertriebskooperationen und deshalb sowohl als Erfolgsgröße als auch als Einflussfaktor auf den wirtschaftlichen Erfolg berücksichtigt werden sollte. Aufgrund der großen Anzahl an Kooperationen können die qualitativen Zielsetzungen nicht differenziert für einzelne Kooperationen einbezogen werden, es sollte aber eine qualitative Zielsetzung für das gesamte Programm definiert werden, die beispielsweise in der Steigerung der Bekanntheit des E-Commerce-Anbieters bestehen kann.

5.2 Implikationen für die Forschung

Die Ergebnisse des Forschungsprojektes machen deutlich, dass das Forschungsvorgehen grundsätzlich für die Erklärung des Erfolgs von Online-Marketing-Kooperationen geeignet ist. Allerdings haben die Ergebnisse der empirischen Überprüfung der Modelle gezeigt, dass die Untersuchung auch einige Defizite aufweist. Auf Basis der Ergebnisse und Limitationen der Erklärungsmodelle lassen sich Implikationen für zukünftige Forschungsprojekte sowohl in inhaltlicher als auch in methodischer Hinsicht ableiten.

In **inhaltlicher Hinsicht** zeigen die Ergebnisse, dass die *verwendeten Theorien* wesentliche Beiträge zur Erklärung von Online-Marketing-Kooperationen leisten. Da es sich bei Online-Marketing-Kooperationen um ein neuartiges Kooperationsphänomen handelt, konnten bestehende Erkenntnisse nicht direkt auf den Forschungsgegenstand übertragen werden. Die Ergebnisse der Modellschätzung zeigen, dass die für Kooperationen beziehungsweise Kooperationsnetzwerke häufig verwendeten theoretischen Ansätze - der Ressourcenorientierte Ansatz, die kooperative Nash-Lösung, der Transaktionskostenansatz und der Netzwerkansatz - auch für die Ableitung von Erfolgsfaktoren von Online-Marketing-Kooperationen wichtige Grundlagen liefern. Da mehrere Ansätze notwendig waren, um Erklärungsmodelle für den Erfolg von Online-Marketing-Kooperationen abzuleiten, zeigt sich wie bereits in anderen Kooperationsstudien, dass ein einzelner Ansatz zur umfassenden Erklärung von Kooperationen nicht ausreichend ist. Je nach Schwerpunkt der Forschung sollten daher auch in zukünftigen Forschungsarbeiten zu Kooperationen immer mehrere Ansätze zur Berücksichtigung verschiedener Aspekte der Kooperation herangezogen werden.

Ein besonders interessanter inhaltlicher Aspekt ist die Bedeutung *loser Kopplungen*, die einen wichtigen Einfluss auf das Kommunikationsverhalten zwischen den Partnern und darüber auf den Erfolg der Kooperationen ausüben. Damit sollte der Kopplungsgrad, der in der Untersuchung von Kooperationen häufig vernachlässigt wird, auch in Bezug auf andere Kooperationsformen in zukünftigen Forschungsarbeiten als Einflussfaktor auf die Gestaltung und den Erfolg berücksichtigt werden. Da ein geringer Kopplungsgrad eine flexible und unbürokratische Abstimmung zwischen den Kooperationspartnern ermöglicht, sollte insbesondere in dynamischen Branchen, in denen eine schnelle Anpassung an sich ändernde Umweltzustände wichtig ist, dem Kopplungsgrad zwischen den Partnern besondere Bedeutung beigemessen werden. Dies muss nicht auf das Umfeld von Kooperationen beschränkt bleiben, sondern kann auch auf weitere Beziehungsstrukturen wie beispielsweise Hersteller-Händler-Beziehungen ausgedehnt werden.

Ein weitere interessanter Ansatzpunkt für zukünftige Forschungsarbeiten besteht in der Untersuchung der *qualitativen Erfolgsdimension* strategischer Vertriebskooperationen. In der vorliegenden Untersuchung liegt der Schwerpunkt auf der Gestaltung und deren Einfluss auf den wirtschaftlichen Erfolg strategischer Vertriebskooperationen. Da ein Teil strategischer Vertriebskooperationen den Fokus stärker auf markenpolitische Zielsetzungen als auf rein ökonomische Ziele legt, würde die Untersuchung von Co-Branding-Kooperationen ergänzende Erkenntnisse über die Strategien und Zielsetzungen von Online-Kooperationen geben. Das Untersuchungsfeld würde sich dabei um Kooperationen ohne Vergütung des Partners sowie Content-Kooperationen erweitern.

Da sich in der empirischen Überprüfung der Modelle nicht alle Einflussfaktoren als bedeutsam für den Erfolg von Online-Marketing-Kooperationen ergeben haben, wäre die *Untersuchung weiterer möglicher Einflussfaktoren* auch unter dem Gesichtspunkt der Weiterentwicklung von Online-Marketing-Kooperationen seit dem Erhebungszeitpunkt interessant. Dabei sollte vor allem die Entwicklung der Vergütungsmodelle und die Veränderung der Organisationsstruktur von Affiliate-Programmen berücksichtigt werden. Darauf aufbauend wäre ebenfalls eine interessante Fragestellung, die *Affiliate-Seite* von Online-Marketing-Kooperationen zu untersuchen. Da einige Faktoren wie beispielsweise der Einfluss des Ressourceneinsatzes des Partners auf den Individualisierungsgrad der Kooperationen aus der Sicht der E-Commerce-Anbieter nur schwer beurteilt werden können, würde die Betrachtung der Affiliate-Seite Aufschluss über diese Einflussfaktoren geben und zusätzliche Informationen über die erfolgreiche Gestaltung von Online-Marketing-Kooperationen liefern. Auch die Ausdehnung der Erhebung auf den europäischen Raum oder die USA, in denen Online-Marketing-Kooperationen bereits eine stärkere Entwicklung durchlaufen haben und einen höheren strategischen Stellenwert besitzen, wäre eine sinnvolle Erweiterung der Forschungsarbeit.

In **methodischer Hinsicht** liefern die Ergebnisse ebenfalls wertvolle Erkenntnisse für zukünftige Forschungsarbeiten. Die Darstellung der Erklärungsmodelle für den Erfolg von Online-Marketing-Kooperationen in *Mehrgleichungsstrukturmodellen* hat sich grundsätzlich als sinnvoll erwiesen, da die Erfolgsfaktoren größtenteils hypothetische Konstrukte sind, die durch geeignete Indikatoren messbar gemacht werden müssen. Die Trennung in latente und manifeste Variablen erfordert eine sorgfältige Konzeption und Operationalisierung des Modells, bei der der Festlegung des Charakters der Konstrukte maßgeblichen Einfluss auf die Forschungsergebnisse zukommt. Da es ein Ziel der vorliegenden Erfolgsfaktorenstudie ist, die Wirksamkeit von Strategien und Maßnahmen bezüglich des Erfolgs von Online-Marketing-Kooperationen festzustellen, besitzt ein großer Teil der Konstrukte formativen Charakter. Die Verwendung formativer Konstrukte hat den Vorteil, dass sich konkrete Empfehlungen für die Steigerung des Kooperationserfolgs ableiten lassen. Allerdings erfordert die formative Operationalisierung sorgfältige inhaltliche Vorarbeit, da die Validität formativer Konstrukte fast ausschließlich auf Basis inhaltlicher Überlegungen beurteilt werden kann. Daher wurde wegen der Innovativität des Forschungsgegenstands neben bestehenden empirischen Ergebnissen zusätzlich ein qualitativer Forschungsschritt durchgeführt, um auf Basis von Expertenmeinungen neue Skalen für die Operationalisierung der latenten Variablen bilden zu können und eine inhaltlich korrekte Messung insbesondere der formativen Konstrukte zu gewährleisten.

Die Limitationen in den Ergebnissen des Messmodells für strategische Vertriebskooperationen zeigen, dass die Operationalisierung des formativen Messmodells trotz der sorgfältigen Vorarbeit nur zum Teil für die Messung der Konstrukte geeignet ist. Zwar haben inhaltliche Überlegungen den formativen Charakter der Konstrukte deutlich gemacht, die zum Teil sehr schwachen Beziehungen zwischen den formativen Indikatoren und ihren Konstrukten deuten jedoch darauf hin, dass nicht alle Items für die Messung ihrer Konstrukte geeignet sind. Das Vorliegen schwacher oder nicht messbarer Beziehungen bedeutet eine inhaltliche Veränderung des Konstrukts, die bei der Interpretation der Ergebnisse unbedingt berücksichtigt werden muss.

Für zukünftige Forschungsarbeiten bedeuten diese Erkenntnisse, dass insbesondere im Bereich der Erfolgsfaktorenforschung ein Schwerpunkt auf die sorgfältige Konzeption des Messmodells gelegt werden sollte. Dabei kann davon ausgegangen werden, dass exogene Konstrukte überwiegend formativen Charakter besitzen, da nur so Maßnahmen zur Steigerung des Erfolgs bewertet werden können. Daher sind inhaltliche Vorüberlegungen unter Einbeziehung eines qualitativen Forschungsschritts für die Operationalisierung der formativen Konstrukte besonders wichtig, da fehlende oder nicht signifikante Indikatoren zu einer inhaltlichen Veränderung des Modells führen. Die Fehlspezifizierung von Konstrukten resultiert in der Vernachlässigung wichtiger Aspekte der Erfolgsfaktoren und kann somit zu inhaltlich falschen Ergebnissen führen.

Aufgrund der Verwendung sowohl formativer als auch reflektiver Konstrukte sowie der geringen Fallzahl hat sich die Anwendung des *Partial-Least-Squares-Ansatzes* als einzige geeignete Analysemethode für die Schätzung der Modelle erwiesen. Mit dem auf der Kleinstquadrat-Schätzung basierenden Partial-Least-Squares-Ansatz wird der Schwerpunkt der Analyse auf die Prognosekraft des Modells sowie die Beurteilung der Einflussstärke der unterstellten Erfolgsfaktoren gelegt. Damit gehen statistisch wünschenswerte Eigenschaften wie die Konsistenz der Schätzer und der Test des Gesamtmodells verloren, statt dessen eröffnet sich aber die Möglichkeit, komplexe Strukturen ohne spezifische Modellannahmen zu schätzen und Aussagen über die Prognosefähigkeit von Teilstrukturen zu treffen.[423] Da dies insbesondere für die betriebswirtschaftliche Erfolgsfaktorenforschung, in der häufig komplexe Modelle mit einem hohen Anteil formativer Konstrukte auf der Basis geringer Falzahlen geschätzt werden müssen, Relevanz besitzt, ist die verstärkte Anwendung des Partial-Least-Squares-Ansatzes für zukünftige Forschungsarbeiten empfehlenswert.

Die Ergebnisse der Arbeit geben als weitere Implikation für das methodische Vorgehen empirischer Arbeiten Hinweis auf die Beachtung methodischer Verzerrungen durch die Erhebungsmethode. Die Ergebnisse zeigen, dass bereits bei der Konzeption des Erhebungsdesigns auf die Vermeidung eines *Key Informant Bias* und *Common Method Bias* geachtet werden sollte. Beide Formen des Bias können zu einer erheblichen Beeinträchtigung der Forschungsergebnisse führen. Es wurde zwar versucht, methodischen Verzerrungen durch verschiedene Maßnahmen im Vorfeld der Erhebung zu begegnen. Da allerdings die Befragung mehrerer Informanten einer Organisation auf-

---

[423] Vgl. Albers und Hildebrandt (2006), S. 30.

grund des sehr spezifischen Forschungsgegenstands, für den in den meisten Fällen nur ein Verantwortlicher zur Verfügung stand, nicht möglich war, kann weder ein Key Informant Bias noch ein Common Method Bias für die vorliegende Untersuchung ausgeschlossen werden. In zukünftigen Untersuchungen sollte daher bei der Wahl der Erhebungsmethode die Möglichkeit der Befragung mehrerer Informanten berücksichtigt werden. Ist dies nicht möglich, sollten alternative Erhebungsmöglichkeiten wie beispielsweise Beobachtungen oder Dokumentanalysen in Betracht gezogen werden.

6 Zusammenfassung

Online-Marketing-Kooperationen eröffnen vor allem jungen Unternehmen im E-Commerce eine kostengünstige und risikoarme Möglichkeit der Kundengewinnung. Aufgrund der zielgruppengenauen Ansprache der Kunden bedeuten Online-Marketing-Kooperationen auch eine sinnvolle Ergänzung des Marketing-Mix für größere Unternehmen. Neben ihren Vorteilen erfordern sie allerdings Investitionen in die Gestaltung und Organisation und bergen Risiken wie das wirtschaftliche Scheitern oder negativen Imagetransfer. Da in der wissenschaftlichen Forschung bislang keine Erkenntnisse über die Erfolgsfaktoren von Online-Marketing-Kooperationen vorliegen, bestand das wesentliche Ziel dieser Arbeit darin, Sicherheit über die wesentlichen Einflussfaktoren auf den Erfolg zu gewinnen.

Dazu wurden Online-Marketing-Kooperationen zunächst in zwei grundsätzliche Typen aufgeteilt: Einerseits in *strategische Vertriebskooperationen*, die als einzelne Kooperationen strategische Bedeutung für den E-Commerce-Anbieter besitzen und individuell mit dem Kooperationspartner verhandelt und organisiert werden, andererseits in *Affiliate-Programme*, in deren Rahmen eine Vielzahl von Partnerschaften in standardisierten Prozessen abgewickelt wird. Aufgrund der Unterschiede in der Organisation und Gestaltung wurden diese Kooperationstypen getrennt auf ihre Gestaltungs- und Erfolgsfaktoren untersucht.

Aufgrund fehlender empirischer Erkenntnisse zum Forschungsproblem wurde zu Beginn des Forschungsprozesses ein *qualitativer Forschungsschritt* in Form von Experteninterviews und einer Fallstudie über einen E-Commerce-Anbieter durchgeführt. Im Rahmen der qualitativen Analyse wurde grundlegendes Wissen über die Bedeutung und Organisation von Online-Marketing-Kooperationen in der Praxis aufgebaut. Außerdem wurden Erkenntnisse über die wichtigsten Einflussgrößen auf die Gestaltung und den Erfolg von Online-Marketing-Kooperationen gewonnen.

Auf dieser Basis wurden separate *Erklärungsmodelle* für den Erfolg strategischer Vertriebskooperationen und Affiliate-Programme abgeleitet und Hypothesen über die Wirkungsbeziehungen zwischen den Erfolgsfaktoren aufgestellt. Als theoretisches Fundament dienten der Ressourcenorientierte Ansatz, die kooperative Spieltheorie, der Transaktionskostenansatz und der Netzwerkansatz. Zusätzlich wurden empirische Erkenntnisse der Kooperationsforschung einbezogen.

Zur Überprüfung der aufgestellten Modelle wurde eine *Befragung von E-Commerce-Anbietern* durchgeführt, die sowohl in schriftlicher als auch in webgestützter Form nach der Key-Informant-Methode erfolgte. Befragt wurden deutsche E-Commerce-Anbieter, die bereits Online-Marketing-Kooperationen eingegangen sind. Insgesamt nahmen 103 Unternehmen an der Befragung teil, wobei 50 Fragebögen zu strategischen Vertriebskooperationen und 86 Fragebögen zu Affiliate-Programmen beantwortet wurden. Bei der Konzeption der Erhebung wurde Wert darauf gelegt, methodische Verzerrungen durch einen Key Informant Bias und einen Common Method Bias zu vermeiden. Da eine Befragung mehrerer Informanten aufgrund der fehlenden Zahl an Verantwortlichen für Kooperationen nicht möglich war, kann ein methodischer Bias jedoch nicht vollkommen ausgeschlossen werden.

Da es sich bei dem Erfolg und seinen Einflussgrößen um hypothetische Konstrukte handelte, die sich einer direkten Messbarkeit entzogen, wurden sie in *Mehrgleichungsstrukturmodellen* dargestellt und mit Hilfe formativer und reflektiver Indikatoren operationalisiert. Die Operationalisierung der Erklärungsmodelle erfolgte auf Basis der qualitativen Forschungsergebnisse, da aufgrund der Innovativität des Forschungsgegenstands keine bestehenden Skalen für die Messung der Konstrukte verwendet werden konnten. Um Strategien und Maßnahmen zur Steigerung des Erfolgs von Online-Marketing-Kooperationen messen zu können, wurden die Einflussfaktoren auf den Erfolg fast ausschließlich formativ operationalisiert.

Als Schätzmethode für die Modelle wurde der *Partial-Least-Squares-Ansatz* verwendet. Die Gründe für die Wahl des Partial-Least-Squares-Ansatzes lagen insbesondere in dem explorativen Charakter des Forschungsprojektes mit einer kleinen Stichprobe sowie der Verwendung sowohl formativer als auch reflektiver Konstrukte.

Als zentrales *Ergebnis* der empirischen Überprüfung lässt sich festhalten, dass die Modelle grundsätzlich geeignet sind, um die Gestaltung und den Erfolg von Online-Marketing-Kooperationen zu erklären. Die auf Basis des Ressourcenorientierten Ansatzes, der kooperativen Spieltheorie, des Transaktionskostenansatzes und des Netzwerkansatzes abgeleiteten Wirkungsbeziehungen haben sich größtenteils als relevant für die Prognose des Erfolg von Online-Marketing-Kooperationen erwiesen.

Der *wirtschaftliche Erfolg strategischer Vertriebskooperationen* lässt sich substanziell durch das Modell erklären, wobei die wesentlichen Treiber in dem Vergütungsmodell, der Kompatibilität zwischen den Partnern sowie dem Individualisierungsgrad der Kooperation, der aufgrund der nicht messbaren Einflüsse der unterstellten Indikatoren als Kommunikation zwischen den Partnern interpretiert werden muss, bestehen. Der Wahl des geeigneten Partners fällt eine besondere Bedeutung für den Erfolg der Kooperationen zu. Dabei sind im Auswahlprozess vor allem die vom Partner in die Kooperation eingebrachten Ressourcen zu berücksichtigen, mit deren Bedeutung die Kompatibilität der Partner steigt. Das Machtverhältnis beeinflusst wie erwartet die Verteilung des Kooperationsgewinns. Daher sollten bei der Bildung einer Kooperation mit einem ungleichen Partner zukünftig vertrauensbildende Maßnahmen zur Beseitigung von Machtasymmetrien ergriffen werden. Weiterhin konnte festgestellt werden, dass mit abnehmendem Kopplungsgrad die Kommunikation und damit der wirtschaftliche Erfolg zwischen den Partnern zunimmt. Zukünftig sollte daher bei der vertraglichen Gestaltung strategischer Vertriebskooperationen auf Freiräume für die flexible Reaktionsmöglichkeit auf veränderte Umweltzustände geachtet werden.

Der *qualitative Erfolg* strategischer Vertriebskooperationen kann dagegen nur unzureichend erklärt werden. Mögliche Ursachen liegen in der Vielfalt und Spezifität qualitativer Zielsetzungen, die aufgrund der hohen Komplexität im Modell nicht erfasst werden konnten.

Der Erfolg von *Affiliate-Programmen* lässt sich durch das Modell substanziell erklären, allerdings wurde als einziger wichtiger Treiber des Erfolgs das Commitment des E-Commerce-Anbieters für das Programm festgestellt. Der Einfluss der Gestaltung und Organisation der Programme erklärt den Erfolg kaum und ermöglicht somit auch nur in geringem Maße die Ableitung von Handlungsempfehlungen zur Steigerung des Erfolgs. Der im Vorfeld als besonders wichtig erachtete Individualisierungsgrad, der durch die Organisation des Programms in Eigenlösung und die Kommunikation zwischen den Partnern gefördert wird, übt weder auf den ökonomischen Erfolg noch auf den qualitativen Erfolg des Programms einen messbaren Einfluss aus. Auch das Vergütungsmodell und die Auswahl der Partner spielen nur eine geringe Rolle für die Erklärung des Erfolgs von Affiliate-Programmen. Daher lässt sich lediglich festhalten, dass sich mit zusätzlichem Engagement für das Programm sowohl der ökonomische als auch der qualitative Erfolg der Programme steigern lässt.

Aus den Ergebnisses der Modelle lassen sich interessante Ansätze für zukünftige Forschungsarbeiten ableiten. Ein ergänzendes Forschungsanliegen besteht in den qualitativen Zielsetzungen strategischer Vertriebskooperationen, die sich in einer Analyse von Co-Branding-Kooperationen mit dem Fokus auf markenpolitischen Schwerpunkten untersuchen ließe. Eine weitere interessante Fragestellung betrifft die Einflussfaktoren auf das Commitment von Affiliate-Programmen, um darüber Treiber des Erfolgs zu ermitteln. Außerdem legt die in der Arbeit aufgezeigte immense Bedeutung von Online-Marketing-Kooperationen eine Wiederholung der Studie unter Berücksichtigung der zeitlichen Entwicklung seit dem Erhebungszeitpunkt nahe.

7 Anhang

Anhang I: Fragebogen zu der Gestaltung und dem Erfolg von Online-Marketing-Kooperationen

Anhang II: Erinnerungsfax an die Erhebungsteilnehmer zur Erhöhung der Rücklaufquote

Anhang III: Mittelwertvergleichstest zur Feststellung eines Key Informant Bias

Anhang IV: Harman's Single Factor Test zur Feststellung eines Common Method Bias

Anhang I: Fragebogen zu der Gestaltung und dem Erfolg von Online-Marketing-Kooperationen

Christian-Albrechts-Universität zu Kiel

Institut für betriebswirtschaftliche Innovationsforschung

Lehrstuhl für Innovation, Neue Medien und Marketing
Prof. Dr. Sönke Albers / Dipl.-Kffr. Heike Hoffmann

Befragung zum Forschungsprojekt
**„Erfolgsabhängige Kooperationen im E-Commerce:
Vertriebskooperationen und Affiliate-Marketing"**

Olshausenstr. 40	24098 Kiel	Telefon: 0431 / 880-1592	Fax: 0431 / 880-1166
E-Mail: hoffmann@bwl.uni-kiel.de		URL: http://www3.bwl.uni-kiel.de/Innovation-Marketing/	

Befragung zum Forschungsprojekt: Erfolgsabhängige Kooperationen im E-Commerce
Lehrstuhl für Innovation, Neue Medien und Marketing
Christian-Albrechts-Universität zu Kiel

Sehr geehrte Damen und Herren,

erfolgsabhängige Kooperationen im E-Commerce sind ein Marketing- und Vertriebskonzept, in dem E-Commerce-Anbieter Partner-Websites für den Vertrieb Ihrer Produkte nutzen, entweder in Form von Affiliate-Programmen oder eher strategisch ausgerichteter Vertriebskooperationen.

Da Erkenntnisse über die erfolgreiche Ausgestaltung dieser Kooperationen bisher nicht vorliegen, hat der Lehrstuhl für Innovation, Neue Medien und Marketing der Christian-Albrechts-Universität zu Kiel ein Forschungsprojekt über die Erklärung des Erfolgs von erfolgsabhängigen Kooperationen im E-Commerce gestartet. Ziel ist es, Handlungsempfehlungen für die erfolgreiche Ausgestaltung von erfolgsabhängigen Kooperationen abzuleiten und der unternehmerischen Praxis zur Verfügung zu stellen.

Mit der Beantwortung der Fragen (Dauer etwa 20 Minuten) helfen Sie, wertvolle Erkenntnisse über erfolgsabhängige Kooperationen im E-Commerce zu gewinnen. Den ausgefüllten Fragebogen senden Sie bitte per Post an:
Lehrstuhl für Innovation, Neue Medien und Marketing
Heike Hoffmann
Olshausenstr. 40
24098 Kiel
oder per Fax an die Nummer *0431/880-1166.*

Als Gegenleistung für die Beantwortung des Fragebogens stellen wir Ihnen gern die Ergebnisse der Befragung zur Verfügung. Bitte geben Sie dazu bei der Rücksendung des Fragebogens Ihre E-Mail-Adresse an oder senden Sie diese separat an hoffmann@bwl.uni-kiel.de. Selbstverständlich bleiben Ihre Daten anonym und werden vertraulich behandelt.

Vielen Dank für Ihre Unterstützung!

Mit freundlichen Grüßen

Prof. Dr. S. Albers

Dipl.-Kffr. Heike Hoffmann

Teil I: Fragen zur generellen Strategie für erfolgsabhängige Kooperationen

In diesem Teil geht es um die generelle Strategie Ihres Unternehmens hinsichtlich Vertriebskooperationen und Affiliate-Marketing.

1. viele erfolgsabhängige Kooperationen (Vertriebskooperationen und Affiliate-Marketing) bestehen in Ihrem Unternehmen insgesamt? _____

   Wie viele Ihrer Vertriebskooperationen würden Sie davon als strategisch wichtig für Ihr Gesamtgeschäft einstufen? _____

   Wie viele Partnerschaften bestehen im Rahmen eines Affiliate-Programms? _____

2. Welche Zielsetzung verfolgen Sie generell mit Ihren erfolgsabhängigen Kooperationen? *Bitte bewerten Sie anhand der Skala.*

	trifft gar nicht zu						trifft voll zu
Gewinnung von Neukunden	1	2	3	4	5	6	7
Steigerung des Bekanntheitsgrads	1	2	3	4	5	6	7
Umsatzsteigerung	1	2	3	4	5	6	7
Imagetransfer	1	2	3	4	5	6	7
Sonstiges, und zwar _____	1	2	3	4	5	6	7

3. Mit welchen Partnern kooperieren Sie bevorzugt? *Bitte bewerten Sie anhand der Skala.*

	trifft gar nicht zu						trifft voll zu
Andere E-Commerce-Anbieter	1	2	3	4	5	6	7
Allgemeine Internet-Portale	1	2	3	4	5	6	7
Themenspezifische Internet-Portale	1	2	3	4	5	6	7
Medienseiten	1	2	3	4	5	6	7
Private Homepages	1	2	3	4	5	6	7
Sonstige, und zwar _____	1	2	3	4	5	6	7

4. Mit Partnern welcher Branche kooperieren Sie bevorzugt? *Bitte bewerten Sie anhand der Skala.*

	trifft gar nicht zu						trifft voll zu
Internet-Portale und -Dienstleistungen	1	2	3	4	5	6	7
Computer und Elektronik	1	2	3	4	5	6	7
Reise und Touristik	1	2	3	4	5	6	7
Unterhaltung und Musik	1	2	3	4	5	6	7
Wirtschaft und Finanzen	1	2	3	4	5	6	7
Nachrichten, Info und Medien	1	2	3	4	5	6	7
Sonstige, und zwar _____	1	2	3	4	5	6	7

5. Welche Zielsetzung verfolgen die Partner mit der Kooperation? *Bitte bewerten Sie anhand der Skala.*

	trifft gar nicht zu						trifft voll zu
Zusätzliches Serviceangebot	1	2	3	4	5	6	7
Provisionszahlung/ Vergütung der Kooperation	1	2	3	4	5	6	7
Aufwertung der Website	1	2	3	4	5	6	7
Imagetransfer	1	2	3	4	5	6	7
Sonstiges, und zwar _____	1	2	3	4	5	6	7

6. Welche der folgenden Risiken der Kooperationen befürchten Sie? *Bitte bewerten Sie anhand der Skala.*

	trifft gar nicht zu						trifft voll zu
Negativen Imagetransfer	1	2	3	4	5	6	7
Wirtschaftliches Scheitern von Kooperationen	1	2	3	4	5	6	7
Opportunismus des Kooperationspartners	1	2	3	4	5	6	7
Sonstiges, und zwar _____	1	2	3	4	5	6	7
Wir befürchten keine Risiken.	1	2	3	4	5	6	7

Wie zufrieden sind Sie mit dem Erfolg Ihrer erfolgabhängigen Kooperationen insgesamt?

	trifft gar nicht zu						trifft voll zu
Wir sind mit dem Erfolg insgesamt sehr zufrieden.	1	2	3	4	5	6	7
Wir sind mit dem Umsatz der Kooperationen zufrieden.	1	2	3	4	5	6	7
Unsere Bekanntheit ist gestiegen.	1	2	3	4	5	6	7
Die Kooperationen sind wichtig für das Gesamtgeschäft.	1	2	3	4	5	6	7

Teil II: Fragen zur strategisch wichtigsten Vertriebskooperation
In diesem Teil geht es um eine spezielle Kooperation. Bitte überlegen Sie sich, welche Ihrer Vertriebskooperationen die **strategisch größte Bedeutung** für Ihr Gesamtgeschäft hat und beantworten Sie die folgenden Fragen. Sollte es in Ihrem Unternehmen keine Vertriebskooperationen mit strategischer Bedeutung geben, gehen Sie bitte direkt weiter zu Teil III.

1. Welcher Branche gehört der Kooperationspartner an?
   ☐ Internet-Portal   ☐ Computer und Elektronik   ☐ Reise und Touristik
   ☐ Unterhaltung und Musik   ☐ Wirtschaft und Finanzen   ☐ Nachrichten, Info, Medien
   ☐ Sonstiges, und zwar _____

2. Warum arbeiten Sie mit diesem Partner zusammen?

	trifft gar nicht zu					trifft voll zu
Weil er eine hohe Besucherfrequenz hat.	1	2	3	4	5	6	7
Weil er für uns eine wichtige Zielgruppe anspricht.	1	2	3	4	5	6	7
Weil er für uns sehr günstige Bedingungen anbietet.	1	2	3	4	5	6	7
Weil er ein starkes Image hat.	1	2	3	4	5	6	7
Sonstiges, und zwar _____	1	2	3	4	5	6	7

3. Was wäre Ihre Alternative zu dieser Kooperation gewesen?

	trifft gar nicht zu					trifft voll zu
Einen anderen Partner aus der Branche zu suchen.	1	2	3	4	5	6	7
Andere Kundengewinnungsmaßnahmen betreiben.	1	2	3	4	5	6	7
Sonstiges, und zwar _____	1	2	3	4	5	6	7

4. um arbeitet Ihr Partner mit Ihnen zusammen?

	trifft gar nicht zu					trifft voll zu
Weil wir ein für ihn wichtiges Produktangebot haben.	1	2	3	4	5	6	7
Weil er zusätzlichen Umsatz generieren möchte.	1	2	3	4	5	6	7
Weil wir ein starkes Image haben.	1	2	3	4	5	6	7
Sonstiges, und zwar _____	1	2	3	4	5	6	7

5. Was wäre für Ihren Partner die Alternative zu dieser Kooperation gewesen?

	trifft gar nicht zu					trifft voll zu
Ein ähnliches Angebot selbst aufzubauen.	1	2	3	4	5	6	7
Einen anderen Partner aus der Branche zu suchen.	1	2	3	4	5	6	7
Auf das zusätzliche Angebot zu verzichten.	1	2	3	4	5	6	7
Sonstiges, und zwar _____	1	2	3	4	5	6	7

6. Wie gut passen Ihre Angebote zusammen?

	trifft gar nicht zu					trifft voll zu
Unsere Angebote ergänzen sich sehr gut.	1	2	3	4	5	6	7
Der Partner spricht eine für uns wichtige Zielgruppe an.	1	2	3	4	5	6	7
Unsere Seiten haben eine ähnliche Kundenansprache.	1	2	3	4	5	6	7

7. Wie wird die Kooperation vergütet? Bei Kombination bitte Mehrfachnennung.
   ☐ Pay per Sale (Provision)   ☐ Pay per Click   ☐ Pay per Lead
   ☐ Pay per View (TKP)   ☐ Fixed Fee   ☐ Sonstiges, und zwar _____
   Wie hoch ist die Pay-per-Sale-Vergütung (Provision)? _____ %
   Wie hoch ist die Pay-per-Click-Vergütung? _____ € pro Click
   Wie hoch ist die Pay-per-Lead-Vergütung? _____ € pro Lead
   Wie hoch ist die Pay-per-View-Vergütung? _____ € pro 1000 Kontakte

8. Bei erfolgsabhängiger Vergütung, für welchen Fall wird vergütet?
   ☐ Einmalig für einen Kauf, der über die Partnerseite vermittelt wurde.
   Für einen Kauf, der über die Partnerseite vermittelt wurde, sowie für Wiederholungskäufe des neu gewonnenen Kunden für einen Zeitraum von _____ Wochen.

9. Wie kann der Partner die Umsätze, die Sie über seine Website generieren, kontrollieren?
   ☐ Über eine kennwortgeschützte Website   ☐ Über eine Statistik, die Sie regelmäßig versenden
   ☐ Über aktive Anfrage bei Ihnen   ☐ gar nicht

10. Wie ist Ihr Angebot beim Partner eingebunden?
　　☐ Einbindung in das Warenkorbsystem des Kooperationspartners.
　　☐ Einbindung einer Shoplösung ohne Branding.
　　☐ Einbindung einer Shoplösung mit Branding.
　　☐ Banner o.ä. mit Verlinkung auf Ihre Website.
　　☐ Sonstiges, und zwar _____

11. Wo wird das Angebot gehostet?
　　☐ Auf Ihrem eigenen Server　　　　　☐ Beim Kooperationspartner
　　☐ geteiltes Hosting (statischer Teil beim Kooperationspartner, variabler Teil bei Ihnen)

12. Erfolgt eine Anpassung an das Look&Feel des Kooperationspartners?
　　☐ Ja, Sie erstellen eine individuell an das Look&Feel des Partners angepasste Lösung.
　　☐ Ja, es werden einer Standard-Lösung die Style-Sheets des Partners hinterlegt.
　　☐ Ja, der Partner erstellt mit Ihrem Content selbst eine angepasste Lösung.
　　☐ Nein, es wird keine Anpassung vorgenommen.

13. Wer trägt die Kosten der technischen Anpassung?
　　☐ Sie　　　　　　　　　　　　　　　☐ Der Kooperationspartner
　　☐ Die Kosten werden geteilt. Der Partner trägt einen Anteil von _____ %.

14. Wie ist die Kooperation vertraglich geregelt?
　　☐ Individueller Vertrag　　　　　　　☐ Standardvertrag mit individuellen Anpassungen
　　☐ Standardvertrag ohne Anpassungen　☐ Lose vertragliche Regelung
　　☐ Kein Vertrag

15. Welche Dauer hat der Kooperationsvertrag?
　　☐ unbefristet
　　☐ befristet, länger als zwei Jahre
　　☐ ein bis zwei Jahre
　　☐ befristet, weniger als ein Jahr

16. Gibt es eine Exklusivitätsvereinbarung?
　　☐ Ja, der Kooperationspartner darf keine anderen Anbieter der Branche einbinden
　　☐ Ja, Sie dürfen keine Kooperation mit Unternehmen aus der Branche des Partners eingehen.
　　☐ Nein, es gibt keine Exklusivitätsvereinbarung.

17. Auf welcher Ebene läuft die Kommunikation? *Mehrfachnennung möglich.*
　　☐ persönliche Meetings　　☐ telefonisch　　☐ per Mail　　☐ es findet keine Kommunikation statt

18. Gibt es Bereiche, die nicht vollständig vertraglich geregelt sind? *Bitte bewerten Sie anhand der Skala.*

	trifft gar nicht zu						trifft voll zu
Kooperationsunterstützende Maßnahmen	1	2	3	4	5	6	7
Tracking der Umsätze	1	2	3	4	5	6	7
Telefonische Kundenanfragen	1	2	3	4	5	6	7
Genaue Platzierung des Angebots	1	2	3	4	5	6	7
Sonstige, und zwar _____	1	2	3	4	5	6	7

19. Welche kooperationsunterstützenden Maßnahmen betreiben Sie und Ihr Kooperationspartner, um zusätzlichen Traffic auf die Kooperation zu leiten? *Bitte antworten Sie anhand der Skala.*

ündigung der Kooperation in E-Mail-Newslettern.	1	2	3	4	5	6	7
Hinweis auf der Homepage des Partners.	1	2	3	4	5	6	7
Gemeinsame Werbeaktionen.	1	2	3	4	5	6	7
Sonstiges, und zwar _____	1	2	3	4	5	6	7

20. Wie schätzen Sie die Zusammenarbeit mit Ihrem Kooperationspartner ein?

	trifft gar nicht zu						trifft voll zu
Der Partner hat eine starke Position in der Kooperation.	1	2	3	4	5	6	7
Partner nutzt seine Stärke bewusst aus.	1	2	3	4	5	6	7
Die Zusammenarbeit ist freundschaftlich.	1	2	3	4	5	6	7
Der Partner neigt zu opportunistischem Verhalten.	1	2	3	4	5	6	7

21. Wie bewerten Sie den Erfolg der Kooperation? *Bitte bewerten Sie anhand der Skala.*

	trifft gar nicht zu					trifft voll zu	
Wir sind mit dem Erfolg insgesamt sehr zufrieden.	1	2	3	4	5	6	7
sind mit dem Umsatz der Kooperation sehr zufrieden.	1	2	3	4	5	6	7
Unsere Bekanntheit ist durch die Kooperation gestiegen.	1	2	3	4	5	6	7
Die Kooperation ist gut für unser Image.	1	2	3	4	5	6	7
Wir sind mit der Zusammenarbeit sehr zufrieden.	1	2	3	4	5	6	7
Diese Kooperation ist wichtig für unser Gesamtgeschäft.	1	2	3	4	5	6	7

22. Wie wichtig schätzen Sie Ihr Angebot für den Kooperationspartner ein? *Bitte bewerten Sie anhand der Skala.*

	trifft gar nicht zu					trifft voll zu	
Kooperation ist wichtig für seinen Gesamterfolg.	1	2	3	4	5	6	7
Provision macht für ihn einen hohen Umsatzanteil aus.	1	2	3	4	5	6	7
Unser Angebot wertet die Partnerseite stark auf.	1	2	3	4	5	6	7

23. Welchen Umsatzanteil generieren Sie mit dieser Kooperation? ____ %
    Wie hoch war dieser Umsatzanteil vor sechs Monaten? ____ %

24. Seit wann besteht die Kooperation?
    ☐ seit mehr als 12 Monaten   ☐ seit 6 bis 12 Monaten   ☐ weniger als 6 Monate

25. Welche Marktposition hat der Kooperationspartner?
    ☐ Marktführer   ☐ mittlere Marktposition   ☐ Nischenposition

26. Wie hoch schätzen Sie den Umsatz des Kooperationspartners in 2001?
    ☐ weniger als 100.000 €   ☐ über 100.000 bis 1 Mio €   ☐ über 1 Mio bis 5 Mio €
    ☐ über 5 Mio bis 10 Mio €   ☐ über 5 Mio bis 10 Mio €   ☐ über 10 Mio €
    ☐ unbekannt   ☐ keine Angabe

27. Handelt es sich bei dem Angebot des Kooperationspartners um ein reines E-Commerce-Angebot?
    ☐ reines E-Commerce-Angebot   ☐ zusätzliches Angebot zum klassischen Geschäft

28. Wie viele Visits generiert der Kooperationspartner monatlich etwa?
    ☐ weniger als 100.000   ☐ 100.000 bis 500.000   ☐ über 500.000 bis 1 Mio
    ☐ über 1 Mio bis 5 Mio   ☐ über 5 Mio bis 10 Mio   ☐ über 10 Mio
    ☐ unbekannt   ☐ keine Angabe

Teil III: Fragen zu Affiliate-Programmen

In diesem Teil geht es um Affiliate-Programme. Bei einem Affiliate-Programm handelt es sich um die Organisation von Vertriebskooperationen in standardisierten Prozessen. Es kann sich dabei um ein Programm in Eigenleistung oder die Nutzung des Netzwerk-Betreibers wie beispielsweise affili.net oder zanox.de handeln. Bieten Sie kein Affiliate-Programm an, gehen Sie bitte weiter zu Teil IV. Bieten Sie ein Programm in Eigenleistung an, so beantworten Se bitte die folgenden Fragen zu diesem Programm.

1. Bieten Sie ein Affiliate-Programm in Eigenleistung an?   ☐ ja   ☐ nein
   Wie viele Affiliates haben Sie im Rahmen dieses Programms? ____
   Bieten Sie auch ein Affiliate-Programm über einen Netzwerk-Betreiber
   wie affili.net oder zanox.de an?   ☐ ja   ☐ nein
   Wie viele Programme bieten Sie insgesamt an (inkl. eigenem Programm)? ____
   Wie viele Affiliates haben Sie im Rahmen dieser Programme? ____

2. Wie werden die Kooperationspartner aus den Affiliate-Programmen hauptsächlich vergütet? *Mehrfachnennung möglich.*
   ☐ Pay per Sale (Provision)   ☐ Pay per Click   ☐ Pay per Lead   ☐ Pay per View (TKP)
   ☐ Fixed Fee   ☐ Sonstiges, und zwar _____
   Wie hoch ist die Pay-per-Sale-Vergütung (Provision)?   ____ %
   Wie hoch ist die Pay-per-Click-Vergütung?   ____ € pro Click
   Wie hoch ist die Pay-per-Lead-Vergütung?   ____ € pro Lead
   Wie hoch ist die Pay-per-View-Vergütung   ____ € pro 1000 Kontakte

3. Wie kann der Affiliate die Umsätze, die Sie über seine Website generieren, kontrollieren?
   ☐ Über eine kennwortgeschützte Website bei uns ☐ Über eine Statistik, die wir regelmäßig versenden
   ☐ Über aktive Anfrage bei uns   ☐ Über den Netzwerk-Betreiber
   ☐ gar nicht

4. Welche Form haben die Kooperationsverträge Ihrer Affiliate-Programme?
   ☐ Individuelle Verträge   ☐ Standardverträge mit individuellen Anpassungen
   ☐ Standardverträge ohne Anpassungen   ☐ Lose vertragliche Regelungen
   ☐ Keine Verträge

   Welche Dauer haben die Kooperationsverträge?
   ☐ Unbefristet   ☐ Befristet, länger als zwei Jahre   ☐ Befristet, ein bis zwei Jahre
   ☐ Befristet, weniger als ein Jahr

6. Wie funktioniert die Anbahnung der Partnerschaft? *Mehrfachnennung möglich.*
   ☐ Partner bewerben sich auf der Websites des Netzwerk-Betreibers, bzw. im Partnerbereich unserer Website.
   ☐ Partner werden durch E-Mail-Aktionen etc. angeworben.
   ☐ Partner werden individuell angesprochen.

7. Nach welchen Kriterien wählen Sie die Partner aus, die sich beworben haben? *Mehrfachnennung möglich.*
   ☐ Nach der angesprochenen Zielgruppe.   ☐ Nach der Qualität der Website.
   ☐ Nach dem Image und der Bekanntheit des Bewerbers.   ☐ Wir akzeptieren fast alle Bewerber.

8. Welche Einbindungsmöglichkeiten bieten Sie an? *Mehrfachnennung möglich.*
   ☐ Shopfunktionalität ohne Branding   ☐ Shopfunktionalität mit Branding
   ☐ Verlinkung durch Deeplinks   ☐ Verlinkung durch Banner oder Buttons
   ☐ Sonstiges, und zwar _____

9. Wie funktioniert die Implementierung?
   ☐ Durch Download der Werbemittel von der entsprechenden Website
   ☐ Durch Zusenden eines Partnerlinks
   ☐ Sonstiges, und zwar _____

10. Versorgen Sie die Affiliates mit zusätzlichen Informationen zur Unterstützung der Kooperation?
    ☐ Nein   ☐ Ja, durch einen Partner-Newsletter   ☐ Ja, durch individuelle Ansprache
    ☐ Ja, durch sonstiges, und zwar _____

11. Haben Sie persönlichen Kontakt zu Ihren Affiliates?
    ☐ Ja, regelmäßig   ☐ Ja, bei Bedarf
    ☐ Ja, bei der Anbahnung und Implementierung   ☐ Nein

12. Auf welcher Ebene läuft die Kommunikation? *Mehrfachnennung möglich.*
    ☐ Persönlich   ☐ Telefonisch   ☐ Per Mail   ☐ Es findet keine Kommunikation statt.

13. Wie zufrieden sind Sie mit dem Erfolg Ihrer Affiliate-Programme?

	trifft gar nicht zu						trifft voll zu
Wir sind mit dem Erfolg insgesamt sehr zufrieden.	1	2	3	4	5	6	7
Wir sind mit dem Umsatz der Programme sehr zufrieden.	1	2	3	4	5	6	7
Unsere Bekanntheit ist durch die Programme gestiegen.	1	2	3	4	5	6	7
Wir sind mit der Organisation der Programme zufrieden.	1	2	3	4	5	6	7
Wir werden die Anzahl der Affiliates ausdehnen.	1	2	3	4	5	6	7
Wir werden die Qualität des Programms verbessern.	1	2	3	4	5	6	7
Die Programme sind wichtig für das Gesamtgeschäft.	1	2	3	4	5	6	7

14. Wie hoch ist der Umsatzanteil, den Sie durch Affiliate-Programme erzielen? _____ %
    Wie hoch war der Anteil vor 6 Monaten etwa? _____ %
    Wie hoch ist der Umsatzanteil, den Sie durch Ihr eigenes Programm erzielen? _____ %

IV: Fragen über allgemeine Unternehmensdaten
Bitte beantworten Sie zum Schluss noch einige allgemeine Frage zu Ihrem Unternehmen.

1. Wann wurde Ihr Unternehmen gegründet? (Monat.Jahr)   ___.___

2. Welcher Branche gehört Ihr Unternehmen an?
   ☐ Internet-Portal   ☐ Computer und Elektronik   ☐ Reise und Touristik
   ☐ Unterhaltung und Musik   ☐ Wirtschaft und Finanzen   ☐ Nachrichten, Info, MedieN
   ☐ Sonstiges, und zwar _____

3. Wie hoch war Ihr Umsatz 2001?
   ☐ weniger als 100.000 €   ☐ über 100.000 bis 1 Mio €   ☐ über 1 Mio bis 5 Mio €
   ☐ über 5 Mio bis 10 Mio €   ☐ über 10 Mio €   ☐ unbekannt   ☐ keine Angabe

4. Wie hoch ist der Umsatzanteil, den Sie insgesamt durch erfolgsabhängige Kooperationen generieren? _____%
Wie hoch war der Anteil vor 6 Monaten? _____%

5. Handelt es sich bei Ihrem Angebot um ein reines E-Commerce-Angebot?
☐ reines E-Commerce-Angebot ☐ zusätzliches Angebot zum klassischen Geschäft

6. Wie viele Visits generieren Sie monatlich?
☐ weniger als 100.000 ☐ 100.000 bis 500.000 ☐ über 500.000 bis 1 Mio
☐ über 1 Mio bis 5 Mio ☐ über 5 Mio bis 10 Mio ☐ über 10 Mio
☐ unbekannt ☐ keine Angabe

7. Wie viele Mitarbeiter beschäftigen Sie aktuell? _____

8. Haben Sie Mitarbeiter, die sich ausschließlich mit der Organisation von erfolgsabhängigen Kooperationen (strategische Vertriebskooperationen und Affiliate-Programme) beschäftigen?
☐ nein ☐ einen Mitarbeiter ☐ zwei Mitarbeiter ☐ drei Mitarbeiter ☐ mehr als drei Mitarbeiter

9. Welche Maßnahmen betreiben Sie zur Kundengewinnung? Bitte nennen Sie die Prozentanteile am Umsatz, den Sie mit diesen Maßnahmen erzielen, und den Anteil am Werbebudget, den diese Maßnahmen ausmachen.

	am Umsatz	am Werbebudget
☐ Offline-Werbung	_____%	_____%
☐ Banner-Werbung	_____%	_____%
☐ E-Mail-Marketing	_____%	_____%
☐ Online-Kooperationen	_____%	_____%
☐ Suchmaschinenoptimierung	_____%	_____%
☐ Sonstige	_____%	_____%
	100 %	100 %

10. Welche Marktposition haben Sie inne?
☐ Marktführer ☐ mittlere Marktposition ☐ Nischenposition

11. Wie viele direkte Wettbewerber haben Sie?
☐ keinen ☐ einen ☐ zwei oder drei ☐ mehr als drei

12. Welche Position haben Sie im Unternehmen?
☐ Vorstand ☐ Marketing-Leiter ☐ Vertriebsleiter ☐ Marketing-Mitarbeiter
☐ Vertriebs-Mitarbeiter ☐ Sonstiges, _____

Vielen Dank!

Anhang II: Erinnerungsfax an die Erhebungsteilnehmer zur Erhöhung der Rücklaufquote

Christian-Albrechts-Universität zu Kiel Institut für betriebswirtschaftliche Innovationsforschung Lehrstuhl für Innovation, Neue Medien und Marketing Direktor: Prof. Dr. S. Albers	Postadresse: Olshausenstr. 40 24098 Kiel Telefon: 0431/880-1592 Fax: 0431/880-1166 E-Mail: hoffmann@bwl.uni-kiel.de www.bwl.uni-kiel.de/Innovation-Marketing

An: «Unternehmen»
«Ansprechpartner»
«Fax»   Kiel, 29.5.2002

Forschungsprojekt: Erfolgsabhängige Kooperationen im E-Commerce - Vertriebskooperationen und Affiliate-Marketing

Sehr geehrte «Anrede»,

der Lehrstuhl für Innovation, Neue Medien und Marketing der Universität zu Kiel führt zur Zeit ein Forschungsprojekt zum Thema „Erfolgsabhängige Kooperationen im E-Commerce: Vertriebskooperationen und Affiliate-Marketing" durch. Da Ihr Unternehmen in diesem Bereich aktiv ist, haben wir Ihnen vor etwa drei Wochen einen Fragebogen mit der Bitte um Teilnahme an der Erhebung zugesandt, wofür wir Ihnen im Gegenzug die Ergebnisse der Studie zur Verfügung stellen möchten. Da wir bisher keine Antwort von Ihnen erhalten haben, bitten wir Sie, uns kurz die Gründe anzugeben und das Fax an die Nummer 0431/880-1166 zu senden.

☐☐ Wir haben den Fragebogen nicht erhalten. Bitte senden Sie den Fragebogen an denen korrekten Ansprechpartner:
   Name: _____
   Funktion: _____
   Unternehmen: _____
   E-Mail: _____
☐☐ Wir haben Probleme mit dem pdf-Format. Bitte senden Sie uns den Fragebogen erneut
   per Fax an die Nummer: _____
   als Word-Datei an die E-Mail-Adresse: _____
☐☐ Wir haben den Fragebogen bereits ausgefüllt und zurückgesendet.
☐☐ Die Fragestellung trifft für unser Unternehmen nicht zu.
☐☐ Wir haben kein Interesse an der Erhebung und ihren Ergebnissen.

Wir hoffen sehr auf Ihre Unterstützung bei diesem Forschungsprojekt und freuen uns, Ihnen in einigen Wochen die Ergebnisse zur Verfügung stellen zu können. Sollte es Fragen geben, senden Sie bitte ein E-Mail an Heike Hoffmann (hoffmann@bwl.uni-kiel.de) oder rufen Sie an unter 0431/880-1592.

Mit freundlichen Grüßen

Prof. Dr. Sönke Albers   Dipl.-Kffr. Heike Hoffmann

Anhang III: Mittelwertvergleichstests zur Feststellung eines Key Informant Bias durch die Position des Befragten

Strategische Vertriebskooperationen

Zufriedenheit Umsatz

Einflussfaktor (Mittelwertvergleich)	Fallzahl	Mittelwert
Geschäftsleiter	9	4,667
Abteilungsleiter	29	4,414
Mitarbeiter	12	4,917
	T-Wert	Signifikanz
Geschäftsleiter/Abteilungsleiter	0,357	0,729
Geschäftsleiter/Mitarbeiter	-0,330	0,747
Abteilungsleiter/Mitarbeiter	-1,166	0,257

Steigerung der Bekanntheit

Einflussfaktor (Mittelwertvergleich)	Fallzahl	Mittelwert
Geschäftsleiter	9	5,222
Abteilungsleiter	29	4,414
Mitarbeiter	12	4,833
	T-Wert	Signifikanz
Geschäftsleiter/Abteilungsleiter	1,391	0,181
Geschäftsleiter/Mitarbeiter	0,723	0,482
Abteilungsleiter/Mitarbeiter	-0,950	0,348

Positiver Imagetransfer

Einflussfaktor (Mittelwertvergleich)	Fallzahl	Mittelwert
Geschäftsleiter	9	5,111
Abteilungsleiter	29	5,000
Mitarbeiter	12	4,417
	T-Wert	Signifikanz
Geschäftsleiter/Abteilungsleiter	0,189	0,853
Geschäftsleiter/Mitarbeiter	1,020	0,323
Abteilungsleiter/Mitarbeiter	1,222	0,237

Affiliate-Programme

Zufriedenheit Umsatz

Einflussfaktor (Mittelwertvergleich)	Fallzahl	Mittelwert
Geschäftsleiter	35	4,885
Abteilungsleiter	34	4,235
Mitarbeiter	17	5,059
	T-Wert	Signifikanz
Geschäftsleiter/Abteilungsleiter	1,689	0,096
Geschäftsleiter/Mitarbeiter	-0,337	0,739
Abteilungsleiter/Mitarbeiter	-1,619	-1,619

Steigerung der Anzahl Affiliates

Einflussfaktor (Mittelwertvergleich)	Fallzahl	Mittelwert
Geschäftsleiter	35	5,486
Abteilungsleiter	34	5,500
Mitarbeiter	17	5,647
	T-Wert	Signifikanz
Geschäftsleiter/Abteilungsleiter	-0,036	0,971
Geschäftsleiter/Mitarbeiter	-0,347	0,731
Abteilungsleiter/Mitarbeiter	-0,324	0,748

Steigerung der Bekanntheit

Einflussfaktor (Mittelwertvergleich)	Fallzahl	Mittelwert
Geschäftsleiter	35	5,743
Abteilungsleiter	34	4,941
Mitarbeiter	17	4,529
	T-Wert	Signifikanz
Geschäftsleiter/Abteilungsleiter	2,124	0,038*
Geschäftsleiter/Mitarbeiter	2,607	0,016*
Abteilungsleiter/Mitarbeiter	0,777	0,442

Verbesserung der Qualität

Einflussfaktor (Mittelwertvergleich)	Fallzahl	Mittelwert
Geschäftsleiter	35	5,029
Abteilungsleiter	34	5,265
Mitarbeiter	17	5,059
	T-Wert	Signifikanz
Geschäftsleiter/Abteilungsleiter	-0,662	0,510
Geschäftsleiter/Mitarbeiter	-0,058	0,954
Abteilungsleiter/Mitarbeiter	0,405	0,689

Quelle: Eigene Erstellung; auf dem 5%-Niveau signifikante Ergebnisse sind mit * gekennzeichnet

Anhang IV: Harman's Single Factor Test zur Feststellung eines Common Method Bias

Strategische Vertriebskooperationen

Komponente	Anfängliche Eigenwerte			Summen von quadrierten Faktorladungen für Extraktion		
	Gesamt	% der Varianz	Kumulierte %	Gesamt	% der Varianz	Kumulierte %
1	4,849	16,165	16,165	4,849	16,165	16,165
2	4,691	15,636	31,801	4,691	15,636	31,801
3	3,600	12,000	43,801	3,600	12,000	43,801
4	2,846	9,486	53,287	2,846	9,486	53,287
5	2,254	7,512	60,799	2,254	7,512	60,799
6	1,953	6,511	67,310	1,953	6,511	67,310
7	1,826	6,087	73,397	1,826	6,087	73,397
8	1,561	5,204	78,601	1,561	5,204	78,601
9	1,486	4,953	83,554	1,486	4,953	83,554
10	1,285	4,285	87,839	1,285	4,285	87,839
11	1,024	3,412	91,252	1,024	3,412	91,252
12	0,827	2,756	94,008			
13	0,702	2,340	96,348			
14	0,443	1,477	97,824			
15	0,342	1,140	98,964			
16	0,311	1,036	100,000			
17	0,000	0,000	100,000			
18	0,000	0,000	100,000			
19	0,000	0,000	100,000			
20	0,000	0,000	100,000			
21	0,000	0,000	100,000			
22	0,000	0,000	100,000			
23	0,000	0,000	100,000			
24	0,000	0,000	100,000			
25	0,000	0,000	100,000			
26	0,000	0,000	100,000			
27	0,000	0,000	100,000			
28	0,000	0,000	100,000			
29	0,000	0,000	100,000			
30	0,000	0,000	100,000			

Extraktionsmethode: Hauptkomponentenanalyse.

Affiliate-Programme

Komponente	Anfängliche Eigenwerte			Summen von quadrierten Faktorladungen für Extraktion		
	Gesamt	% der Varianz	Kumulierte %	Gesamt	% der Varianz	Kumulierte %
1	3,422	22,811	22,811	3,422	22,811	22,811
2	2,685	17,898	40,710	2,685	17,898	40,710
3	1,698	11,317	52,027	1,698	11,317	52,027
4	1,231	8,205	60,232	1,231	8,205	60,232
5	1,013	6,753	66,985	1,013	6,753	66,985
6	0,801	5,342	72,326			
7	0,730	4,864	77,190			
8	0,650	4,335	81,525			
9	0,606	4,038	85,562			
10	0,476	3,176	88,738			
11	0,450	2,997	91,735			
12	0,408	2,719	94,454			
13	0,316	2,109	96,563			
14	0,307	2,048	98,611			
15	0,208	1,389	100,000			

Extraktionsmethode: Hauptkomponentenanalyse.

8 Literaturverzeichnis

Aaker, D., Kumar, V., Day, G. (1998): Marketing Research, 6. Auflage, New York.

Adobor, H., McMullen, R.S. (2002): Strategic Partnering in E-Commerce: Guidelines for Managing Alliances, in: Business Horizons, March/April, S. 67-76.

Agrawal, D. (2001): Market Research, in: Albers, S. Clement. M, Peters, K., Skiera, B. (Hrsg.): Marketing mit Interaktiven Medien – Strategien zum Markterfolg, 3. Auflage, Frankfurt, S. 191-208.

Ahlert, D. (1996): Distributionspolitik, 3.Auflage, Stuttgart 1996.

Albers, S. (2000): Optimal Allocation of Profit across Companies, OR-Spektrum 22, 2000, S.19-33.

Albers, S. (2001): Besonderheiten des Marketing mit Interaktiven Medien, in: Albers, S., Clement, M., Peters, K., Skiera, B. (Hrsg.): Marketing mit interaktiven Medien - Strategien zum Markterfolg, 3. komplett überarbeitete und erweiterte Auflage, Frankfurt, S. 11-24.

Albers, S. Clement. M, Peters, K., Skiera, B. (2001): Warum ins Internet? - Erlösmodelle für einen neuen Kommunikations- und Distributionskanal, in: Albers, S., Clement, M., Peters, K., Skiera, B. (Hrsg.): eCommerce - Einstieg, Strategie und Umsetzung im Unternehmen, Frankfurt, S. 9-19.

Albers, S., Bisping, D., Teichmann, K., Wolf, J. (2003): Management Virtueller Unternehmen, in: Albers, S., Wolf, J. (Hrsg.): Management Virtueller Unternehmen, Wiesbaden.

Albers, S., Hildebrandt, L. (2006): Methodische Probleme bei der Erfolgsfaktorenforschung – Messfehler, formative versus reflektive Indikatoren und die Wahl des Strukturgleichungs-Modells, erscheint in: Zeitschrift für betriebswirtschaftliche Forschung.

Albers, S., Jochims, H. (2003): Erscheinungsformen, strategische Bedeutung und Gestaltung von Online-Marketing-Kooperationen, in: Büttgen, M., Lücke, F.: Online-Kooperationen – Erfolg im E-Business durch strategische Partnerschaften, Wiesbaden, S. 15-37.

Albers, S., Panten, G., Schäfers, B. (2002a): Marktumfeld für E-Commerce-Gewinner – gestern und heute in: Albers, S., Panten., G., Schäfers, B. (Hrsg.): Die eCommerce-Gewinner, Frankfurt, S. 23-54.

Albers, S., Panten, G., Schäfers, B. (2002b): Wer sind die eCommerce-Gewinner?, in: Albers, S., Panten., G., Schäfers, B. (Hrsg.): Die eCommerce-Gewinner, Frankfurt, S. 11-22.

Albers, S., Panten, G., Schäfers, B. (2002c): Erfolgsanalyse im E-Commerce - Erkenntnisse zu Geschäftsmodellen profitabler Internet-Unternehmen, in: Wirtz, B. (Hrsg.): Handbuch Medien- und Multimediamanagement, Wiesbaden, S. 621-642.

Albers, S., Panten, G., Scäfers, B. (2002d): Botschaften der E-Commerce-Gewinner, in: Albers, S., Panten., G., Schäfers, B. (Hrsg.): Die eCommerce-Gewinner, Frankfurt, S. 213-232.

Anderson, J.C., Gerbing, D.W. (1988): Structural Equation Modelling in Practice: A Review and Recommended Two-Step Approach, in: Psychological Bulletin, Vol. 103, No. 3, S. 411-423.

Anderson, J.C., Narus, J.A. (1990): A Model of Distributor Firm and Manufacturer Firm Working Partnerships, Journal of Marketing, Januar 1990, S. 42-58.

Antia, K, Frazier, G. (2001): The Severity of Contract Enforcement in Interfirm Channel Relationships, Journal of Marketing, Vol. 65 (October 2001), S. 67-81.

Axelrod, R. (1984): The Evolution of Cooperation, New York 1988.

Backhaus, K., Erichson, B., Plinke, W., Weiber, R. (2003): Multivariate Analysemethoden – eine anwendungsorientierte Einführung, 10.Auflage, Berlin.

Bailey, J., Brynjolfsson, E., Smith, M (1999): Understanding Digital Markets: Review and Assessment, MIT Sloan School, URL: http://ecommerce.mit.edu/papers.ude, (abgerufen am 21.3.2001)

Bagozzi, R., Yi, Y., Philips, L. (1991): Assesing Construct Validity in Organizational Research, in: Administrative Science Quarterly, Vol. 36, S. 421-458.

Bakos, Y. (2000): A Strategic Analysis of Electronic Marketplaces, Graduate School of Management, University of California, Irvine, URL: www.stern.nyu.edu/ bakos/stratemktg.pdf (abgerufen am 21.4.2001).

Bakos, Y., Brynjolfsson, E. (2000): Organizational Partnerships and the Virtual Corporation, in: Information Technology and Industrial Competitiveness, How Information Technology Shapes Competition, URL: www.stern.nyu.edu/bakos/org_partners.pdf, (abgerufen am 21.3.2001)

Balling, R. (1998): Kooperation – Strategische Allianzen, Netzwerke, Joint Ventures und andere Organisationsformen zwischenbetrieblicher Zusammenarbeit in Theorie und Praxis, 2. durchgesehene Auflage, Frankfurt. 1998.

Bamberg, G., Coenenberg, A.G. (2004): Betriebswirtschaftliche Entscheidungslehre, 12. Auflage, München.

Bamberger, I., Wrona, T. (1996): Der Ressourcenansatz und seine Bedeutung für die strategische Unternehmensführung, in: Zeitschrift für betriebswirtschaftliche Forschung, Jahrgang 48, Heft 2, S. 130-153.

Bandilla, W. (1999): WWW-Umfragen – Eine alternative Datenerhebungstechnik für die empirische Sozialforschung?, in: Batinic, B., Werner, A, Gräf, L., Bandilla, W. (Hrsg.): Online-Research. Methoden, Anwendungen und Ergebnisse, Göttingen, S. 9-20.

Barclay, D., Higgins, S., Thompson, R. (1995): The Partial Least Squares Approach to Casual Modeling, Personal Computer Adoption and Use as an Illustration, in: Technology Studies, Vol. 2, No. 2, S. 285-374.

Barney, J. (1991), Firm resources and sustained competitive advantage, in: Journal of Management, 17. Jahrgang, Heft 1, S. 99-120.

Baur, H. (1975): Internationale Marketingkooperation, Düsseldorf.

Bea, F. X. (1988): "Diversifikation durch Kooperation." Die Betriebswirtschaft 41.Jahrgang, S. 2521-2526.

Beck, M., Dörje, N. (2002): Planung und Aufbau von Marketing-Kooperationen, in: Deutscher Multimedia-Verband (Hrsg.): dmmv-Leitfaden. Marketing-Kooperationen im Internet, Düsseldorf, München, S. 17-20.

Beekun, R., Glick, W. (2001): Organization Structure from a Loose Coupling Perspective, in: Decision Sciences, Vol. 32, No. 2, S. 227-250.

Belsey, D.A., Kuh, E., Welsh, R.E. (1980): Regression and Diagnostics: Identifying Influential Data and Sources of Collinearity, New York.

Benkenstein, T. Beyer, T. (2003): Kooperationen im Marketing, in: Kooperationen, Allianzen und Netzwerke – Grundlagen – Ansätze – Perspektiven, Wiesbaden, S. 705-726.

Berekoven, L., Eckert, W., Ellenrieder, P. (1996): Marktforschung – Methodische Grundlagen und praktische Anwendung, 7. Auflage, Wiesbaden.

Berengeno, R., (2003): Online-Kooperationen rechtlich einwandfrei gestalten, in: Büttgen, M., Lücke, F. (Hrsg.): Online-Kooperationen – Erfolg im E-Business durch strategische Partnerschaften, Wiesbaden, S. 445-456.

Berman, J.S., Kenny, D.A. (1976): Correlational bias in observer ratings, in: Journal of Personality and Social Psychology, Nr. 35 (1976), S. 263-273.

Bernecker, M., Hüttel, F. (2002): Kundenclubs, in: Helmke, S., Uebel, M., Dangelmaier, W. (Hrsg.): Effektives Customer Relationship Management, 2. Auflage, Wiesbaden, S. 155-177.

Betzin, J., Henseler, J. (2005): Einführung in die Funktionsweise des PLS-Algorithmus, in: Bliemel, F., Eggert, A., Fassot, G., Henseler, J. (Hrsg.): Handbuch PLS-Pfadmodellierung – Methoden, Anwendung, Praxisbeispiele, S. 49-70.

Bidlingmaier, J. (1967): Begriffe und Formen der Kooperation im Handel, Wiesbaden.

Birkenshaw, J., Morrison, A., Hulland, J. (1995): Structural and Competitive Determinants of a Global Integration Strategy, in: Strategic Management Journal, Vol. 16, Issue 8, S. 637-655.

Bitz, M. (1981): Entscheidungstheorie. München.

Bliemel, F., Eggert, A., Fassot, G., Henseler, J. (2005): Die PLS-Pfadmodellierung: Mehr als eine Alternative zur Kovarianzstrukturanalyse, in: Bliemel, F., Eggert, A., Fassot, G., Henseler, J. (Hrsg.): Handbuch PLS-Pfadmodellierung – Methoden, Anwendung, Praxisbeispiele, S. 9-18.

Bloch, V. (2002): Marketing-Kooperationen im Vergleich zu klassischen Werbeformen im Internet, in: Deutscher Multimedia-Verband (Hrsg.): dmmv-Leitfaden. Marketing-Kooperationen im Internet, Düsseldorf, München, S. 10-12.

Blohm, H. (1980): Kooperation. HWO. E. Grochla. Stuttgart. 2. Auflage: S. 1112-1117.

Böing, C. (2001): Erfolgsfaktoren im Business-to-Consumer-E-Commerce, Wiesbaden.

Bollen, K. (2002): Latent Variables in Psychology and Social Sciences, in: Annual Review of Psychology, Vol. 53, S. 605-634.

Bollen, K., Lennox, R. (1991): Conventional Wisdom on Measurement: a Structural Equation Perspective, Psychological Bulletin, 110 (2), S. 305-314.

Bolten, R. (2000): Zwischenbetriebliche Kooperation im Marketing, Methodik zur Identifikation von Kooperationschancen und –potentialen, Herdecke.

Bolton, R. (1993): Pretesting Questionnaires: Content Analysis of Respondents Concurrent Verbal Protocols, in: Marketing Science, Vol. 12, No. 3, S. 280-303.

Bonoma, T. (1985): Case Research in Marketing: Opportunities, Problems and a Process, in: Journal of Marketing Research, Vol. 22, S. 199-208.

Boston Consulting Group (1999): The Race for Online Riches: E-Retailing in Europe, Studie, München.

Bott, H. (1967): Zwischenbetriebliche Kooperation und Wettbewerb. Köln.

Bowersox, D. (1990): The Strategic Benefits of Logistic Alliances, Harvard Business Review, July/August 1990, S. 36-45.

Brettel, M., Heinemann, F. (2002): JustBooks – der Weg zur Profitabilität, in: Albers, S., Panten. G., Schäfers, B. (Hrsg.): Die eCommerce-Gewinner, Frankfurt, S. 118-135.

Brettel, M., Heinemann, F. (2003): Die Bedeutung von Vertrauen und Kontrolle im Rahmen von Online-Kooperationen, in: M. Büttgen und F. Lücke (Hrsg.): Online-Kooperationen – Erfolg im E-Business durch strategische Partnerschaften, Wiesbaden, S. 407-423.

Bruhn, M, Homburg, C (2001): Marketing-Lexikon, Wiesbaden.

Bruhn, M., Homburg, C. (2005): Handbuch Kundenbindungsmanagement : Strategien und Instrumente für ein erfolgreiches CRM, 5. überarbeitete und erweiterte Auflage, Wiesbaden.

Bruner, G., Hensel, P. (1998): Marketing Scales Handbook: A Compilation of Multi-Item Measures, Chicago.

Büchs, M.J. (1991): Zwischen Markt und Hierarchie, Kooperation als alternative Kooperationsform. Zeitschrift für Betriebswirtschaft, 61. Jg., Ergänzungsheft (1/1991), S. 1-38.

Bucklin, L.P., Sengupta, S. (1993): Organizing Successfull Co-Marketing Alliances, Journal of Marketing, April 1993, S. 32-46.

Bürki, D. M. (1996), Der "Resource-based View" Ansatz als neues Denkmodell des strategischen Managements, Bamberg.

Busch, A., Langemann, T. (2001): Unternehmensübergreifende Planung als Schnittstelle zwischen CRM und SCM, in: Helmke, S., Dangelmaier, W. (Hrsg.): Effektives Customer Relationship Management, Wiesbaden, S. 403 – 418.

Büttgen, M. (2002): Affiliate Marketing, in: Die Betriebswirtschaft, 62. Jahrgang, Heft 5, S. 566-571.

Büttgen, M. (2003): Systematische Planung und Realisierung von Marketing- und Vertriebskooperationen, in: Büttgen, M., Lücke, F. (Hrsg.): Online-Kooperationen – Erfolg im E-Business durch strategische Partnerschaften, Wiesbaden, S. 197-221.

Büttgen, M., Lücke, F. (2001): Integratives Affiliate-Marketing. Gemeinsam den Internet-User zum Kauf verführen, in: io Management, 70. Jahrgang, Nr. 9, S. 33-40.

Buzzell, R., Gale, B. (1989): Das PIMS-Programm: Strategien und Unternehmenserfolg, Wiesbaden.

Cansier, A. (2001): Efficient Consumer Response aus kooperationstheoretischer Sicht, Wiesbaden.

Chatterjee, S., Price, B. (1977): Regression Analysis by Example, New York.

Chin, W (1998b): Issues and Opinions on Structural Equation Modelling, in: Management Information Systems Quarterly, Vol. 2, Nr.1, S. 1-7.

Chin, W. (1995): Partial Least Squares is to LISREL as Principal Components Analysis is to Common Factor Analysis, in: Technology Studies, Vol. 2, S. 315-319.

Chin, W. (1998a): The Partial Least Squares Approach to Structural Equation Modelling. In: Marcoulides, G. (Hrsg.): Modern Methods for Business Research. Lawrence Erlbaum Associates, Mahwah, New Jersey, London, S. 295-336.

Chin, W., Gopal, A. (1995): Adoptrion Intention in GSS: Relative Importants of Beliefs, in: Data Base Advances, Vol. 16, No. 2/3, S. 42-63.

Chin, W., Todd, P.A. (1995): On the Use, Usefullness and Ease of Use of Structural Equation Modeling in MIS Research: A Note of Caution, in: MIS Quarterly, Vol. 19, Issue 2, S. 237-246.

Clark, S. (2000): The Co-Marketing-Solution, Chicago 2000.

Clement, M., Peters, K., Preiß, F.J. (2001): Electronic Commerce, in: Albers, S., Clement, M., Peters, K. (Hrsg.): Marketing mit Interaktiven Medien – Strategien zum Markterfolg, 3. komplett überarbeitete und erweiterte Auflage, Frankfurt

Coase, R. H. (1937): The Nature of the Firm. Economica Vol. 4 (4/1937): S. 368-405.

Cohen, J. (1992): A Power Primer, in: Psychological Bulletin, Vol. 112, No.1, S. 155-159.

Cohen, J. (1988): Statistical Power Analysis for the Behavioral Sciences, Hillsdale, 2. Auflage.

Contractor, F., Lorange, P. (1988): Why should Firms Cooperate? The Strategy and Economic Basis for Cooperative Ventures, in: Contractor, F. Lorange, P. (Hrsg.): Cooperative Strategies in International Business, Lexington, Toronto, S. 3-30.

Cooil, B., Winer, R., Rados, D. (1987): Cross-Validation for Prediction, in: Journal of Marketing Research, Vol. 14, S. 271-279.

Cool, K., Dierickx, I., Jemison, D. (1989): Business Strategy, Market Structure and Risk Return Relationships: A Structural Approach, in: Strategic Management Journal, Vol. 10, Issue 6, S. 507-522.

Cote, J., Buckley, M. (1987): Estimating Trait, Method and Error Variance: Generalizing Across 70 Construct Validation Studies, in: Journal of Product Innovation Management, Bd. 3, Nr. 2, S. 71-85.

Das, T, Teng, B. (2000): A Resource-Based Theory of Strategic Alliances, Journal of Management, Vol. 26, Nr. 1, S. 31-61.

Devlin, G., Bleackly, M. (1988): Strategic Alliances – Guidelines for Success, in LRP, Vol. 1, 5/1988, S. 18-23.

Diamantopoulos, A, Winklhofer, H. (2001): Index Construction with Formative Indicators: An Alternative to Scale Development, in: Journal of Marketing Research, May 2001, S. 269-277.

Diamantopoulos, A. (1999): Export Performance Measurement: Reflective versus Formative Indicators, in: International Marketing Review, Vol. 16, No. 6, 1999, S. 444-457.

Diamantopoulos, A., Siguaw, J. (2000): Introducing LISREL: A Guide for the Uninitiated, London.

Dijkstra, T. (1983): Some Comments on Maximum Likelihood and Partial Least Squares Methods, in: Journal of Econometrics, Vol. 22, S. 67-90.

Doz, Y. (1992): Empirische Relevanz von Strategischen Allianzen in Europa, in: Bronder, C., Pritzl, R. (Hrsg.): Wegweiser für strategische Allianzen – Meilen- und Stolpersteine bei Kooperationen, Wiesbaden, S. 46-62.

Duncan, R. (1972): Characteristics of Oranizational Environments and Perceived Environmental Uncertainty, in: Administrative Science Quarterly, Vol. 17, S. 313-327.

Dwyer, F., Shurr, P., Oh, S. (1987): Developing Buyer-Seller-Relationships, Journal of Marketing, Vol. 51, Apirl 1987, S. 11-27.

Ebers, M. (2002): How different types of trust and attitudes towards risk impact interorganizational governance structures, Working Paper, Universität Augsburg.

Eckey, H., Kosfeld, R., Dareger, C. (2001): Ökonometrie, 2. Auflage, Wiesbaden.

Edwards, J., Bagozzi, R. (2000): On the Nature and Direction of Realtionships between Constructs and Measures, in: Psycholgical Methods, Vol. 5, No. 2, S. 155-174.

Efron, B. (1979): Bootstrap Methods: Another Look at the Jacknife, in: The Annals of Statistics, Vol. 7, No.1, S. 1-26.

Efron, B. (2000): The Bootstrap and Modern Statistics, in: Journal of the American Statistical Association, Vol. 95, No. 452, S. 1293-1296.

Efron, B., Gong, G. (1983): A Leisurely Look at the Bootstrap, the Jacknife and Cross Validation, in: The American Statistican, Vol. 37, No.1, S. 36-48.

Eggs, H. (2001): Vertrauen im Electronic Commerce – Herausforderungen und Lösungsansätze, Wiesbaden.

Eisele, J. (1995): Erfolgsfaktoren des Joint-Venture-Management, Wiesbaden.

Endress, R. (1991): Strategie und Taktik der Kooperation – Grundlagen der zwischen- und innerbetrieblichen Zusammenarbeit, 2. überarbeitete Auflage, Berlin.

Ernst, H. (2001): Erfolgsfaktoren neuer Produkte – Grundlagen für eine valide empirische Forschung, Wiesbaden.

Ernst, H. (2003): Ursachen eines Informant Bias und dessen Auswirkung auf die Validität empirischer betriebswirtschaftlicher Forschung, in: Zeitschrift für Betriebswirtschaft, 73. Jahrgang, H. 12, S. 1249-1275.

Esch, F.R. (2002): Markenprofilierung und Markentransfer, in: Albers, S., Hermann, A. (Hrsg.): Handbuch Produktmanagement, 2. überarbeitete und erweiterte Auflage, Wiesbaden.

Evers, M. (1998): Strategische Führung mittelständischer Unternehmensnetzwerke, München.

Faisst, W., Birg, O. (1997): Die Rolle des Brokers in virtuellen Unternehmen und seine Unterstützung durch die Informationsverarbeitung, Arbeitspapier der Reihe „Informations- und Kommunikationssysteme als Gestaltungselement Virtueller Unternehmen", Nr. 17/1997.

Fantapié Altobelli, C. (2003): Markenführung bei Online-Kooperationen, in: Büttgen, M., Lücke, F. (Hrsg.): Online-Kooperationen – Erfolg im E-Business durch strategische Partnerschaften, Wiesbaden, S. 339-362.

Fleischer, Sonja (1997): Strategische Kooperation, Planung – Steuerung – Kontrolle, Lohmar.

Fontanari, M. (1995): Voraussetzungen für den Kooperationserfolg – eine empirische Analyse, in: Schertler, W. (Hrsg.): Management von Unternehmenskooperationen, Wien, S. 115-187.

Fornell, C., Bookstein, F. (1982a): A Comparative Analysis of Two Structural Equation Models: LISREL and PLS applied to Market Data, in: Fornell, C. (Hrsg.): A Second Generation of Multivariate Analysis, Vol. 1, New York, S. 289-323.

Fornell, C., Bookstein, F. (1982b): Two Structural Equation Models: LISREL and PLS Applied to Customer Exit-Voice-Theory, in: Journal of Marketing-Research, Vol. XIX, Nov.1982, S. 440-452.

Fornell, C., Cha, J. (1994): Partial Least Squares, in: Bagozzi, R. (Hrsg.): Advanced Methods of Marketing Research, Cambridge, S. 52-78.

Fornell, C., Larcker, D. (1981): Evaluating Structural Equation Modeling with Unobservable Variables and Measurement Error, in: Journal of Marketing Research, Vol. 18, S. 39-50.

Fornell, C., Lorange, P., Roos, J. (1990): The Cooperative Venture Formation Process: A Latent Variable Structural Modeling Approach, in: Management Science, Vol. 36, Issue 10, Focussed Issue on the State of the Art in Theory and Method in Strategy Research, S. 1246-1255.

Förster, F., Fritz, W., Silberer, G, Raffée, H. (1984): Der LISREL-Ansatz in der Kausalanalyse und seine Bedeutung für die Marketing-Forschung, in: Zeitschrift für Betriebswirtschaft, 54. Jahrgang, S. 346-367.

Frank, C. (1994): Strategische Partnerschaften in mittelständischen Unternehmen. Wiesbaden.

Freiling, J. (2001), Resource-based View und ökonomische Theorie: Grundlagen und Positionierung des Ressourcenansatzes, Wiesbaden.

Friedrichs, J. (1995): Methoden empirischer Sozialforschung, Opladen.

Friese, M. (1998): Kooperation als Wettbewerbsstrategie für Dienstleistungsunternehmen, Wiesbaden.

Fritz, W. (1990): Marketing – ein Schlüsselfaktor des Unternehmenserfolgs? Eine kritische Analyse vor dem Hintergrund der empirischen Erfolgsfaktorenforschung, in: Marketing – Zeitschrift für Forschung und Praxis, 12, 2, S. 91-110.

Fritz, W. (1992): Marktorientierte Unternehmensführung und Unternehmenserfolg. Grundlagen und Ergebnisse einer empirischen Untersuchung, Stuttgart 1992.

Fritz, W. (2000): Internet-Marketing und Electronic Commerce. Grundlagen, Rahmenbedingungen, Instrumente, Wiesbaden.

Gahl, A. (1991): Die Konzeption strategischer Allianzen, Berlin.

Ganster, D.C., Hennessey, H.W., Luthans, F. (1983): Social desirability response effects: Three Alternative Models, in: Academy of Management Journal, Nr. 26, S. 321-331.

Garczorz, I., Krafft, M. (2001): Wie halte ich den Kunden? – Kundenbindung, in: Albers, S., Clement, M, Peters, K., Skiera, B. (Hrsg.): eCommerce, Einstieg, Strategie und Umsetzung im Unternehmen, Frankfurt a. M, S. 135-147.

Gerhard, T. (2003): Partnering – Empfehlungen zur erfolgreichen Gestaltung von strategischen Partnerschaften, in: Büttgen, M. und Lücke, F. (Hrsg.): Online-Kooperationen – Erfolg im E-Business durch strategische Partnerschaften, Wiesbaden, S. 59-72.

Geringer, J. (1988): Joint Venture Partner Selection, New York.

Goldschmidt, S., Junghagen, S., Harris, U. (2003): Strategic Affiliate Marketing, Cheltenham.

Gräf, L. (1999): Optimierung von WWW-Umfragen, in: Batinic, B., Werner, A, Gräf, L., Bandilla, W. (Hrsg.): Online-Research. Methoden, Anwendungen und Ergebnisse, Göttingen, S. 159-178.

Grant, R. (1995): Contemporary Strategy Analysis: Concepts, techniques, applications, 2. Auflage, Cambridge.

Greene, C.N, Organ, D.W. (1973): An evaluation of causal models linking the received role with job satisfaction, in. Administrative Science Quarterly, Nr. 18 (1973), S. 95-103.

Grewal, R., Cote, J.A., Baumgartner, H. (2004): Multicollinearity and Measurement Error in Sructural Equation Models: Implications for Theory Testing, in: Marketing Science, Vol. 23, No.4, S. 519-529.

Haertsch, P. (2000): Wettbewerbsstrategien für Electronic Commerce: Eine kritische Überprüfung klassischer Strategiekonzepte, Köln.

Hagel III, J., Armstrong, A.(1999): Net Gain, Wiesbaden.

Hahn, D. (1992): Strategische Kontrolle, in: Hahn, D., Taylor, B. (Hrsg.): Strategische Unternehmensführung, Stand und Entwicklungstendenzen, 6. Auflage, Heidelberg, S. 651-664.

Hahn, D. (1999): Konzepte strategischer Führung – Entwicklungstendenzen in Theorie und Praxis unter besonderer Berücksichtigung der Globalisierung, in: Hahn, D., Taylor, B. (Hrsg.): Strategische Unternehmensplanung – strategische Unternehmensführung: Stand und Entwicklung, 8. Auflage, Heidelberg, S. 1037-1055.

Hair, J.F., Anderson, R.E., Tatham, R.L., Black, W.C. (1998): Multivariate Data Analysis, 5. Auflage, New Jersey.

Hakansson, H. (1989): Corporate Technologival Development: Co-Operation and Networks, London, New York.

Hall, R. (1992): The strategic Analysis of intangible resources, in: Strategic Management Journal, No. 13, S. 135-144.

Hamel, G. (1991): Competition for Competence and interpartner learning within international strategic alliances, in: Strategic Management Journal, 12. Jahrgang, S. 83-103.

Hammes, W. (1994): Strategische Allianzen als Instrument der strategischen Unternehmensführung. Wiesbaden.

Hansen, G. (1987): Multikollinearität und Prognosefehler, in: Jahrbuch für Nationalökonomie und Statistik, Vol. 203, Heft 5-6, S. 517-531.

Hansen, H.R. (1993): Beurteilungsmöglichkeiten des Erfolgs der Informationsverarbeitung, Journal für Betriebswirtschaft, 5/93, 211-224.

Hanson, W. (2000): Principles of Internet-Marketing, Cincinatti.

Harsanyi, J. (1956): Approaches to the Bargaining Before and After the Theory of Games: A Critical Discussion of Zeuthen, Hick's and Nash's Theories, in. Econometrica, Vol. 24 (1956), S. 144-157.

Hayduk, L.A. (1987): Structural Equation Modeling with LISREL: Essentials and Advances, Baltimore.

Heinemann, F. (2002): Erfolgsabhängige Marketing-Kooperationen – Eine Einführung, in: Deutscher Multimedia-Verband (Hrsg.): dmmv-Leitfaden. Marketing-Kooperationen im Internet, Düsseldorf - München, S. 7-9.

Hermann, R. (1989): Joint-Venture-Management: Strategien, Strukturen, Systeme und Kulturen, Gießen.

Heßler, T. (2003): Vergütungsformen als Erfolgsfaktor für Online-Kooperationen, in: Büttgen, M., Lücke, F. (Hrsg.): Online-Kooperationen – Erfolg im E-Business durch strategische Partnerschaften, Wiesbaden, S. 327-338.

Hildebrandt, L. (1988): Store Image and the Prediction of Performance in Retailing, in: Journal of Business Research, 17. Jahrgang, S. 91-100.

Hillmann, R. (2002): Partner-Relation – Nur loyale Partner sind gute Partnern, in: Deutscher Multimedia-Verband (Hrsg.): dmmv-Leitfaden. Marketing-Kooperationen im Internet, Düsseldorf - München, S. 21-24.

Hippner,, H., Wilde, K.D. (2004): Grundlagen des CRM - Konzepte und Gestaltung, Wiesbaden.

Hofer, C.W., Schendel, D. (1978): Strategy Formulation: Analytical Concepts, St. Paul.

Höfer, S. (1997): Strategische Allianzen und Spieltheorie, Köln 1997.

Hoffmann, F. (1986): Kritische Erfolgsfaktoren – Erfahrungen in großen und mittelständischen Unternehmen, in: Schmalenbachs Zeitschrift für betriebswirtschaftliche Forschung, 38. Jahrgang, Heft 1, S. 831-843.

Holler, M., Illing, G. (1996): Einführung in die Spieltheorie. Berlin.

Homburg, C, Giering, A. (1996): Konzeptualisierung und Operationalisierung komplexer Konstrukte – Ein Leitfaden für die Marketingforschung, in: Marketing: Zeitschrift für Forschung und Praxis, 18. Jahrgang, Heft 1, S. 5-24.

Homburg, C. (1995): Kundennähe von Industriegüterunternehmen: Konzeption- Erfolgsauswirkungen – Determinanten, Wiesbaden.

Hulland, J. (1999): Use of Partial Least Squares (PLS) in Strategic Management Research, A Review of Four Recent Studies, in: Strategic Management Journal, Vol. 20, S. 195-204.

Hungenberg, H. (1999): Bildung und Entwicklung von strategischen Allianzen, in: Engelhard, J., Sinz, E. (Hrsg.): Kooperation im Wettbewerb, Wiesbaden.

Hurrle, B., Kieser, A. (2005): Sind Key Informants verlässliche Datenlieferanten? in: Die Betriebswirtschaft, 65. Jahrgang, S. 584-602.

Jacobs, S. (1992): Strategische Erfolgsfaktoren der Diversifikation, Wiesbaden.

Janzen, U. (2001): Wer kooperiert, lebt besser! In: www.acquisa.de, 49. Jahrgang, Nr. 5, S. 58-60.

Jarvis, C., MacKenzie, S., Podsakoff, P. (2003): A Critical Review of Construct Indicators and Measurement Model Misspecification in Marketing and Consumer Research, in: Journal of Consumer Research, Vo. 30, S. 199-218.

Jobber, D, O'Reilly, D. (1998): Industrial Mail Surveys – A Methodological Update, in: Industrial Marketing Management, Vol. 27, S. 95-107.

Jochims, M. (2002): Diffusion innovativer Dienstleistungen, Hamburg.

Johannsen, N. (2002): Banner-@dvertising. Klickraten als Möglichkeiten einer Mediaselektion im Internet?, Wiesbaden.

Jöreskog, K.G. (1967): Some Contributions to Maximum Likelihood Factor Analysis, in: Psychometrika, Vol. 32, No. 4, S. 443-482.

Jöreskog, K.G. (1970): A General Method for Analysis of Covariance Structures, in: Biomterika, Vol. 57, Issue 2, S. 239-251.

Jöreskog, K.G. (1979): Structural Equation Models in the Social Sciences, Specification, Estimation and Testing, in: Jöreskog, K.G., Sörbom, D. (Hrsg.): Advances in Factor Analysis and Structural Equation Models, Cambridge, S. 105-127.

Jöreskog, K.G., Sörbom, D. (1982): Recent Developments in Structural Equation Modeling, in: Journal of Marketing Research, Vol. 19, S. 404-416.

Judson, D., Kelly, N. (2000): E-Commerce – Elf Siegerstrategien für den Hyperwettbewerb, Lansberg/Lech.

Justus, A. (1999): Wissenstransfer in strategischen Allianzen, Frankfurt.

Kabst, R. (2000): Steuerung und Kontrolle internationaler Joint Ventures, München.

Kale, P., Singh, H., Perlmutter, H. (2000): Learning and protection of proprietary assets in strategic alliances: Building relational capital, in: Strategic Management Journal, Vo. 21, S. 217-237.

Kaufmann, F., Kokalj, L., May-Strobl, E. (1990): EG-Binnenmarkt –die grenzüberschreitende Kooperation mittelständischer Unternehmen – Empirische Analyse von Möglichkeiten, Voraussetzungen und Erfahrungen, Stuttgart.

Kiesler, C. (1971): The Psychology of Commitment: Experiments in Linking Behavior to Belief, New York.

Klein, M. (1998): Erfolgsfaktoren technologieorientierter Wettbewerbsstrategien: eine modellbasierte Analyse der Wettbewerbswirkung forschungsintensiver Produktinnovationen, Berlin.

Kleinaltenkamp, M., Plinke, W.: Technischer Vertrieb. Grundlagen des Business-to-Business-Marketing. 2. Auflage, Berlin.

Knepel, H. (1981): Modelle mit unbeobachteten Variablen, in: Internationale Zeitschrift für Theorie und Praxis, 22. Jahrgang, Heft 1, S. 248-279.

Knyphausen-Aufseß, D. zu (1997): Auf dem Weg zu einem ressourcenorientierten Paradigma?, in: Ortmann, G., Sydow, J., Türk, K. (Hrsg.): Theorien der Organisation, Opladen, S. 452-480.

Köhler, R. (1993): Beiträge zum Marketing-Management, Planung, Organisation, Controlling, 3. Auflage, Stuttgart.

Kollmann, T., Herr, C. (2003): Online-Kooperationen als Markteintrittschance für Start-ups im E-Business, in: Büttgen, M. Lücke, F.: Online-Kooperationen – Erfolg im E-Business durch strategische Partnerschaften, Wiesbaden, S. 97-112.

Kumar, N., Stern, L.W., Anderson, J.C. (1993): Conducting Interorganizational Research Using Key Informants, in: Academy of Management Journal, Vol. 36, S. 1633-1651.

Kraege, R. (1997): Controlling strategischer Unternehmenskooperationen, München.

Krafft, M. (1999): An Empirical Investigation of the Antecedents of Sales Force Control Systems, Journal of Marketing, Vol. 63, S. 210-234.

Krafft, M., Götz, O., Liehr-Gobbers, K. (2005): Die Validierung von Strukturgleichungsmodellen mit Hilfe des Partial-Least-Squares (PLS)-Ansatzes, in: Bliemel, F., Eggert, A., Fassot, G., Henseler, J. (Hrsg.): Handbuch PLS-Pfadmodellierung – Methoden, Anwendung, Praxisbeispiele, S. 71-86.

Kronen, J. (1994). Computergestützte Unternehmenskooperation, Potentiale - Strategien - Planungsmodelle. Wiesbaden.

Kumar, N., Stern, L.W., Anderson, J.C. (1993): Conducting Interorganizational Research Using Key Informants, in: Academy of Management Journal, Vol. 36, Nr. 6, S. 1633-1651.

Lange, B. (1982): Bestimmung strategischer Erfolgsfaktoren und Grenzen ihrer empirischen Fundierung: Dargestellt am Beispiel der PIMS-Studie, in: Die Unternehmung, 36. Jahrgang, S. 27-42.

Lohmöller, J. (1989): Latent Variable Path Modeling with Partial Least Squares, Heidelberg.

Lorange, P., Roos, J., Simcic Bronn, P. (1992): Building Successful Strategic Alliances, Long Range Planning, Heft 6, 1992, S. 10-17.

Luce, R., Raiffa, H. (1957): Games and Decisions, Wiley, New York.

Lücke (2001): Q.&A.: Was ist Affiliate-Marketing? ECIN: Electronic Commerce Info Net, 2001, URL: http://www.ecin.de/marketing/affiliate1/ (abgerufen am 10.4.2004).

Lücke (2002a): Integratives Affiliate-Markeitng – Die Shop-in-Shop-Lösung, ECIN: Electronic Commerce Info Net, 2001, URL: http://www.ecin.de/marketing/integrativ (abgerufen am 10.4.2004).

Lücke, F. (2002): Co-Branding und Cross-Selling-Kooperationen, in: Deutscher Multimedia-Verband (Hrsg.): dmmv-Leitfaden. Marketing-Kooperationen im Internet, Düsseldorf - München. S.20-21.

Lücke, F., Webering, J. (2003): Gegenwart und Zukunft von Online-Kooperationen, in: Büttgen, M., Lücke, F.: Online-Kooperationen – Erfolg im E-Business durch strategische Partnerschaften, Wiesbaden, S. 3-14.

Lutz, V. (1993): Horizontale strategische Allianzen, Hamburg.

MacNeil, I.R. (1978): Contracts: Adjustment of long-term economic relations under classical, neoclassical, and relational contract law, Northwestern University Law Review, 72, S. 854-905.

Mangstl, C., Dörje, N. (2003): Mit Online-Kooperationen zur Marktführerschaft, in: Büttgen, M., Lücke, F. (Hrsg.): Online-Kooperationen – Erfolg im E-Business durch strategische Partnerschaften, Wiesbaden, S. 73-93.

Martensen, A., Gronholdt, L. (2003): Improving Library Users' Perceived Quality, Satisfaction an Loyalty: An Integrated Measurement and Management System, in: The Journal of Academic Librarianship, Vol. 29, No. 3, S. 140-147.

Meffert, H. (1999): Neue Herausforderungen an das Marketing durch interaktive elektronische Medien – auf dem Weg zur Internet-Ökonomie, in: Meffert, H., Backhaus, K., Becker, J. (Hrsg.): Interaktive elektronische Medien – neue Wege für das Marketing, Dokumentation des 36. Münsteraner Führungsgesprächs vom 25./26. Februar 1999, Dokumentationspapier Nr. 131, Münster, S. 5-25.

Meffert, H. (2000): Marketing – Grundlagen marktorientierter Unternehmensführung, 9. Auflage, Wiesbaden.

Mellewigt, T. (2003): Management von strategischen Kooperationen, Wiesbaden.

Mengele, J (1993): Horizontale Kooperation als Markteintrittsstrategie im internationalen Marketing, Wiesbaden.

Miles, R, Snow, C. (1986): Network organizations: new concepts for new forms, The McKinsey Quarterly, Autumn 1986, S. 53-66.

Miller, T., Dickson, P. (2001): On-Line Market Research, in: International Journal of Electronic Commerce, 5(3), S. 139-167.

Mitchell, V. (1994): Using Industrial Key Informants: Some Guidelines, in: Journal of the Market Research Society, 36. Jahrgang, S. 139-144.

Morrow-Howell, N. (1994): The M Word: Multicollinearity in Multiple Regression, Social Work Research, 18, S. 247-251.

Müller-Stewens, G., Hillig, A. (1992): Motive zur Bildung Strategischer Allianzen, in: Bronder, C., Pritzl, R. (Hrsg.): Wegweiser für strategische Allianzen – Meilen- und Stolpersteine bei Kooperationen, Wiesbaden, S. 64-101.

Murray, A., Siehl, C. (1989): Joint Ventures and other Alliances: Creating a Successful Cooperative Linkage, Morristown.

Nail, J. (1999): Driving Site Traffic, Forrester Research, Cambridge.

Nail, J. Cooperstein, D., Ardito, C. (1999): New Affiliate Marketing Models, Forrester Research, Cambridge, Amsterdam.

Nash, J. (1950): The Bargaining Problem, Econometrica, Vol. 18, 1950, S. 155-162.

Nash, J. (1951): Non-Cooperative Games, Annals of Mathematics, 54, 1951, S. 286-295.

Neef, P., Bloch, V. (2003): Outsourcing des Partnermanagements: Die Rolle von Multimedia-Agenturen, in: Büttgen, M., Lücke, F. (Hrsg.): Online-Kooperationen – Erfolg im E-Business durch strategische Partnerschaften, Wiesbaden, S. 425-443.

Neumann, J. v., Morgenstern, O. (1944): Theory of Games and Economic Behavior, Princeton.

Nicolai, A., Kieser, A. (2003): Trotz eklatanter Erfolglosigkeit: Die Erfolgsfaktorenforschung weiter auf Erfolgskurs, in: Die Betriebswirtschaft, 62,6, S. 579-596.

Nieschlag, R, Dichtl, E., Hörschgen, H. (1997): Marketing, 18. Auflage, Berlin.

Nolte, H., Bergmann, R. (1998): Ein Grundmodell des ressourcenorientierten Ansatzes der Unternehmensführung, in: Nolte, H. (Hrsg.): Aspekte ressourcenorientierter Unternehmensführung, München, Mehring, S. 1-27.

o.V. (2001a): Begriffsdefinitionen für Affiliate-Marketing in Deutschland durch die Projektgruppe „Affiliate-Marketing" des Deutschen Multimedia-Verbands, URL: http:/www.affiliate-marketing-info.de (abgerufen am 10.9.2001).

o.V. (2001b): Amazon: Kampf ums nackte Überleben, in: Wirtschaftswoche heute, URL: http://wiwo.de/WirtschaftsWoche/Wiwo_CDA/0,1702,11157_57866,00.html (abgerufen am 20.10.2001).

o.V. (2001c): GfK Webgauge, Frühjahr 2001, URL: www.gfk-webgauge.de (abgerufen am 20.10.2001).

o.V. (2002a): AGIREV Online-Reichweiten Monitor, URL: http://www.agirev.de/download/ AGIREV_ORM2002_I.pdf (abgerufen am 15.4.2002).

o.V. (2002b): Studie zu E-Commerce-Aktivitäten von Portalen in Deutschland, Sevenval AG, Köln 2002.

o.V. (2003): T-Online übernimmt Scout24-Gruppe, in: Pressetext Deutschland, 11.12.2003, URL: http://www.pressetext.de/pte.mc?pte=031211015 (abgerufen am 9.12.2005).

o.V. (2005a): Werbeformen im Internet, URL: http://www.werbeformen.de.(abgerufen am 17.10.2005).

o.V. (2005b): Die Unternehmensgeschichte von T-Online, URL: http://www.t-online.net/c/ 15/52/89/1552898.html (abgerufen am 9.12.2005).

Oesterle, M.-J. (1993). Joint-Ventures in Rußland, Bedingungen - Probleme - Erfolgsfaktoren, Wiesbaden.

Oetzen-Wehmeyer, E. (1996): Internationales vertikales Marketing, Wiesbaden.

Ohmae, K. (1989): The Global Logic of Strategic Alliances, Harvard Business Review, März/April 1989, S. 143-154.

Organ, D.W., Greene, C.N. (1981): The effects of formalization on professional involvement: A compensatory process approach, in: Asministrative Science Quarterly, Nr. 26 (1981), S. 237-252.

Orton, J., Weick, K. (1990): Loosely Coupled Systems: A Reconceptualisation, in: Academy of Management Review, Vol. 15, No. 2, S. 203-223.

Osborne, M., Rubinstein, A. (1994): A Course in Game Theory, Cambridge, London.

Penrose, E.T. (1959): The Theory of the Growth of the Firm, Oxford.

Peters, T.J., Waterman, R.H (2000): Auf der Suche nach Spitzenleistungen, 8. Auflage, Landsberg.

Picot, A. (1982): Transaktionskostenansatz in der Organisationstheorie: Stand der Diskussion und Aussagewert, Die Betriebswirtschaft, 42. Jahrgang, S. 267-284.

Picot, A. (1993): Transaktionskostenansatz, in: Wittmann, W. (Hrsg.): Handwörterbuch der Betriebswirtschaft, 5. Auflage, Stuttgart, Sp. 4194-4204.

Picot, A., Dietl, H. (1990): Transaktionskostentheorie, in. Wirtschaftswissenschaftliches Studium, 19. Jahrgang, Heft 4, S. 178-184.

Picot, A., Reichwald, R., Wiegand, R.T. (2003): Die grenzenlose Unternehmung – Information, Organisation und Management, 5. Auflage, Wiesbaden.

Podsakoff, P.M., MacKenzie, S., Lee, J., Podsakoff, N.P. (2003): Common Method Biases in Behavioral Research: A Critical Review of the Literature and Recommended Remedies, in: Journal of Applied Psychology, Vol. 88, Nr. 5, S. 879-903.

Podsakoff, P.M., Organ, D.W. (1986): Self-reports in Organizational Research. Problems and Prospects, n: Joural of Management, Nr. 12, S. 69-82.

Popper, K.R. (1984): Logik der Forschung, 8. Auflage, Tübingen.

Porter, M.E. (1999): Wettbewerbsstrategie – Methoden zur Analyse von Branchen und Konkurrenten, 10. durchgesehene und erweiterte Auflage.

Porter, M.E., Fuller, M. (1989): Koalitionen und globale Strategien, in: Porter, M. (Hrsg.): Globaler Wettbewerb, Strategien der neuen Internalisierung, Wiesbaden, S. 363-399.

Prahalad, C. K., Hamel, G. (1990), The core competence of the corporation, in: Harvard Business Review, 68. Jg., S. 79-91.

Raffée, H. (1995): Vorwort zu Eisele, J.: Erfolgsfaktoren des Joint-Venture-Management, Wiesbaden.

Raffée, H., Eisele, J. (1994): Joint Ventures – Nur die Hälfte floriert, in: Harvard Business Manager, 16, Heft 3, S. 17-22.

Rasche, C. (1994), Wettbewerbsvorteile durch Kernkompetenzen: ein ressourcenorientierter Ansatz, Wiesbaden.

Rasche, C., Wolfrum, B. (1994): Ressourcenbasierte Unternehmensführung, in: Die Betriebswirtschaft, 54. Jahrgang, Heft 4, S. 501-517.

Richman, W., Kiesler, S., Weisband, S., Drasgow, F. (1999): A meta-analytic study of social desirability distotion in computer-administered questionnaires, traditional questionnaires, and interviews, in: Journal of Applied Psychology, Nr. 84, S. 754-775.

Ripperger, T. (1998): Ökonomik des Vertrauens: Analyse eines Organisationsprinzips, Tübingen.

Roland Berger & Partner (1999): Erfolgsfaktoren im Electronic Commerce, Studie, Frankfurt.

Rossiter, J. (2002): The C-OAR-SE Procedure for Scale Development on Marketing, in: Internatinal Journal of Research in Marketing, Vol. 19, S. 305-335.

Rotering, J. (1993): Zwischenbetriebliche Kooperation als alternative Organisationsform, ein transaktionskostentheoretischer Ansatz, Stuttgart.

Roth, R., Gosslar, H. (1979): Zur Anwendung der Pfadanalyse im Marketing, in: Marketing, 1. Jahrgang, Heft 1, S. 48-58.

Rüdiger, M. (1998): Theoretische Grundmodelle zur Erklärung von FuE-Kooperationen, in: Zeitschrift für Betriebswirtschaft, 68. Jahrgang, S. 25-48.

Ruekert, R., Walker, O. (1987): Marketing's Interaction With Other Functional Units: A Conceptual Framework and Empirical Evidence, Journal of Marketing,Vol. 51 , S. 1-19.

Rupprecht-Däullary, M. (1995): Zwischenbetriebliche Kooperation, Möglichkeiten und Grenzen durch neue Informations- und Kommunikationstechnologien. Wiesbaden.

Sattler, H. (2001): Markenpolitik, Stuttgart, Berlin, Köln.

Schäper, C. (1996): Entstehung und Erfolg zwischenbetrieblicher Kooperation: Möglichkeiten öffentlicher Förderung, Wiesbaden.

Schertler, W (1995): Management von Unternehmenskooperationen, Wien 1995, S. 115-187.

Schmalen, H. (1989): Fragebogenrücklauf und Gewinnanreiz, in: Marketing: Zeitschrift für Forschung und Praxis, 11. Jahrgang, Heft 3, S. 187-193.

Schmidt, B. (2001): Affiliate-Marketing. - Packender Verkaufs-Turbo, in: Impulse, Nr.9, S. 95.

Schmitt, N., Stults, D.M. (1986): Methodology Review: Analysis of Multitrait-Multimethod Matrices, Applied Psychological Measurement, Nr. 10 (1986), S. 1-22.

Schneeweiß, H. (1990): Modelle mit latenten Variablen: LISREL vs. PLS, in: Nakhaeizadeh, G. Vollmer, K.-H. (Hrsg.): Neuere Entwicklungen in der angewandten Ökonometrie, Heidelberg.

Schneider, H. (2006): Nachweis und Behandlung von Multikollinearität, in: Albers, S., Klapper, D., Konradt, U., Walther, A., Wolf, J. (Hrsg.): Methodik der empirischen Forschung, Wiesbaden, erscheint Februar 2006.

Schwartz, E.I. (1999): Digital Darwinism - 7 Breakthrough Business Strategies for Surviving in the Cutthroat Web Economy, New York.

Scott, W.R. (1987): Organizations: Rational, Natural and Open Systems, 2. Auflage, Englewood Cliffs.

Seifert, D. (2001): Efficient Consumer Response: strategische Erfolgsfaktoren für die Wertschöpfungspartnerschaft von Industrie und Handel, München.

Selten, R. (2001): Die konzeptionellen Grundlagen der Spieltheorie einst und jetzt. Discussion Paper, Bonn Graduate School of Economics 2/2001.

Seltin, N., Keeves, J.P. (1994): Path Analysis with Latent Variables, in: Husen, T., Postlethwaite, T.N. (Hrsg.): International Encyclopedia of Education, 2. Auflage, Oxford, S. 4352-4359.

Shamdasani, P., Sheth, J. (1995): An experimental approach to invstigating satisfaction and continuity in marketing alliances, in: European Journal of Marketing, Vol. 29 No. 4, S. 6-23.

Simon, H.A. (1976): Administrative Behavior. A Study of Decision-Making Processes in Administrative Organisations, New York.

Simons, H. (1980). Towards a science of the singular: Essays about case study in educational research and evaluation. Norwich, UK: University of East Anglia, Centre for Applied Research in Education.

Sinner&Schrader (2005): Erfolgsfaktoren im E-Commerce, Präsentation bei der DMMK-Konferenz am 28.6.2005, URL: http://www.fischmarkt.de/files/dmmk2005_erfolgsfaktoren_im_ecommerce.pdf, (abgerufen am 9.12.2005).

Skiera, B., Spann, M., Schultheiß, M. (2001): Messung der Werbewirkung im Internet, in: Albers, S., Clement, M., Peters, K., Skiera, B. (Hrsg.): Marketing mit Interaktiven Medien, 3. Auflage, Frankfurt, S. 223-236.

Smith. J., Barclay, D. (1999): Selling Partner Relationships: The Role of Interdependance and Realtive Influence, Journal of Personal Selling & Sales Management, Vol. XIX, Numner 4 (Fall 1999), S. 21-40.

Snow, C., Miles, R, Coleman, H (1992): Managing 21st Century Network Organizations, Organizational Dynamics 20, 1992/3, S. 5-20.

Soy, S. (1998): The Case Study as a Research Method, URL: http://fiat.gslis.utexas.edu/~ssoy/ usesusers/l391d1b.htm (abgerufen am 15.1.2005).

Staehle, W. (1999): Management: Eine verhaltenswissenschaftliche Perspektive, München.

Stake, R. E. (1995): The art of case study research. Thousand Oaks, CA.

Staudt, E. Toberg, M., Linné, H., Bock, J., Thielemann, H. (1992): Kooperationshandbuch – Ein Leitfaden für die Unternehmenspraxis, Stuttgart.

Sydow, J. (1995): Strategische Netzwerke, Evolution und Organisation, 3. Nachdruck, Wiesbaden.

Sydow, J., Kloyer, M. (1995): Management-Praktiken in Franchisingnetzwerken, Erkenntnisse aus 6 Fallstudien, Arbeitspapier des Fachbereichs Wirtschaftswissenschaften der Universität Wuppertal.

Tamblé, M. (2002): Erfolgsfaktoren bei Online-Kooperationen, in: Deutscher Multimedia-Verband (Hrsg.): dmmv-Leitfaden. Marketing-Kooperationen im Internet, Düsseldorf, München, S. 14-16.

Tamblé, M., Winkler, A. (2005): Website Profit – Erfolg mit Partnerprogrammen: Mehrwert und Geldquelle für die eigene Website, 2. überarbeitete und aktualisierte Auflage, Adenion Net Seller, Grevenbroich.

Teichert, T. (1994): Erfolgspotential internationaler F&E-Kooperationen, Wiesbaden.

Temme, D., Kreis, H. (2005): Der PLS-Ansatz zur Schätzung von Strukturgleichungsmodellen mit latenten Variablen – Ein Softwareüberblick, in: Bliemel, F., Eggert, A., Fassot, G., Henseler, J. (Hrsg.): Handbuch PLS-Pfadmodellierung – Methoden, Anwendung, Praxisbeispiele, S. 193-210.

Thies, S. (2005): Content-Interaktionsbeziehungen im Internet – Ausgestaltung und Erfolg, Wiesbaden.

Tröndle, D. (1987): Kooperationsmanagement, Steuerung interaktioneller Prozesse bei Unternehmenskooperationen. Bergisch Gladbach, Köln.

Van de Ven, A., Ferry, D. (1980): Measuring and Assessing Organizations, New York.

Venaik,, S., Devinney, T., Midgley, D. (2004): A New Perspective on the Integration-Responsiveness Pressures Confronting Multinational Firms, in: Management International Review, 44, Sl1.

Weick, K. (1976): Educational Organizations as Loosely Coupled Systems, Administrative Science Quarterly, Volume 21, Number 1, S. 1-19.

Weimer, T. (1994): Strategische Allianzen – Notwendigkeit, Formen und Erfolgsfaktoren, in: Eschenbach, R. (Hrsg.): Externes Wachstum – Allianzen, Beteiligungen, Akquisitionen, Wien, S. 13-29.

Wernerfeldt, B. (1984): A Resource-Based View of the Firm, in: Strategic Management Journal, Vol. 5, No. 2, S. 171-180.

Werts, C. ,Linn, R., Jöreskog, K.G. (1974): Interclass Reliability Estimates: Testing Structural Assumptions, in: Educational and Psychological Measurement, Vol. 34, S. 24-33.

Williamson, O.E. (1975): Markets and Hierarchies, Analysis and Antitrust Implications, London.

Williamson, O.E. (1984): The Economics of Governance: Framework and Implications, Zeitschrift für die gesamte Staatswissenschaft, 140, S. 195-223.

Williamson, O.E. (1985): The Economic Issues of Capitalism, New York.

Williamson, O. E. (1990). Die ökonomischen Institutionen des Kapitalismus, Unternehmen, Märkte, Kooperationen. Tübingen.

Williamson, O.E. (1991): Comparative Economic Organization, in: Ordelheide, D., Rudolph, B., Büsselmann, E. (Hrsg.): Betriebswirtschaftslehre und Ökonomische Theorie, Stuttgart, S. 13-49.

Williamson, O.E., Ouchi, W.G. (1981): The Markets and Hierarchies Program of Research: Origins, Implications, Prospects, in: Van de Ven, A., Joyce, W. (Hrsg.): Perspectives on Organization Design and Behavior, New York, S. 347-370.

Winkler, A., Tamblé, M. (2001): Affiliate-Networks – Virtuelle Allianzen, Partnerprogramme als profitable Geschäftsstrategie im Internet, Adenion GmbH, Grevenbroich.

Wirtz, B., Vogt, P. (2003): E-Collaboration im B2B-Bereich: Strategien, Strukturen und Erfolgsfaktoren, in: Büttgen, M., Lücke, F. (Hrsg.): Online-Kooperationen – Erfolg im E-Business durch strategische Partnerschaften, Wiesbaden 2003, S. 265-284.

Witte, E. (1980): Methodik der empirischen Organisationsforschung, in: Grochla, E. (Hrsg.): Handwörterbuch der Organisation, 2., völlig neu gestaltete Auflage, Stuttgart, Sp. 614-623.

Wöhe, Günter (1993): Einführung in die allgemeine Betriebswirtschaftslehre, 18. Auflage, München 1993.

Wold, H. (1980): Model Construction and Evaluation when Theoretical Knowlege is Scarce: Theory and Application of Partial Least Squares, in: Kmenta, J., Ramsey, J. (Hrsg.): Evaluation of Econometric Models, New York, S. 47-74.

Wold, H. (1982a): Soft Modeling: The Basic Design and Some Extensions, in: Jöreskog, K.G., Wold, H. (Hrsg.): Systems under Indirect Observations: Causality, Structure, Prediction, Part 2, Amsterdam, New York, Oxford, S. 1-54.

Wold, H. (1982b): Systems under Indirect Observations using PLS, in: Fornell, C. (Hrsg.): A Second Generation of Multivariate Analysis Methods, Vol. 1, New York, S. 325-347.

Wold, H. (1985): Partial Least Squares, in: Kotz, S., Johnson, N.L. (Hrsg.): Encyclopedia of Statistical Sciences, New York, S. 581-591.

Wolf, J. (2005): Organisation, Management, Unternehmensführung – Theorien und Kritik, Wiesbaden.

Woods, Linda (2000): Quality not Quantity – the new Gold Standard in Affiliate Marketing, in: Affiliate Marketing.co.uk, URL: http://www.affiliatemarketing.co.uk/linda2.html. (abgerufen am 20.10.2004).

Yin, R. K. (1984). Case study research: Design and methods. Newbury Park, CA.

Yu, J., Cooper, H. (1983): A Quantitative Review of Research Design Effects on Response rates to Questionaires, in: Journal of Marketing Research, Vol. 20, S. 36-44.

Zielke, A. (1992): Erfolgsfaktoren internationaler Joint Ventures, Frankfurt.

AUS DER REIHE DUV Wirtschaftswissenschaft

„Betriebswirtschaftliche Aspekte lose gekoppelter Systeme und
Electronic Business"
Herausgeber: Prof. Dr. Dr. h. c. Sönke Albers, Prof. Dr. Birgit Friedl,
Prof. Dr. Daniel Klapper, Prof. Dr. Udo Konradt, Prof. Dr. Achim Walter,
Prof. Dr. Joachim Wolf

zuletzt erschienen:

Thomas Andreßen
System Sourcing – Erfolgspotenziale der Systembeschaffung
Management und Controlling von Kooperationen
2006. XIX, 331 S., 152 Abb., Br. € 55,90
ISBN 3-8350-0328-3

Michael Clasen
**Erfolgsfaktoren digitaler Marktplätze in der Agrar-
und Ernährungsindustrie**
2005. XIX, 225 S., 35 Abb., 19 Tab., Br. € 49,90
ISBN 3-8350-0029-2

Goetz Greve
**Erfolgsfaktoren von Customer-Relationship-
Management-Implementierungen**
2006. XXIV, 338 S., 36 Abb., 76 Tab., Br. € 55,90
ISBN 3-8350-0412-3

Heike Jochims
Erfolgsfaktoren von Online-Marketing-Kooperationen
2006. XIX, 266 S., 73 Abb., 32 Tab., Br. € 49,90
ISBN 3-8350-0427-1

Gregor Panten
Internet-Geschäftsmodell Virtuelle Community
Analyse zentraler Erfolgsfaktoren unter Verwendung des Partial-Least Squares
(PLS)-Ansatzes
2005. XXVII, 591 S., 51 Abb., 100 Tab., Br. € 69,90
ISBN 3-8350-0158-2

www.duv.de
Änderung vorbehalten.
Stand: April 2006

Deutscher Universität-Verlag
Abraham-Lincoln-Str. 46
65189 Wiesbaden